ROFANGEBIRGE
BRANDENBERGER ALPEN

Alpenvereinsführer

Ein Taschenbuch in Einzelbänden
für Hochalpenwanderer und Bergsteiger
zu den Gebirgsgruppen der

Ostalpen

Herausgegeben vom Deutschen Alpenverein,
vom Österreichischen Alpenverein und
vom Alpenverein Südtirol

Band

Rofangebirge
Brandenberger Alpen

Reihe: Nördliche Kalkalpen

RUDOLF RÖDER / ERNST SCHMID / RUDGER VON WERDEN

Rofangebirge
Brandenberger Alpen

Ein Führer für Täler, Hütten und Berge
mit 26 Abbildungen, 14 Skizzen
sowie einer mehrfarbigen Wanderkarte 1:50000

BERGVERLAG RUDOLF ROTHER GMBH · MÜNCHEN

Umschlagbild:
Der Zireiner See mit Rofanspitze (links) und Hochiß.
Foto: Ernst Schmid

Bildnachweis (Seitenzahlen):
W. Bahnmüller: S. 59, 63, 69, 85, 89, 115, 149, 213; W. Brandmayr: S. 207, 209; R. Henneberger: S. 74, 201; Löbl: S. 107; Konnerth: S. 119; E. Schmid: S. 135, 153, 163, 173, 183, 189, 193, 199; Winkler: 145; R. Rother: S. 223, 227.

Die Ausarbeitung aller in diesem Führer beschriebenen Anstiege und Routen erfolgte nach bestem Wissen und Gewissen der Autoren. Diese und der Verlag können jedoch keine Gewähr für die Richtigkeit der Angaben übernehmen.

5., vollständig neu bearbeitete und erweiterte Auflage 1983

ISBN 3 7633 1240 4
Hergestellt in den Werkstätten der Rudolf Rother GmbH, München
(2076 / 80456)

Geleitwort
für den Alpenvereinsführer Rofangebirge

Das Rofangebirge, wie die Brandenberger Alpen meist nach ihrem bergsteigerisch wichtigsten Teil genannt werden, erfreut sich unter Bergsteigern und Kletterern trotz seiner relativ geringen Ausdehnung und Höhe großer Beliebtheit. Um so mehr ist es zu begrüßen, daß dieser Führer, der seit seiner 3. Auflage 1969 in die Reihe der Alpenvereinsführer übernommen worden ist, in der vorliegenden 5. Auflage erstmals die vollständige Gebirgsgruppe umfaßt, wie sie der „Alpenvereinseinteilung der Ostalpen“ und der bisher für das Führerwerk verbindlichen „Moriggl-Einteilung“ entspricht, also Angerbergkamm und Veitsberggruppe einschließt.
Durch die fruchtbare Zusammenarbeit der Autoren Dr. Rudolf Röder, Ernst Schmid und Rudger von Werden liegt nun ein Werk über das gesamte Rofangebirge vor, das in seiner Ausführlichkeit und Übersichtlichkeit sicher beispielgebend sein dürfte.
Mit dieser Neuauflage ist die Reihe der Alpenvereinsführer auf 45 Bände angewachsen. Sie reicht von den Nördlichen Kalkalpen über die Zentralalpen bis hin zu den Dolomiten und zum Ortler. Allein in den letzten zwei Jahren sind acht neue Alpenvereinsführer hinzugekommen. Dies läßt darauf schließen, daß die Konzeption dieses Führerwerks beim Wanderer, Bergsteiger und Kletterer „ankommt“. Möge auch dieser AV-Führer allen Bergsteigern im Rofan dazu verhelfen, das erhoffte Erlebnis am Berg zu finden.
Im Winter 1982/83

Für den Deutschen Alpenverein
Raimund Zehetmeier
Vorsitzender des Verwaltungs-
ausschusses des DAV, München

Für den Österreichischen Alpenverein
Gedeon Kofler
Vorsitzender des Verwaltungs-
ausschusses des OeAV, Innsbruck

Für den Alpenverein Südtirol
Dr. Gert Mayer
Erster Vorsitzender

Inhaltsverzeichnis

(Zum raschen Nachschlagen einzelner Talorte, Hütten, Gipfel usw. benütze man das alphabetische Stichwortregister am Schluß des Führers.)

Verzeichnis der Abbildungen

Verzeichnis der Skizzen

Vorworte der Verfasser

I.

Vor über 80 Jahren erschien als erster Führer Schwaigers Führer durch das Rofangebirge, den Herbert Eichhorn 1925 völlig neugestaltet wieder vorlegte; für beide Führer lieferte E. Waltenberger eine Karte 1:50000, die auch heute ihren Wert noch nicht verloren hat. 1960 brachte der Bergverlag dann den Kleinen Führer Rofangebirge heraus, dessen 3. Auflage, wesentlich erweitert und verbessert, in die Reihe der Alpenvereinsführer übernommen wurde. Nunmehr bringt die 5. Auflage die längst fällige Erweiterung der Berichterstattung und Darstellung auf das gesamte Gebiet der Brandenberger Alpen, zu denen das Rofangebirge ja gehört. Maßgeblich für diese Erweiterung sind die Richtlinien der Alpenvereine für die Gestaltung von Alpenvereinsführern nach den Regeln der UIAA und damit verbunden die Auflage, die nach der Alpengebietseinteilung festgelegten Gebiete vollständig darzubieten. Gebiet 6 umfaßt die Brandenberger Alpen.

So mußten wesentliche Teile der neuen Auflage gegenüber früher erheblich umgestaltet werden. Im letzten Augenblick ist es auch gelungen, den bisher für den klettersportlichen Teil verantworlichen Mitautor Ernst Schmid für eine Neubearbeitung der Kletterführen zu gewinnen. Schließlich fanden Verlag und Herausgeber in Rudger von Werden einen neuen versierten Mitautor, der den umfangreichen Teil der Östlichen Brandenberger Alpen bearbeitet hat.

Die 5. Auflage des Alpenvereinsführers Rofangebirge (Brandenberger Alpen) schließt durch die Einbeziehung des gesamten Gebietes 6 eine oft beklagte Lücke in der alpinen Führerliteratur. Über die in der 4. Auflage abgestatteten Danksagungen hinaus gebührt Dank vielen Alpinisten, die Kritik, Verbesserungen, neue Führen und allgemeine Hinweise beigesteuert haben; zu danken ist Ernst Schmid für seine spontane Bereitschaft, den klettersportlichen Teil neu zu bearbeiten und manche Anregungen zu vermitteln — und ebenso Rudger von Werden, der zu seinem Anteil am Text auch Teile der Einführung und des Rofanteils kritisch mit durchgesehen und kommentiert hat. Und schließlich ist Dank abzustatten dem Verleger Rudolf Rother, der sich, des ewigen Drängens des Herausgebers müde, zur Beilage einer vorzüglichen Wanderkarte entschlossen hat, die sicherlich ihr Scherflein zur Attraktivität der 5. Auflage beitragen wird.

Steinberg am Rofan, im Herbst 1982 — Dr. Rudolf Röder

II.

Im Zuge der Vereinheitlichung und Verbesserung der AV-Führer habe ich im Auftrag des Verlags die Bearbeitung des klettersportlichen Teils des AV-Führers in fünfter Auflage übernommen und mit Skizzen versehen.

Den erfolgreichen Tiroler Kletterern H. G. Mariacher, B. Jenewein, T. und P. Rubisoier sowie J. Schmidt aus München ist es zu danken, daß dieser Führer durch mehrere Neutouren bereichert werden konnte.

Es ist eine bekannte Tatsache, daß die neuzeitliche Technik den Alpinismus überrundet hat, seitdem die Anwendung von Bohrhaken und Klemmkeilen letzte Möglichkeiten im Fels ermöglichte. Die Verbesserung der technischen Hilfsmittel und deren übermäßige Anwendung durch Übernagelung einzelner Wände haben es mit sich gebracht, daß im Rofangebirge etliche häufiger begangene Kletterführen eine Verminderung der bisherigen Bewertung erfuhren. Unter den hervorragenden Kletterern der Jetztzeit zeigt sich erfreulicherweise der Trend, im Fels mit möglichst wenig technischen Hilfmitteln auszukommen, wodurch die ideale Freikletterei eine Aufwertung erfährt.

Möge die vorliegende Neufassung des AVF Rofangebirge den Kletterern nützlich sein, wodurch ausdrücklich darauf hingewiesen werden muß, daß im Rofangebirge auf Grund langjähriger Erfahrung die Zahl und der Standort geschlagener oder im Fels steckender Haken nur in beschränktem Maße angegeben werden kann. Im Gegensatz dazu findet man im Wilden Kaiser auf häufig begangenen Modeführen einbetonierte Haken.

Die neue Auflage enthält die neuesten Routen an den Rofanwänden, mit dementsprechend ergänzten Einzeichnungen in den Abbildungen. Erfreulicherweise fand die Gilde der Kletterer im Rofan da und dort noch neue Wege, vornehmlich über markante, mehr oder weniger schwierige Risse an den Süd-, Ost- und Nordwestwänden des Gebirges, womit die Erschließung des Rofangebirges nahezu vollendet erscheint.

Die meisten der beschriebenen Routen wurden ohne Bohrhaken durchgeführt. Was heute noch der Begehung harrt, dürfte allerdings ohne Anwendung modernster Hilfsmittel meist unmöglich sein. Infolge der besonderen Eigenart dieses Gebirgsstocks bieten sich nach schweren Kletterfahrten leichte Abstiegs- und Verbindungswege, so daß flinke Kletterer zwei kurze Felsfahrten an einem Tage durchführen können, z. B. Rofan-Nordkante und Roßkopf-Südwand, oder zwei Risse nach Wahl an der Rofan-Ostwand, oder die beiden Risse an der Schokoladentafel. Der Name „Schokoladentafel“ stammt vom Verfasser, der die glatte Felswand nach einem Mittagessen mit Dr. S. Moser sozusagen zum Dessert erstieg.

Die Schwierigkeitsgrade der UIAA-Skala entsprechen ungefähr der Bewertung ähnlicher Touren im Wilden Kaiser; eine kurze Gegenüberstellung findet sich am Ende des einführenden Teils. Für die schon früher erfolgte wertvolle Vervollständigung des klettersportlichen Teils gebührt weiterhin dem namhaften Rofankletterer Willi Brandmayr, Jenbach, besonderer Dank, ebenso auch nicht minder meinem berühmten Berggefährten und Miterschließer des Rofangebirges Mathias Rebitsch.

Kramsach, Dezember 1982 — Ernst Schmid

III.

Zum ersten Mal in der über achtzigjährigen Geschichte der Rofanführer wird in dieser 5. Auflage auch das Gebiet der Östlichen Brandenberger Alpen behandelt. Ich habe mit Freude die Aufgabe übernommen, das Wegenetz, die Stützpunkte und die Gipfelanstiege dieser (mit Ausnahme des Pendling) noch wenig bekannten Berggruppe zu beschreiben, weil ich weiß, daß zum einen immer mehr Bergsteiger nach Alternativen zu überlaufenen Gipfeln suchen, zum anderen aber wegen der gestiegenen Kosten für Auto und Eisenbahn Bergsteiger, gerade aus dem Raum Oberbayern — Tirol, dankbar sind für neue alpine Anregungen in einer zumutbaren Entfernung vom Wohnort. Beiden Wünschen kommen der Angerbergkamm und die Veitsberggruppe als Hauptteile der Östlichen Brandenberger Alpen in idealer Weise entgegen, da sie fast durchwegs noch wenig besucht sind und von München, Rosenheim oder Innsbruck aus auf relativ kurzen und schnellen Wegen zu erreichen sind.

Alle Bergsteiger und Wanderer, die durch diesen Führer angeregt werden, in die wohltuend „unerschlossene" Landschaft zwischen Brandenberger Ache und Kufstein zu gehen, möchte ich dringend bitten, die belebte und unbelebte Natur zu achten und zu schonen, damit sie auch künftigen Generationen noch Beschaulichkeit und Bergsteigerfreuden schenken kann.

Wolfratshausen, im Herbst 1983 — Rudger von Werden

I. Einführender Teil

1. Geographischer Überblick

1.1 Lage und Begrenzung

Die Brandenberger Alpen, vom Rofangebirge bis hin zum Pendling und nach Kufstein, liegen zwischen der deutsch-österreichischen Staatsgrenze im Norden (zwischen Kiefersfelden westl. bis nahe dem Achenpaß), der tiefen Furche des Achensees und des Achentals im Westen und schließlich dem breiten Graben des Inntals im Süden und Osten.
Nach der gegenwärtig verbindlichen Gebietseinteilung der Ostalpen — beruhend auf der Alpenvereins-Einteilung der Gebirgsgruppen, kurz AVE genannt — umfassen die Brandenberger Alpen Gebiet 6; Heinrich Moriggl hat als erster diese Gebietseinteilung erarbeitet und festgelegt (daher auch Moriggl-Einteilung).
Der Name der ganzen Gebirgsgruppe ist jedoch keineswegs so klar wie die eben erwähnte Begrenzung des Gebietes; für den westlichen und markantesten, auch höchsten Teil der Gruppe hat sich seit vielen Jahren schon ein anderer Name fest eingebürgert. Früher, um die Jahrhundertwende, sprach man vom Sonnwend- oder Achenseegebirge; seit den zwanziger Jahren aber hat sich der Name „Rofangebirge“ durchgesetzt. Nur wenige denken, wenn sie diesen Namen gebrauchen, noch daran, daß es sich dabei eigentlich um die Westlichen Brandenberger Alpen handelt.
Unter Berücksichtigung dieser Entwicklung wird in diesem Alpenvereinsführer die Bezeichnung „Brandenberger Alpen“ nur für recht allgemeine Sachverhalte gebraucht; im allgemeinen werden die beiden Hälften dieser Gruppe mit „Rofangebirge“ (westlicher Teil) und „Östliche Brandenberger Alpen“ angeführt.
Die genaue Grenze des Gebietes verläuft im Nordosten vom Inn zwischen Kufstein und Kiefersfelden fast strikt westlich; sie schließt noch eben den Hechtsee mit ein, hält sich an das Nordufer der Thierseer Ache, quert bei Landl, etwas nördlich davon, die vom Ursprung-Paß herabziehende Bundesstraße und verläuft dann nördlich des Stallen- und später des Marchbaches nach Westen. Damit liegt die Ackernalm innerhalb des Berichtsgebietes. Von der Einmündung des Marchbaches in die von Nord nach Süd fließende Grundache der späteren Brandenberger Ache zieht die Grenze nördlich der Erzherzog-Johann-Klause und der Bayrbachache auf den hier bemerkenswert nach Süden vorspringenden Zipfel deutschen Staatsgebiets zu, etwa knapp südlich der Neuen Klause; danach geht es am Nordufer des Sattelbaches — die die-

sem parallel verlaufende Forststraße noch mit einbeziehend — bis zu einem Punkt nördlich der Ludwig-Aschenbrenner-Hütte und südlich der Halserspitze. Nun folgt die Grenze dem Filzmoos- und dann dem Ampelsbach bis zum Ortsteil Achental der Gemeinde Achenkirch, an der nach Norden fließenden Ache, einst natürlicher Abfluß des Achensees. Der letzte Teil der eben beschriebenen Nordgrenze des Gebietes ist jedoch für diesen Alpenvereinsführer etwas nördlich verlegt worden, da sich herausstellte, daß die Umgebung der landschaftlich reizvollen Natterwand, nordöstlich von Achental, bisher in keinem Wander- oder Gebirgsführer beschrieben wird. Daher wurde die Begrenzung vom Filzmoosbach, etwa bei der ehemaligen Zwieselhütte (südlich der Schönleitenalm), genau nach Westen, über den „Sattel" und dann dem Mahmoos- und später dem Klammbach folgend, zur Ache beim Ortsteil Achenwald und weiter nach Süden, nach Achental, geführt.
Die westliche Begrenzung folgt dem Achental nach Süden und dann dem Achensee zu seiner Südspitze; danach folgt sie dem Kasbach bis zu seiner Einmündung in den Inn bei Jenbach. Von dieser Stelle an bildet der Inn die südliche, südöstliche und östliche Gebietsbegrenzung.
So sind längs der Nordbegrenzung sehr bekannte Gipfel — wie die Halserspitze, der Schinder, das Hintere Sonnwendjoch u.a. — nicht mit einbezogen worden; sie sind aber sehr ausführlich im AVF Bayerische Voralpen Ost behandelt, dessen Berichterstattung im übrigen östlich der Ludwig-Aschenbrenner-Hütte einige Kilometer südlich über die beschriebene Eingrenzung ausgreift.
Westlich des Achensees stoßen die östlichen Karwendelberge an die beschriebene Gebietsbegrenzung vor; im Süden, gegenüber von Jenbach, verlaufen sich die vorspringenden Ecken der Tuxer Voralpen, zwischen dem Zillertal und Wörgl reichen die Kitzbüheler Alpen bis an den Inn, und im Osten schließlich, bei Kufstein, markiert das Kaisergebirge die Begrenzung sehr markant.

1.2 Geographische Gliederung

Die soeben dargelegte Zweiteilung der Brandenberger Alpen wird durch viele geographische Gegebenheiten betont und offenkundig gemacht; ein wesentliches Element dieser Teilung ist das Tal der Brandenberger Ache, die mit einem ihrer Quellbäche, der Roten Valepp, dem Abfluß des Spitzingsees nördlich der Grenze, bis zur Mündung in den Inn bei Kramsach fast ständig genau nach Süden fließt und eine Länge von 22 km erreicht. Sie teilt das besonders im südlichen Teil von markanten Gipfeln und wuchtigen Felsformationen geprägte Rofangebirge samt seinen nördlichen Vorgipfeln zwischen Unnütz und Guffert von der teilweise Mittelgebirgscharakter tragenden, vornehmlich von Wald-

kämmen und -gipfeln beherrschten Osthälfte der Brandenberger Alpen.
Das eigentliche **Rofangebirge**, zwischen Brandenberger Ache, Inn und Achensee, wurde früher in seinen Grenzen enger verstanden, mehr eingeengt auf die Gipfel und Randgipfel der Hochfläche selber. Mittlerweile werden auch die im Norden des Hauptkamms liegenden, eindrucksvollen Massive des Guffert und des Unnütz sowie die dem Guffert nördlich vorgelagerten Berge mit einbezogen. Nördlich des Ampelsbaches erhebt sich die, aus umgebenden Waldkuppen herausragende Natterwand; östlich des Filzmoosbaches türmt sich der oben felsgekrönte, meistens recht kuppige und bewaldete Rücken von Schneidjoch, Abendstein und Raggstadt-Joch auf, der nach Osten zu allmählich ins Brandenberger Achental abfällt. Südlich des Schneidjochs beeindruckt — von allen Seiten gleich mächtig — die Felskulisse des pyramidenförmig aufgebauten Guffert mit dem breitrückigen, steilwandigen Westgipfel und dem zerklüfteten Westgrat. Über den Guffertstein mit seinem kleinen Plateau verläuft sich der Guffertkamm, rasch an Höhe verlierend, nach Osten hin über bewaldete Kuppen bis zur Brandenberger Ache.
Westlich des Guffert, jenseits der Kerbe des zum Ampelsbach strömenden Schwarzenbachs, erhebt sich, von Nord nach Süd ziehend, der dreigipflige Unnütz über 2000 m hoch; nach Süden fällt er ziemlich jäh in die Einkerbung des Kögljochs ab, von dem aus eine Reihe von Waldkuppen, durch Zirm- und Spieljoch unterbrochen, nach Süden hin dem Ansatz des Rofan-Hauptkammes zustrebt. Zwischen Unnütz und Guffert sowie dem Tal der Steinberger Ache — die sich bei Steinberg aus dem Geismoosbach und der Grundache bildet — liegt in einem weiten Kessel Steinberg am Rofan, ein zentraler Ort des Rofangebirges.
Südlich der eben genannten Einsattelung Spieljoch baut sich, erst südlich und dann südöstlich ziehend, schnell über eine Waldkuppe und das vorspringende Gamsspitzl der schrofige, felsdurchzogene Hauptkamm zum breitrückigen Kotalmjoch auf; beim Streichkopf schwenkt der Kamm erneut um ein weniges, zieht östlich weiter und wendet von da an, auf einer Länge von 5 km, seine senkrechten, oft glatten und bis zu 350 m hohen Felswände dem Talkessel von Steinberg zu, eine Kulisse, die man den „Nordtiroler Rosengarten“ genannt hat. Vom höchsten Rofangipfel, der Hochiß, geht es nach Osten über Spieljoch, Seekarlspitze und Roßköpfe zum breiten Kammrücken der Rofanspitze; an ihrer Ostkante biegt der Hauptkamm, immer noch mit glatten Felswänden, nach Süden ab und erreicht über das Horn des Sagzahns den mattigen Rücken des Vorderen Sonnwendjochs, das wuchtig, in Schrofen, steilen Matten und steilen Wäldern gegen das Inntal zu abfällt.

Dem von West nach Ost ziehenden Hauptkamm sind wenige, meist unbedeutende Gipfel unmittelbar vorgelagert, die ihrerseits selbst Endpunkte der aus dem Grundachental sich hochtürmenden Sporne sind: Gamswandspitze, Seileggspitze, Saukamp und Marchspitze, von der aus dieser vorgelagerte Gipfelkamm nach Osten und Nordosten, jenseits des Plateaus der Roßwies sich treppenartig abbauend, abfällt und erst noch einmal sich im Kreuzeinjoch zu einem erwähnenswerten Gipfel formiert. Dann zieht der Rest des einstigen Kammes von Waldkuppe zu Waldkuppe, Wimmerjoch und Wildmoossattel aussparend, zum Ascher Hörndl hin, einem zuckerhutartigen Waldberg, von dem es steil ins Brandenberger Achental hinabgeht, dort, wo es sich mit dem der Steinberger Ache vereinigt.
Der eigentliche Kern des Rofangebirges ist eine nach Süden zu ein wenig abgedachte, schräge Hochfläche, deren Abdachungsfelder durch markante, vielfältig gegliederte Sporenkämme begrenzt werden. So folgt vom Streichkopf im Westen nach Süden zu dem Streichkopfgatterl der vielgipflige Dalfazer Kamm, der in der routenreichen kühnen Rotspitze seine Krönung findet. Die Hochfläche zwischen Hochiß und Spieljoch wird südlich zur Erfurter Hütte hin begrenzt vom Gschöllkopf — und die plattigen, zerklüfteten Ausläufer von Spieljoch und Seekarlspitze umschließen mit dem Block der Roßköpfe und dem südlichen Ende der Grubastiege noch einen Teil des Plateaus, das im Osten dann noch ein anderer markanter Sporn begrenzt. Aus der kleinen Grubascharte baut sich erst die Grubalackenspitze auf, die über die scharfe, tiefe Einsattelung des Krahnsattels in die wuchtig geformte Haidachstellwand übergeht, bis deren Abstürze in den Schichthals den Sporn abschließen.
Um diese Randgipfel der Hochfläche gruppieren sich noch einige etwas außerhalb aufragende Gipfel von mehr oder weniger markanter Bedeutung. Im Westen zieht aus dem westlich des Streichkopfes eingesenkten Kotalmsattel die imposante Felsplateauformation des Klobenjochs nach Westen, um über den Hechenberg steil zum Achensee abzufallen. Südlich der Haidachstellwand ragt einsam, weit ins Inntal hineingreifend, das Ebner Joch mit seiner felsigen Spitze auf. Östlich der Rofan-Ostkante folgt nach Osten zu anschließend an das felszerklüftete Roßköpfl gleich der Latschberg, südlich des Zireinersees, und östlich davon schließlich der Roßkogel, durch Seilbahn erschlossen, ein markanter Aussichtsberg hoch über dem Kramsacher Inntal. Zu erwähnen wäre noch südöstlich des Roßkogels der Pletzachkopf, der Kramsach überragt und dessen Felssturz im 4. Jahrhundert n. Chr. die Felswildnis des Rotgschöß hinterließ, wo heute noch der bekannte Kramsacher Marmor gebrochen wird.

In die Hochfläche des Rofangebirges sind wenige kleine Seelein eingelagert — einige recht winzige westlich der Ampmoosalm, die Hirschlacke zwischen Rofan und Marchspitze, der schöne, dunkle und sagenumwobene Zireinersee nördlich vom Latschberg — auf dem Plateau das Seelein unter der Seekarlspitze, die Grubalacke südlich der Roßköpfe und der tiefblaue kleine Grubasee östlich der Grubalackenspitze. Ein kleiner Weiher schmückt auch den breiten Wildmoossattel.
Der bedeutendste See des Gebietes, der **Achensee,** bildet auch seine westliche Begrenzung. Sein natürlicher Abfluß nach Norden, die Ache, ist einige Kilometer weit völlig ausgetrocknet, da ihr Wasser und das vieler Bäche der Umgebung vom Achenseekraftwerk benötigt wird, um den Wasserspiegel des Sees nicht zu tief absinken zu lassen. In jüngster Zeit wird offenbar ein neuer Anschlag auf das ökologische Gleichgewicht der Region, diesmal des Gebiets nördlich unterhalb des Rofankamms, ausgeheckt, wo man das Wasser von Grundache und Geismoosbach abfangen und durch einen Stollen dem Achensee zuleiten will. Erst einige Kilometer nördlich von Achenkirch führt die Ache wieder mehr Wasser; nach Überschreiten der bayerischen Grenze, knapp südlich des Achenpasses, wird sie Walchen genannt und mündet dann in den Speichersee am Sylvenstein.
Die **Östlichen Brandenberger Alpen** weisen nicht eine solch klare und ausgeprägte Gliederung auf. Durch die Täler des Ellbachs, eines Nebenbachs der Brandenberger Ache, und des Glemmbachs, der in die Thierseer Ache mündet, wird das Gebiet von West nach Ost geteilt. Den südlichen Teil beherrschen wohl am sinnfälligsten drei Faktoren. Zum einen lehnt sich der Lauf des Inns an seinem Nordufer stark an abfallendes Gelände an, während das Südufer sich in teilweise breite Flußauen verläuft. Zwischen Inn und Gebirge erheben sich sanfte hügelige Rücken und Kuppen — einmal die hügelige Gegend, in die die Kramsacher Seen eingebettet sind, und östlich davon die wellige Hochfläche des Angerbergs. Als dritter Faktor bietet sich der Hauptkamm dieses Gebirgsteils, der Pendling- oder Angerbergkamm an; er beginnt nordöstlich von Kramsach beim Voldöppberg, erreicht östlich nach der Einsattelung des Jocher die markante Gruppe von Kien-, Heu- und Plessenberg und zieht, nach Unterbrechung durch den Nachberg, vom Hundalmer Joch in einem Gürtel waldiger, zum Inntal hin felsdurchsetzter Kuppen zum Pendling, mit seinen östlichen Steilabfällen das Wahrzeichen Kufsteins. Der Kamm verläuft sich nach Norden zu über die Mulde des Hechtsees zur Schlucht der Thierseer Ache. Dem Angerbergkamm sind, vor allem im westlichen und mittleren Teil, nördlich einige Waldrücken vorgelagert, von denen Kühberg und Zunterköpfl die höchsten und wichtigsten sind.

Nördlich der vorab genannten Bäche sehen wir ein stark gegliedertes, üppig bewaldetes Gelände, das man die Veitsberggruppe nennt; die Erhebungen, zwischen dem Schmalegger Joch im Westen über den Veitsberg zum Larchberg im Osten, sind teilweise von freien, aussichtsreichen Kuppen gekrönt. An ihrer nördlichen Begrenzung liegt, genau zwischen Erzherzog-Johann-Klause und Landl, die bewirtschaftete Ackernalm, ein beliebter Ausgangspunkt auch für Touren nach Norden, so zum Hinteren Sonnwendjoch und anderen Bergen an der Staatsgrenze.
Das beherrschende Bewässerungssystem ist schon mehrfach angesprochen worden: der **Inn** und seine linken Nebenflüsse. Die vom Spitzingsee herabfließende Brandenberger Ache, tief in eine Schlucht eingegraben, bildet zwei sehenswerte Klammen, die Kaiser- und die Tiefenbachklamm; ihre Nebenflüsse Marchbach (von der Ackernalm her) und Ellbach waren, wie die Ache selbst, einst auch Triftbäche, an denen Klausen errichtet waren. Zu erwähnen wäre der Moosbach, im oberen Teil Wiesbach genannt, der zwischen den Höhen des Angerbergs und dem Gebirge von West nach Ost fließt, ehe er unter dem Namen Nasenbach bei Unterlangkampfen in den Inn mündet. Schließlich die Thierseer Ache, gebildet aus dem Ursprungbach (vom Ursprung-Paß her), dem Stallenbach (von der Ackernalm) und dem Glemmbach (von Riedenberg aus), die am östlichen Rande der langgestreckten Thierseer Senke nach Norden ausweicht, den Hechtsee umrundet und knapp nördlich der Grenze, aber noch südlich von Kiefersfelden, in den Inn mündet.
Die Östlichen Brandenberger Alpen selbst besitzen keine stehenden Gewässer; wohl aber finden sich an ihren südwestlichen und nordöstlichen Rändern eine Reihe von **Seen.** Bereits erwähnt wurden die Kramsacher Seen in der langen Mulde zwischen dem Voldöppberg und einer sie gegen den Inn abschirmenden Hügelschwelle. Neben einigen kleineren Seelein beiderseits der von Thiersee nach Kufstein hinabführenden Straße (Pfrill- und Längsee) genießt besonders der Hechtsee als Badesee für Erholungssuchende beiderseits der Grenze Wertschätzung, und dann natürlich der Thiersee selbst, bei Vorderthiersee, ein lieblich in das breite Talbecken eingebetteter Badesee.

1.3 Zugänge; Verkehrserschließung

Die **Zugänge** zu den Brandenberger Alpen bestimmen die bereits bei den geographischen Gegebenheiten genannten Faktoren — zum ersten und wichtigsten natürlich das Inntal, das zwischen Jenbach und Kufstein bzw. Kiefersfelden zum Gebiet rechnet. Zum zweiten sind es zwei Pässe, die seit alters her schon benutzt werden, ehe sie in neuester Zeit mit gutausgebauten Autostraßen versehen wurden: der Achenpaß im

Westen, und der Ursprungpaß im Osten. Von der Bundesrepublik Deutschland aus muß bei allen drei Zugängen die Staatsgrenze überschritten werden; es befinden sich große Zollabfertigungen südlich des Achenpasses bei der Kaiserwacht, am Ursprungpaß und natürlich südlich von Kiefersfelden an der Autobahn und der Bundesstraße. Die zwischen Achenpaß und Inn liegenden kleineren Übergänge, Einsattelungen u. dgl. besitzen keine Zollabfertigung und sind daher nur im Rahmen der jeweils gültigen deutschen bzw. österreichischen Zollbestimmungen ohne Abfertigung benutzbar. Diese kleineren Übergänge werden durch regelmäßige Grenzabgehungen gesichert. Eine Ausnahme macht der Übergang zur Ludwig-Aschenbrenner-Hütte aus dem Tal von Kreuth, jedoch nur zur Hütte selbst.

Die wichtigsten **Verkehrsverbindungen** bietet das Inntal. Die Eisenbahn, die das Inntal durchläuft, verbindet Kufstein und Innsbruck; von Kufstein aus besteht Verbindung nach München. Vom Eisenbahnknotenpunkt Wörgl zweigt eine wichtige Linie über Kitzbühel und Leogang nach Zell am See und Salzburg ab. Schnellzugstationen sind westlich von Kufstein: Wörgl, Rattenberg oder Brixlegg, Jenbach und teilweise auch Schwaz. Für Personenzüge bestehen in Münster / Wiesing, Kramsach, Kundl, Kirchbichl, Langkampfen, Schaftenau und Kiefersfelden Haltestellen.

Die wichtigsten Entfernungen: Jenbach — Innsbruck: 35 km
Jenbach — Wörgl: 35 km
Wörgl — Kufstein: 13 km
Kufstein — München: 99 km

In Jenbach zweigen von der Hauptstrecke ab: die Zillertalbahn, jetzt als erfolgreiches historisches Spektakel gepflegt, ins Zillertal — die Achenseebahn, eine Zahnradbahn aus dem Jahre 1889 nach Seespitz am Achensee, deren Betrieb als beliebte Ferienattraktion nunmehr nach Verhandlungen mehrerer Gemeinden weitergeführt werden kann.

Die Straßenverbindungen des gesamten Gebietes sind vorzüglich ausgebaut. An erster Stelle ist die in den siebziger Jahren fertiggestellte Inntalautobahn, die die von Rosenheim südlich führende deutsche Inntallinie in Innsbruck mit der Brennerautobahn verbindet. Die Autobahn hat Ein- und Ausfahrten in Kufstein-Süd, Kirchbichl, Wörgl-West, Kramsach und Zillertal / Achensee; in Jenbach gibt es nur eine Zufahrt nach Innsbruck und eine Ausfahrt aus Richtung Innsbruck.

Die früher so überlastete Inntal-Bundesstraße ist weiter ausgebaut worden; sie berührt zwischen Kufstein und Jenbach alle rechts des Inns gelegenen Orte. Brücken über den Inn befinden sich in Kirchbichl, Wörgl, Breitenbach / Kundl, Kramsach / Brixlegg und Jenbach. In Kramsach beginnt eine gute Straße hinauf nach Brandenberg, die wei-

ter nördlich bis Kaiserhaus geführt ist; bei Mariatal zweigt ein schmales Sträßchen nach Aschau ab. Sehr gut ausgebaut ist die Bundesstraße von Kufstein hinauf ins Thierseer Tal, eine Verbindung, die nördlich von Landl über den Ursprung-Paß Bayrischzell erreicht. Aus dem Thierseer Tal gibt es noch die schmälere Verbindungsstraße nach Riedenberg.
Wichtig ist auch die Achensee-Bundesstraße, die westlich von Straß (Eingang Zillertal) von der Inntal-Bundesstraße und kurz danach durch eine Anschlußstelle von der Inntal-Autobahn abzweigt. Sie führt in weiten Kehren zur berühmten Kanzelkehre empor und weiter über Maurach, entlang dem Achensee, nach Achenkirch und zum Achenpaß; bei Kaiserwacht, knapp nördlich der Zollabfertigung, zweigt westlich die Sylvensteinstraße in Richtung Fall ab, ein Teilstück der Deutschen Alpenstraße. Jenseits des Achenpasses geht es über Kreuth an den Tegernsee. Im Ortsteil Achental von Achenkirch zweigt nach Osten die etwas schmälere Straße nach Steinberg am Rofan ab, die in absehbarer Zeit auch breiter ausgebaut werden soll.
Das gute Straßennetz ist auch Rückgrat eines dichten Netzes von **Busverbindungen;** offizielle wie private Linien sind im Inntal und in alle Seitentäler hinein tätig. Ganzjährig — freitags bis sonntags — verkehrt zweimal täglich ein Bahnbus zwischen Innsbruck und München längs des Achensees; in Tegernsee besteht im Sommer Anschluß an Buslinien zum Achensee und nach Jenbach. Eine andere Linie verbindet Tegernsee / Schliersee über den Ursprungpaß mit Kufstein (im Sommer täglich, im Winter sonntags). Darüber hinaus stehen in allen Orten Mietautos und Kleinbusse zur Verfügung.
Bergbahnen gibt es nur im Rofangebirge; seit 1959 verbindet die Rofanseilbahn, eine Kabinenbahn, Maurach am Achensee mit der Erfurter Hütte, und seit 1968 die Kramsacher Sonnwendjochbahn, ein Lift in zwei Sektionen, Kramsach mit dem Berghaus unter dem Roßkogel. Darüber hinaus aber besitzen fast alle Orte für den Wintersport kleinere Liftanlagen; auf sie ist bei den einzelnen Orten selbst hingewiesen.
Beachtenswert, für den Sommer, ist auch die **Achenseeschiffahrt,** an der zur Zeit drei Schiffe teilnehmen und die im Besitz der TIWAG, der Tiroler Wasserkraft AG ist, der auch der Achensee gehört. Die Schiffe verkehren von Scholastika über Achenseehof, die Gaisalm, Pertisau und Buchau nach Seespitz, wo wiederum Anschluß an die Zahnradbahn nach Jenbach besteht. Ein besonderes, etwas heikles Problem verkehrsmäßiger „Erschließung“ bilden die immer zahlreicher werdenden Forst- und Almgenossenschaftsstraßen. Die sicherlich für einen rationellen Forstbetrieb, aber auch für die Almwirtschaft durchaus wichtigen Verkehrsverbindungen haben aber im Laufe der letzten 40 Jahre

schwere Verunstaltungen der Landschaft angerichtet, und durch ihren Bau sind manche wunderschönen Pfade und Steige verschwunden oder zerstört worden. Andererseits muß man auch betonen, daß Forststraßen für Bergwanderer oft schöne Verbindungen in Tal- und Mittelhöhen bilden, und zum Glück sind die meisten dieser Straßen für den allgemeinen Verkehr mit Kraftfahrzeugen gesperrt, viele sogar zusätzlich durch abgesperrte Schranken gesichert. Im übrigen hat es den Anschein, als ob knapper fließende Geldmittel allmählich eine Eindämmung allzu hemmungslosen Bergstraßenbaus herbeiführen.
Schließlich auch noch ein Wort zu den angelegten **Wegen, Pfaden und Steigen.** Auf einige wichtige dieser Wege ist im historischen Teil besonders hingewiesen; viele der heute noch benutzten Pfade sind alte Viehtriebwege, Almwege oder Jägersteige. Man kann auch davon ausgehen, daß die meisten Gipfel des gesamten Gebietes schon lange vor urkundlicher oder dokumentarischer Erwähnung von Menschen bestiegen wurden — Jäger, Almhirten, Gesteinssucher — alle mit Ausnahme der wenigen, die nur über Kletterführen erreichbar sind. In der zweiten Hälfte des 19. Jahrhunderts begannen der Deutsche und der Österreichische Alpenverein mit dem Anlegen von Zugangswegen zu den Hochregionen, mit dem Bau von Unterkunftshütten; dieses Wegenetz ist, besonders in neuester Zeit, durch viele Bemühungen der Verkehrsverbände in den Talgemeinden ungemein erweitert worden.

1.4 Bevölkerung; Besiedelung; Sprache

Besonders das Inntal kann auf eine vieltausendjährige Besiedelung durch die verschiedensten Volksstämme zurückblicken; doch ist auch durch Funde nachgewiesen, daß die Seitentäler des Inns nach Norden zu den Menschen schon bekannt waren. Wer diese ersten Menschen im Inntal waren, wissen wir nicht; es steht aber fest, daß bereits in der Jungsteinzeit verstreut Siedlungen bestanden haben, wie Funde von Steinbeilen bezeugen. Die Funde werden umfangreicher während der gesamten Bronzezeit; die Tischoferhöhle bei Kufstein förderte wertvolle Hinweise, auch auf uralten Bergbau, und bei Achenrain (Kramsach) wurde ein Bronzeschwert gefunden. Die nach der Bestattungsform so genannte Urnengräberperiode der Bronzezeit hat viele Siedlungen hervorgebracht; in diese Periode fallen die ersten markanten Zeichen des sich entwickelnden Kupferbergbaus, bei Schwaz und nördlich davon. Schon während dieser Epoche ist das Rofangebirge bereits von Menschen begangen worden; durch Funde ist ein Pfad von Lenggries bzw. Tegernsee längs der Achensenke ins untere Inntal bezeugt: Funde bei Wiesing und bei der Dalfazalm Hochleger. Ein zweiter frühgeschichtlicher Weg führte von Breitenbach über den Jocher nach Brandenberg,

Pinegg, zur Bayrache und durch die Langenau in Richtung Tegernsee; auch eine Abzweigung ins Tal von Steinberg bei Pinegg hat es schon gegeben. Besondere Beachtung gefunden haben Funde der Latènezeit (etwa ab 500 v. Chr.), übrigens auch bei Kundl und Wörgl, nahe der Ludwig-Aschenbrenner-Hütte; nahe dem letztgenannten Weg wurden 1957 in einer Felsspalte mit Quelle Inschriften entdeckt, die erst als rätoromanisch, aber später als nordetruskisch / venetisch identifiziert wurden. Es handelt sich, ohne daß schon eine vollständige Übersetzung gelungen wäre, um eine Weiheinschrift einer wahrscheinlich versprengten Gruppe von Vertriebenen, ca. 400—100 v. Chr. Ursache dafür (obwohl kurzfristige Refugien in Tiroler Tälern mehrfach nachgewiesen worden sind) könnte der Einfall keltischer Vorhuten um 400 v. Chr. gewesen sein, die aber im übrigen wenig Eindrücke im Siedlungswesen hinterlassen haben. Zwar sind, neben illyrischen (z.B. suates = Schwaz), keltische Namen nachgewiesen (z.B. Alm Ampmoos am Nordabsturz des Rofangebirges), aber heute nimmt man an, daß die Masse der Kelten am Inn Halt machte.
Die Römer, die im Jahre 15. v. Chr. das Gebiet zur Provinz Rätien erhoben, nannten die siedelnde Urbevölkerung Räter. Sie schonten diese einheimische Bevölkerung, und es gelang ihnen, trotz einer nur dünnen romanischen Oberschicht, das gesamte Land bis zum 3. und 4. Jahrhundert hin gründlich zu romanisieren. Zahlreiche Flurnamen sind rätoromanischen Ursprungs, wie Ludoi, Zirein, Dalfaz; zum Wort „Rofan“ stellte K. Finsterwalder, Innsbruck, fest, daß es sich aus dem ladinischen Wort „roa“ = Mure ableiten läßt, das seinerseits auf den Stamm „rova“ zurückgeht. Rofan kann also soviel wie „rov-aneumonte“ = Berg mit Muren bedeuten.
Während der römischen Herrschaft wurden viele Weichen für die Zukunft gestellt. Die Römer führten die Wirtschaftsform der Almen ein, obwohl möglicherweise von keltischen, sicherlich aber rätischen Bauern schon Ansätze vorhanden gewesen sein müssen. Funde bestätigen, daß die Ost- und Südseite des Gebirges stärker besiedelt war als die Innenräume, doch auch in diesen lassen sich für die Römerzeit da und dort spärliche Ansätze von Seßhaftigkeit erkennen.
Etwa um die Zeit des 4. Jahrhunderts zogen die Alemannen durch das Inntal und richteten Verwüstungen an. In diese Zeit wird auch ein gewaltiger Felssturz datiert, der sich vom Pletzachkopf löste und dessen Felsmassen das Innbett verschütteten, so daß der Fluß nach Süden ausweichen mußte; dabei wurde auch die Römerstraße, die nahe Schloß Matzen den Inn nördlich überquerte, unbrauchbar und mußte für lange Zeit über den Kerschbaumer Sattel geführt werden. Seit dem 3.—4. Jahrhundert hatte sich im Gebiet auch die Christianisierung durchzu-

setzen begonnen. Gegen 550 n. Chr. rückten die Baiern ins Inntal ein, das sie offenbar so gut wie kampflos besetzten. Sie stützten sich auf die einheimische, damals Breonen genannte rätoromanische Bevölkerung, die sie jedoch bald durchdrangen, so daß schon ein Jahrhundert später der Beginn kräftiger Rodungstätigkeit festgestellt werden konnte.
Nach Bekehrung der Baiern zum römischen Glauben setzte im Inntal eine starke Missionierung ein, zuerst durch irisch-keltische Missionare, dann aber durch Bonifazius, der im 8. Jahrhundert die Diözesaneinteilung zwischen Salzburg und Innsbruck ordnete. Schon Ende dieses Jahrhunderts ließ ein Bischof von Salzburg ein Güterverzeichnis anlegen, aus dem viele Kirchengründungen und Siedlungen nachzuweisen sind.
Vom 10. bis 12. Jahrhundert setzte eine starke Rodungs- und Besiedelungstätigkeit ein; viele neue Namen entstanden, die schnell die alten rätoromanischen Namen ablösten und verdrängten. Viele kirchliche Urkunden der Zeit geben Aufschluß über Landschenkungen an Klöster, beginnende größere Grundherrschaften, Gründung von Eigenkirchen, später Filialkirchen; schon nach 1200 waren im Inntal und Gebirge zahlreiche Grundherrschaften vertreten. In dieser Zeit begannen die Grundherrn auch, Schwaighöfe einzurichten, an hochgelegenen Plätzen und außerhalb der Ortschaften, die sich im Laufe der Zeit recht eigenständig entwickelten. Die folgenden Jahrhunderte waren durch zahlreiche Händel und Kriege geprägt; im 14. Jahrhundert ging die westliche der beiden bayerischen Landgrafschaften im Inntal endgültig an die Grafen von Tirol über; doch auch die östliche Landgrafschaft wechselte durch Verpfändungen, Rückkäufe u.a. viele Male den eigentlichen Besitzer. Burgen und Festungen entstanden, zum Schutz grundherrlicher Ansprüche; Kufstein und Rattenberg wurden um diese Zeit kräftig ausgebaut.
Das seit Ende des 13. Jahrhunderts ständig wachsende Aufblühen des Silberbergbaus in Schwaz bis herauf nach Zimmermos über Brixlegg und bei Rattenberg steigerte den Holzbedarf für die Bergwerke, und die riesigen Waldungen des Achentals, des Brandenbergertals und auch des Thierseer Tals boten sich, gewissermaßen „vor der Haustür" an. Ohne viel Rücksicht auf alte Rechte zu nehmen, nutzten die Landesherren — ab Rattenberg östlich die bayerischen Herzöge, westlich davon die Grafen von Tirol — diesen natürlichen Reichtum, um den Bedarf der Zechen zu befriedigen. In dieser Zeit, erwähnt 1412 zum erstenmal, entstand die erste „Klause", ein Bachstaubecken, aus dem zusammengeflößtes Holz zu den Länden am Inn getriftet wurde. Bald wies das Flußgebiet der Brandenberger, später auch der Steinberger Ache, zahlreiche Klausen auf, die auch an den Nebenbächen der Achensee-Ache gebaut

wurden. Auch im Thierseer Tal wurde im 17. Jahrhundert getriftet, um Holz für die Kohlstatt bei Kiefersfelden herbeizuschaffen. Übrigens fand die letzte Trift im Brandenberger Tal 1966 statt. Im 14. und 15. Jahrhundert bemühten sich die Landbewohner, ihre überkommenen Rechte sich von den Grundherrn bestätigen zu lassen, und diese vielen „Öffnungen", Verbriefungen, Urbare usw. bilden heute wertvolle Quellen für die Entwicklung des Landes. Soweit nicht Vorbehalte verbrieft waren, übte die Jagd, vor allem die Hochjagd, der Landesherr aus; bald wurden allenthalben Jagdordnungen erlassen. Auch im Bergbau kam es bald zu vielen gesetzlichen Regelungen.

Im Jahre 1504 bahnte sich eine entscheidende Veränderung an; während des bayerischen Erbfolgekrieges ließ sich der deutsche Kaiser Maximilian, zugleich Tiroler Landesherr, die Bezirke Kitzbühel, Rattenberg und Kufstein abtreten; die Festung Kufstein mußte er allerdings 1504 in blutigen Kämpfen erstürmen. Während des 30jährigen Krieges zogen viele Armeen durchs Inntal, aber an der Kaiserwacht gelang es, die Schweden aufzuhalten. Auch im Spanischen Erbfolgekrieg wurde die Kaiserwacht gehalten, während ganz Tirol von den Bayern besetzt wurde, denen auch die Festungen in die Hände fielen. 100 Jahre später, während der Napoleonischen Kriege, wurde wieder an der Kaiserwacht der Feind abgewehrt, aber die Bayern besetzten trotzdem Tirol und blieben bis 1814. Das Inntal hatte schwer unter den Kriegshändeln zu leiden; die Seitentäler kamen meist mit Requirierungen davon.

Noch einmal erlebte das Gebiet kriegerische Ereignisse; mit Fliegerangriffen auf Kufstein, Wörgl, Brixlegg, Kirchbichl, Angath und Kundl — mit schweren Verlusten an Menschen und Schäden — wurde die letzte Phase des 2. Weltkrieges eingeleitet, dessen letzte Kampfhandlungen Ende April 1945 im Inntal stattfanden.

Nach dem 2. Weltkrieg entwickelten sich Handel und Wirtschaft aufs neue sehr gut; neue Industrien lösten die althergekommenen ab. Der Kramsacher Marmor, der auf dem Inn transportiert worden war, — auf dem übrigens die Habsburger auch Truppentransporte durchführten — war noch einmal allenthalben stark gefragt; noch im 19. Jahrhundert hatten die Kramsacher Brüche Material für die Thierseer Klause geliefert. Der an sich schon gut entwickelte Fremdenverkehr dehnte sich in alle Talschaften aus; durch diese Entwicklung wurde eine neue und bedeutende Erwerbsquelle für die Bevölkerung geschaffen.

Seit der bajuwarischen Besetzung im 6. Jahrhundert hatte sich die Sprache der Eroberer stetig im Lande durchgesetzt; im Vergleich mit den oberbayerischen Dialekten kann man heute noch feststellen, von welcher Seite her, mit welcher Stoßrichtung einst die Besiedelung erfolgt ist — durchs Inntal oder vom Raum Tölz / Tegernsee. Reste der früheren Sprachen, vor allem des Rätoromanischen, leben nur noch in Flur- und Ortsnamen fort. Nähere Angaben zum Alter der Siedlungen und zur Kunst finden sich bei den einzelnen Orten. Besonders die Baukunst entwickelte sich in diesem Gebiet sehr fruchtbar. Um 1200 begann der Kirchenbau in Stein, und zahlreiche Spuren gotischer Baukunst sind noch erhalten. Starken Einfluß übte der Barock aus; viele der älteren Kirchen wurden barockisiert, und namhafte Bildhauer und Maler haben sich in diesen erneuerten und neugeschaffenen Kirchenbauten verewigt. Auch aus der Rokokozeit liegen sehr schöne Zeugnisse vor. Aber nicht nur die bildende Kunst hat in diesem Gebiet, besonders im Inntal, eine bedeutsame Blüte erlebt; die Annalen berichten von Dichtern, Schriftstellern und Urkundenschreibern in reicher Zahl.

1.5 Pflanzen- und Tierwelt

Die Brandenberger Alpen sind, vornehmlich in ihrem östlichen Teil, von ausgedehnten Wäldern bedeckt, wobei Nadelwald vor Misch- und vor allem reinem Laubwald überwiegt. Dieser Waldreichtum war für viele Jahrhunderte die Lebensgrundlage der in den Bergtälern siedelnden Bevölkerung gewesen; erst in jüngster Zeit wird allmählich eingesehen, daß das System der Flächenabholzungen überdacht werden muß und daß die großzügig motorisierte Holzabfuhr auf teilweise bundesstraßenbreiten Forststraßen nicht Motiv für endlose Kahlschlagerweiterungen sein kann. Im Kern des Rofangebirges findet man noch Zirbe, Bergahorn, Eberesche außer der Latsche, in bemerkenswerten Höhenlagen noch lebensfähig; besonders die Zirbe hat sich trotz ihres begehrten Holzes im Rofangebirge noch gut gehalten und sollte doch allmählich in Schutzmaßnahmen mit einbezogen werden. Ansonsten weisen die Wälder des Gesamtgebietes reiche Bestände an Tannen, Fichten und Lärchen, Buchen, Eichen und Ahorn auf.
Die Flora der Gebirgsgruppe zählt mit zu den reichhaltigsten der gesamten Ostalpen. Im Rofangebirge kommen fast alle geschützten Pflanzen noch in beachtlichen Mengen vor; noch ist es den Massenbewegungen von Bergbahnbesuchern auf dem Hochplateau und beim Zireinersee nicht gelungen, die herrlichen Felder von Alpenrosen zum Verschwinden zu bringen — wobei allerdings zu bemerken wäre, daß in diesen besonders überlaufenen Winkeln die Bergwacht durchaus nicht müßig ist. Auch Edelweiß ist an den mattigen Schrofen der Rofangipfel noch zu entdecken. In den östlichen Bergen findet sich die Alpenrose noch reichlich; an heimischen Orchideen gedeihen viele Arten, die man in Höhen über 1000 m nicht mehr vermuten möchte. Besonders an den kleinen Hochmooren blühen neben zahlreichen Knabenkrauthybriden herrliche Wollgräser, Binsen und Seggen in üppiger Fülle. Diese Bei-

spiele könnten noch beliebig vermehrt werden, doch genüge hier die Anführung dieser markanten Auswahl.
Leider ist aus den jahrzehntelang kolportierten Gerüchten, es gebe wirklich ernsthafte Bemühungen, das Rofangebirge unter Naturschutz zu stellen (besonders seine Nordseite), bisher nichts Konkretes geworden, kein Wunder für alle die, denen die „Erschließungsfreudigkeit" der Tiroler Landesregierung zu überzogen und landschaftsfeindlich zu sein scheint. Und doch wäre es so wichtig, wenn gerade die Nordseite des Rofangebirges ein für allemal aus dem Spinnengewebe übler Spekulationen um Forststraßenprojekte und Wasserstollen zum Achensee befreit werden könnte.
Es muß auch darauf hingewiesen werden, daß viele Pflanzen diesseits wie jenseits der deutsch-österreichischen Grenze unter Naturschutz stehen; entsprechende Plakate sind überall angeschlagen, und die Führer des Bergverlags Rudolf Rother enthalten oft im Anhang bebilderte Seiten über Naturschutz und geschützte Pflanzen. Jeder Bergwanderer, Gipfelstürmer und Tourist sollte darüber Bescheid wissen.
Die Tierwelt der Brandenberger Alpen kann man gleichfalls nur als sehr reichhaltig bezeichnen; sie weist alle für die Hoch- und Waldalpen charakteristischen Tiere aus. Allenthalben kann man einen beachtlichen Bestand an Rot- und Rehwild feststellen; viele Gemsenrudel sind noch immer zu beobachten — besonders in den Karen des Rofangebirges, aber auch am Guffert und anderen Gipfeln. Man sollte bei den Gemsen nicht unerwähnt lassen, daß man nunmehr an vielen Orten in tieferen Regionen auch in den Sommermonaten Gemsen antreffen kann, offenbar eine Folge der schneereichen Winter in den vergangenen Jahren. Auer- und Birkwild ist noch häufig anzutreffen, Greifvögel, vor allem Bussard und Sperber, horsten im gesamten Gebiet. Die vor vielen Jahren am Ampmoosboden ausgesetzten Murmeltiere haben auch schlimme Winter gut überstanden.
Bei der allmählichen Zunahme des Massenbetriebes auch in bisher davon verschonten Gebieten sollte Verständnis dafür aufgebracht werden, daß die Wildeinstandsgebiete besonderen Schutzes bedürfen. Zwar sind in den Brandenberger Alpen keine ausgesprochenen Sperrgebiete bekannt geworden; entsprechende Hinweistafeln der Forstverwaltungen sollten jedoch von jedem Bergfreund beachtet werden. Besondere Rücksicht auf das Wild sollte vornehmlich aber in den vom Massentourismus bisher verschonten Winkeln der östlichen Brandenberger Alpen genommen werden; dies gilt vornehmlich für die ganze Südseite des Veitsbergkammes, die Umgebung von Riedenberg und die Umgebung der Krumbachalm. Für das Rofangebirge gilt das gleiche besonders hinsichtlich der Nordabhänge des Hauptkammes.

2. Geologische Übersicht

Von Prof. Dr. Ernst Ott

2.1 Allgemeines zur Geologie der Nördlichen Kalkalpen

Das Gebirge der Nördlichen Kalkalpen ist ein Stapel sogenannter „Decken“. Decken im geologischen Sinne sind von ihrer ehemaligen Unterlage weitflächig abgehobelte Teile der oberen Erdkruste, die durch horizontale Untergrundströmungen übereinandergeschoben wurden. Würde man die alpinen Decken wieder auseinanderziehen und in ihrer ursprünglichen Lage zueinander ausbreiten können, so käme man auf einen einstigen Ablagerungsraum von weit über tausend Kilometer Breite. Diesen Ablagerungsraum dürfen wir uns nicht als gleichförmiges Meer vorstellen. Er umfaßte flache Schelfmeergebiete mit Riffplateaus, Festlandsschwellen und Tiefseetröge, die etwa in Ost-West-Richtung verlaufen sind.

Der spätere Zusammenschub und die Auffaltung war keineswegs ein kurzzeitiges Ereignis, sondern ein mehrphasiger Vorgang, der sich über einen Zeitraum von gut hundert Millionen Jahren mit einer Geschwindigkeit von einigen Millimetern bis Zentimetern pro Jahr abgespielt hat. Die alpidische Gebirgsbildung begann in der Unterkreidezeit vor etwa 140 Millionen Jahren, hatte Höhepunkte der Aktivität in der Oberkreide und im Tertiär, und ist heute noch nicht ganz abgeklungen. Gebirgsbildung und Ablagerung von Gesteinen gingen nebeneinander vor sich, es gab im Süden schon Überschiebungen, als im Norden erst der Ozeanboden für die Flyschsedimente bereitet wurde.

Was heute zuoberst im alpinen Deckenstapel liegt, war einst am weitesten im Süden beheimatet; das sind die Kalkalpen im engeren Sinne mit ihren schroffen Kalk- und Dolomitgipfeln. Die darunter liegenden Decken queren wir in rascher Folge, wenn wir von München aus in die Alpen fahren, weil sie nur in schmalen Zonen von wenigen Kilometern Breite am Alpennordrand zum Vorschein kommen (siehe Abb. 1). Im Untergrund von München liegen die Schichten der Vorlandmolasse noch flach und ungestört. Tektonisch beginnen die Alpen am Hohen Peißenberg, wo diese Molasseschichten schon von der Gebirgsbildung erfaßt und steil aufgerichtet worden sind. Nach Süden folgen einige zu Mulden zusammengepreßte Molassezüge, die in der Ammerschlucht zwischen Saulgrub und Rottenbuch eindrucksvoll aufgeschlossen sind. Diese Faltenmolasse mit hauptsächlich Konglomeraten und Sandsteinen bildet weiter im Westen schon ansehnliche Berge, nämlich die Nagelfluhkette der Immenstädter Berge (Rindalphorn, Hochgrat). Auch die Gesteine der nächstfolgenden Zone, des Helvetikums (Kreide und

Tertiär), treten im Meridian von München kaum in Erscheinung, hierzu gehören die Kögel im Murnauer Moos oder der Härtling des Schloßberges von Neubeuern im Inntal — im Allgäu hingegen sind sie landschaftsbestimmend (Grünten, Hoher Ifen). Die anschließende Flyschzone ist durch sanfte und meist bewaldete Berge aus kreidezeitlichen Sandsteinen und Mergeln gekennzeichnet (z.B. Blomberg, Hörnle bei Bad Kohlgrub). Erst dahinter folgt das eigentliche Kalkalpin. Es ist wiederum von unten nach oben in drei Deckensysteme unterteilt: Bajuvarikum, Tirolikum und Juvavikum. In Abb. 1 ist das im Westabschnitt der Kalkalpen wichtige Bajuvarikum mit seinen beiden Teildecken Allgäudecke und Lechtaldecke dargestellt.

Der in Abb. 1 dargestellte Deckenbau, über dessen Ausmaß man früher nur Vermutungen hegen konnte, ist in jüngster Zeit durch einige Tiefbohrungen bestätigt worden (z.B. 1979 in Vorderriß, Endteufe 6468 m).

Natürlich liegen alle diese Decken nicht als ungestörter Stapel vor, sondern sie sind in Falten gelegt, zerbrochen, in sich verschuppt, teilweise ausgequetscht oder zu einem Schollenteppich zerrissen. Einige immer wiederkehrende Begriffe der Tektonik sind in Abb. 1 mit aufgenommen: Von einem geologischen Sattel spricht man, wenn die Schichten zu einem Gewölbe nach oben verbogen sind; von einer Mulde, wenn sie schüsselförmig nach unten zusammengestaucht sind. Im inneren Kern eines Sattels liegen immer ältere Schichten als auf seinen Flanken, bei einer Mulde sind im Kern die jüngeren Schichten. Das ist wichtig für das Erkennen solcher Strukturen im Gelände, weil man einen Muldenschluß in der Tiefe ja meist nicht direkt beobachten kann, es sei denn von der Seite her aus einem tiefen Taleinschnitt. Bei einem Sattel wiederum ist sehr oft der Gewölbeschluß schon abgetragen. Überhaupt schafft die Abtragung oft die gegensätzlichen Geländeformen aus diesen Strukturanlagen: Wenn bei einem geologischen Sattel die Schichten im Kern weicher sind als auf den Flanken, so werden sie leichter von der Verwitterung ausgeräumt; was strukturmäßig als Gewölbe angelegt ist, wird oberflächlich zu einer Senke. Umgekehrt kann bei einer geologischen Mulde der Kern ein hartes Gestein sein, das heute als erhabener Gipfelkamm herausmodelliert ist. Die geologischen Begriffe Sattel und Mulde dürfen also nicht mit Oberflächenbegriffen verwechselt werden. Ein durch Verwitterung entstandenes Loch in einer Decke, durch das man auf die darunter liegende Decke schauen kann, bezeichnet man als tektonisches „Fenster“.

In den eigentlichen Kalkalpen bestimmen vorwiegend die Gesteine der Triaszeit (vor 225—195 Millionen Jahren) das Gepräge. In den geolo-

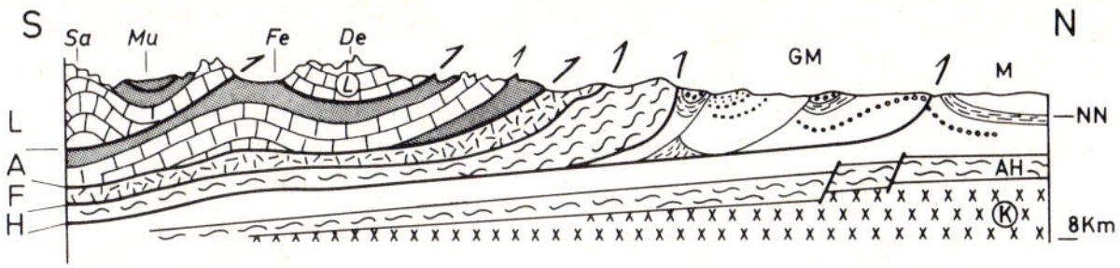

K = Kristallinbasis
AH = Bodenständiges Helvetikum
M = Molasse im Vorland und unter den Alpen
GM = Gefaltete Molasse, abgeschürft
H = Helvetikumdecke
F = Flyschzone
A = Allgäudecke im Kalkalpin
L = Lechtaldecke im Kalkalpin

Tektonische Begriffe:

Sa = Sattel
Mu = Mulde
Fe = Fenster
De = Deckscholle

Abb. 1 Geologischer Schnitt durch den Nordrand der Alpen

Nach Scholz 1981, geändert.

Literatur:

Bögel, H. & Schmidt, K.: Kleine Geologie der Ostalpen. (Ott) Thun 1976.

Scholz, H. & Scholz, U.: Das Werden der Allgäuer Landschaft. (Verl. f. Heimatpflege) Kempten 1981.

gisch jüngeren Vorzonen fehlen sie. Ein Schema der regionalen Verteilung der in Perm- und Triaszeit entstandenen Gesteine zeigt die Abb. 2. Als Unterlage sehen wir kristalline Schiefer, die schon in einer früheren Gebirgsbildung vor etwa 300 Millionen Jahren gefaltet und überprägt worden sind und die heute am Südrand der Kalkalpen als Grauwackenzone zutage treten (z.B. Kitzbühler Horn). Auch auf dieser Grauwackenzone lagen einst Gesteine der Nördlichen Kalkalpen, die längst der Abtragung zum Opfer gefallen sind. Ein Zeugenberg davon ist in der Triasinsel des Gaisbergs bei Kirchberg erhalten.

Vor etwa 285 Millionen Jahren begann die Ablagerung der kalkalpinen Gesteine, indem von Osten her zögernd ein Meer in das weitgehend abgetragene alte Schiefergebirge vordrang. Im Berchtesgadener Raum entstanden damals mächtige Salz- und Gipslager (Haselgebirge); weiter im Westen war das Meer noch nicht angekommen, dort wurde zur selben Zeit der rote Alpine Buntsandstein abgelagert. Erst in der Untertriaszeit war das ganze Gebiet von einem flachen Schelfmeer überflutet, das die verschiedenen Schichtglieder des Alpinen Muschelkalkes hinterließ. In der mittleren Trias entstanden Riff- und Lagunensedimente auf ausgedehnten Karbonatplattformen in extrem flachen, tropisch warmen Meeren (Wettersteinkalk im Westen, Ramsaudolomit im Osten), in schmalen Kanälen zwischen den Riffkomplexen entstanden die mergeligen Partnachschichten. Der Meeresboden senkte sich langsam, so daß die lichtbedürftigen Kalkbildner (Kalkalgen in den Lagunen, Korallen und Kalkschwämme in den Riffen) in ihrem Wachstum mit der Absenkung Schritt halten konnten und bis zu 2000 m dicke Karbonatgesteinspakete entstehen ließen. Eine vorübergehende Unterbrechung erfolgte durch die Einschüttung der sandig-mergeligen Raibler-Schichten, doch in der Obertrias ging die Karbonatsedimentation wieder weiter, wobei nun im heutigen Berchtesgadener Bereich die ausgedehnten Dachsteinkalk-Riffkomplexe wuchsen. Zwischen diese Riffe zwängten sich von Osten her Zungen mit Rotkalkbildung (Hallstätter Kalke), die aber nicht über den Berchtesgadener Bereich nach Westen hin vorgedrungen sind. Im westlichen bayerisch-tiroler Bereich entstand zur selben Zeit das riesige öde Wattenschlick-Areal des späteren Hauptdolomits. Eine leichte Eintiefung der extrem flachen Hauptdolomitlagune führte zur Bildung des Plattenkalks und schließlich zu einer Ausgestaltung in flache Becken (Kössener Schichten) und Riffzonen mit Oberrätkalk-Riffen.

Mit Beginn der Jurazeit setzen kräftigere Bodenunruhen ein (siehe Abb. 3). Längs von Verwerfungen sinken Gebiete ziemlich schnell ab, dazwischen bleiben Schwellenzonen mit nur geringer Absenkung stehen. Teilweise kommt es sogar zu Hebungen über den Meeresspiegel und zu vorübergehender Verkarstung auf der obertriadischen Karbonatplattform. In den Trögen mit kräftiger Absenkung entstehen tonige und kieselige, dunkelgraue Kalke und Mergel in dünnplattiger Absonderung (Allgäuschichten, im Allgäu bis 1000 m dick). Auf den Schwellen bilden sich zur selben Zeit nur einige Zehnermeter von bunten Jurakalken, die oft voll von Seelilienstielgliedern sind (Hierlatzkalk im Lias, Vilser Kalk im Dogger). Im höheren Jura, an der Wende von Dogger zu Malm, ist das Meer in den Trögen 1000 bis 2000 m tief, es kommt zur Bildung des kieseligen Radiolarits, der zu einem erheblichen Teil aus den Kieselskeletten mikroskopisch kleiner Einzeller (Radiolarien) besteht. Nach oben hin geht der Radiolarit in die Aptychenschichten über, die aus dem Malm noch in die Unterkreidezeit hineinreichen und nun auch zunehmend die noch bestehenden Schwellenzonen überdecken. Ihren Namen haben die Schichten nach kleinen muschelartigen Fossilien (Aptychen), Verschlußdeckeln von Ammoniten.

In die Unterkreidezeit fällt die erste größere Gebirgsbildungsphase mit beginnender Deckenbildung im Kalkalpin. In der späteren Flyschzone fängt hingegen die Eintiefung und Sedimentation jetzt erst richtig an. Weitere hundert Millionen Jahre wird es dauern, bis die nördlichen Zonen dem Deckengebäude angeschweißt sind und im Jungtertiär endgültig das Meer aus dem Molassetrog weicht. Im Laufe dieser langen Zeit dringt das Meer auch immer wieder in das Kalkalpin selbst vor und lagert Konglomerate, Sandsteine und Mergel auf die verstellten älteren

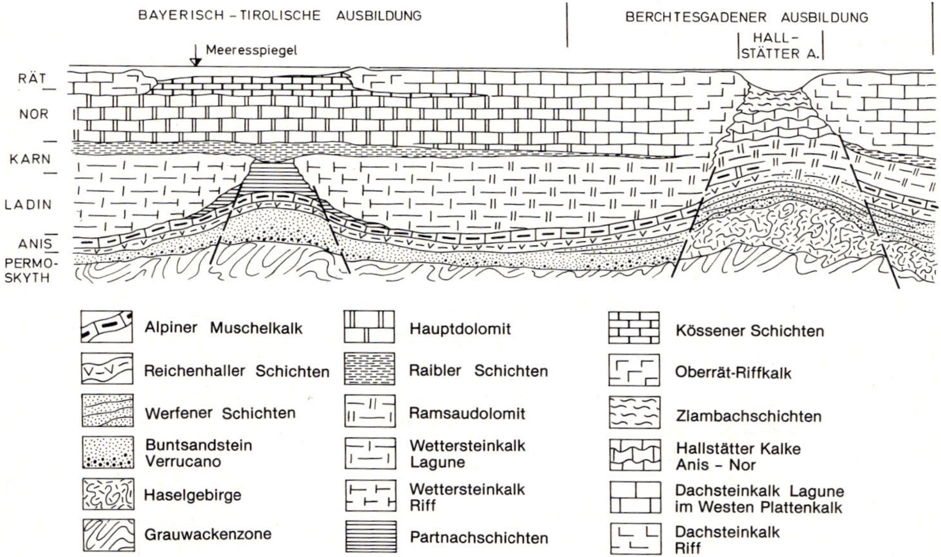

Abb. 2 Ablagerungsschema der Perm- und Triasschichten der Nördlichen Kalkalpen

Nach Bögel 1976, etwas geändert.

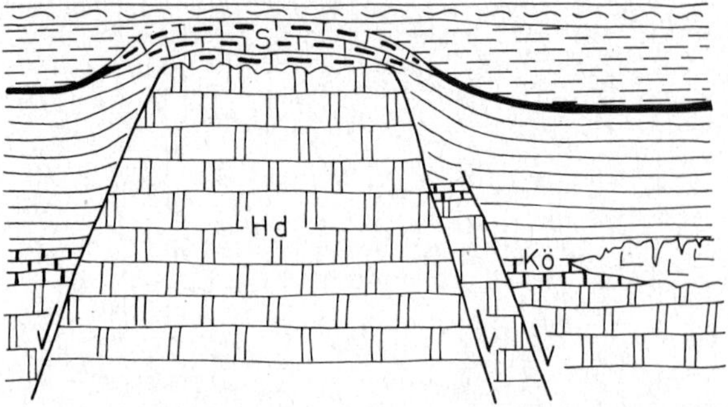

Hd = Hauptdolomit
Kö = Kössener Schichten
Or = Oberrätkalk
Al = Allgäuschichten
Ra = Radiolarit
Ma = Malm-Aptychenschichten
Ne = Neokom-Aptychenschichten, Unterkreide
S = Bunte Schwellenkalke des Jura

Abb. 3 Sedimentation in der Jurazeit. Gliederung in Becken und Schwellen nach dem Zerbrechen der Hauptdolomitform aus der Obertrias.

Stark überhöhter Ausschnitt ohne Maßstab. Nach Scholz 1981, etwas verändert.

Schichten ab, so zu Beginn der Oberkreide (Cenoman-Transgression), zu Ende der Oberkreide (Gosau-Transgression) und im Alttertiär. Doch sind die Schichten aus diesen jüngeren Meeresvorstößen bei weitem nicht so flächenhaft verbreitet wie die alten Triasablagerungen, sondern beschränkt auf lokale Vorkommen.
Nach dem Deckenbau erfolgte schrittweise die Heraushebung im Jungtertiär. Ganz wesentlich zur Oberflächenformung hat schließlich der jüngste Abschnitt der Erdgeschichte beigetragen, das Quartär, das erst vor 2 Millionen Jahren begann. Und zwar mit einer Klimaverschlechterung, die in sechs Kaltzeiten (Donau-, Biber-, Günz-, Mindel-, Riß- und Würm-Eiszeit), unterbrochen von wärmeren Zwischeneiszeiten, das heutige Landschaftsbild schuf.

2.2 Einzelheiten zur Geologie des Rofangebirges

Der Sockel des Rofangebirges besteht aus Hauptdolomit, der längs der Achenseestraße immer wieder in künstlichen Aufschlüssen zu sehen ist. Gegen oben hin leitet er in den Plattenkalk über, aus dem die im Norden vorgelagerten Gipfel aufgebaut werden, wie Kotalmjoch, Gamswandspitze, Seileggspitze, Markspitze, Latschberg. In den nächstjüngeren, weichen Kössener Schichten liegt die Ampmoosbodensenke und der Zireiner See. Auch im Osten (Bayreuther Hütte), Süden (Altbühelalm) und Westen (Dalfazer Almen) streichen die für Almböden günstigen Kössener Schichten zutage.

Die eigentliche Felsenburg setzt mit dem Oberrätkalk an. Seine klotzigen bis dickbankigen Felsmassen bilden die Ostwände zwischen Vorderem Sonnwendjoch und Rofanspitze, die Nordostkante und Nordwand der Rofanspitze sowie die Nordwände von Roßkopf, Seekarlspitze und Hochiß. Auch die Wände am Klobenjoch und die gestaffelten Südabstürze der Haidachstellwand gehören zum Oberrätkalk.

Bevor wir auf den merkwürdigen Schuppenbau des Oberrätkalkes im Rofan eingehen, fahren wir mit der Besprechung der normalen Altersabfolge der übrigen Schichten fort: Auf den Oberrätkalk lagerten sich 10 bis 20 m mächtige rote Jurakalke, die Ammoniten und besonders Stielglieder von Seelilien als Fossilien enthalten. Teilweise finden wir diese Rotkalke ganz normal auf den obersten weißen Riffkalkbänken liegen, teilweise greifen sie auch in senkrechten Spalten tiefer in die Unterlage ein und mitunter kommen sie auch als schichtparallele Spaltenfüllungen mitten im weißen Kalkstein vor. (Eine gut 10 m dicke horizontale Spaltenfüllung mit Rotkalk sieht man unter der Seilbahntrasse 150 m unterhalb der Bergstation, viele auch im Gebiet der Langen Gasse; von großen senkrechten Spalten ist das Klobenjoch durchrissen.) Wir hatten also in der Obertrias eine Karbonatplattform aus Oberrätkalk, auf der bei beginnender tektonischer Unruhe und Absenkung im Lias senkrechte und schichtparallele Spalten aufrissen, welche mit roten Schwellenkalken des Jura verfüllt und überdeckt wurden (vgl. Abb. 3). Größere Absenkung zeigt dann die Bildung des Radiolarit im Oberjura an. Es sind dünnschichtige, weinrote bis grünliche Kieselgesteine, die im Tiefwasser abgelagert wurden und im Rofan 30 bis 50 m dick werden.

In die Radiolaritschichten eingeschaltet folgt nun ein Gesteinskomplex, der die Rofangruppe in der Alpengeologie interessant gemacht hat, die sogenannte Rofanbrekzie oder Hornsteinbrekzie. Es ist ein buntes Trümmergestein aus verbackenen Gesteinsscherben. An Bestandteilen kann man Trümmer von Hauptdolomit, Plattenkalk, Kössener Schichten, hauptsächlich aber Oberrätkalk, bunte Jurakalke und Hornsteine des Radiolarits finden. Die Scherben sind im Osten (Sonnwendjoch, Rofanspitze) durchschnittlich 8 cm groß, im Westen am Klobenjoch nehmen sie auf 5 cm ab. Es kommen aber auch kubikmetergroße Brocken darin vor, ja selbst Riesenschollen von Oberrätkalk, wie z. B. die felsige Gipfelkappe der Rofanspitze selbst oder verschiedene Felspartien an der Gruberscharte, die in der Rofanbrekzie stecken. Nicht nur in den Korngrößen, auch in der Gesamtdicke ist eine Abnahme nach Westen hin zu beobachten: Am Sonnwendjoch und Rofanspitze erreicht die Rofanbrekzie 100 bis 150 m Dicke, am Klobenjoch nur noch 10 m. Größere Verbreitung besitzt dieses Gestein auf dem Rücken von Sonnwendjoch und Rofanspitze, an den Hängen von Gschöllkopf, Spieljoch, Gruberlackenspitze und an der Nordwestflanke der Haidachstellwand. Es verwittert zu grasbewachsenen Steilhängen und sein buntgemischter Mineralbestand ist auch die Ursache für die reichhaltige Flora der Rofangruppe. Lange umstritten war die Frage, ob diese Brekzie als Gesteinszerreibsel bei Überschiebungen tektonisch entstanden ist oder als Aufarbeitung in der Meeresbrandung des Oberjurameeres zu verstehen ist. Heute glaubt man, daß es sich dabei um murenartige Eingleitungen von einem benachbarten Hebungsgebiet in den tiefen Radiolarittrog handelt. Nach oben hin wird die Brekzie von ebenmäßig gebankten Hornsteinplattenkalken überlagert. Diese Kalke gehören ebenfalls noch zum oberen Jura. Sie sind das zweite wandbildende Element im Rofan. Daraus bestehen die Wände am Dalfazerkamm, Gschöllkopf, Spieljoch, die Roßkopf-Südwand, die Gruberlackenspitze und die flache Gipfelplatte am Vorderen Sonnwendjoch. Die vielfach brüchigen Wände unterscheiden sich durch ihre ausgeprägte Bankung und die rotgelben Verwitterungsfarben (Rotspitze) schon von weitem von den grauen, massigen Wandstufen des Oberrätkalkes. Auf die Oberjura-Hornsteinkalke folgen noch ein paar Meter von grauen, dünnplattigen Aptychenschichten, die aber nur mehr auf dem Dalfazerkamm erhalten geblieben sind.

Ein Span von noch jüngeren Schichten aus der Oberkreide (Gosau-Schichten) ist am Schichthals zwischen der Haidachstellwand und dem südlich vorgelagerten Ebner Joch eingeklemmt. Das in seinen Schuttreißen halb ertrinkende Ebner Joch besteht aus älteren Triasschichten, hauptsächlich aus Wettersteinkalk. Geologisch gesehen handelt es sich dabei um den Ostausläufer des Karwendelgebirges (Inntaldecke), der von Süden her an das Rofangebirge (Lechtaldecke) angepreßt wurde.

Nun zu den Gipfelüberschiebungen im Rofan. Wenn man die Nordwand der Rofanspitze von unten her betrachtet, fällt ein markantes Grasband auf, das schräg nach Westen ansteigend die ganze Wand

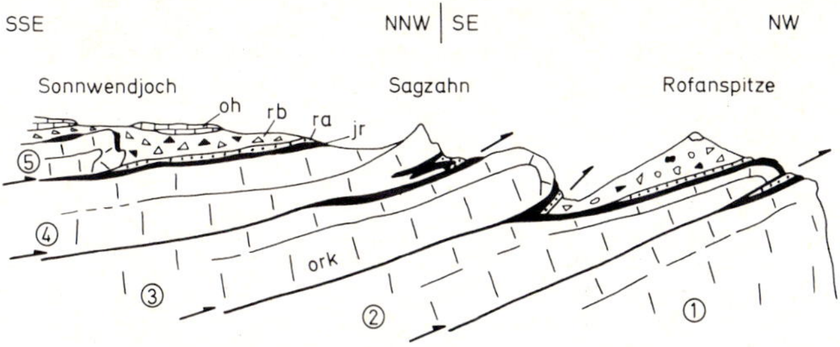

Abb. 4: Gipfelüberschiebung im Rofan
Vereinfacht nach Wähner 1903.

Es sind 5 Etagen von Oberrätkalk verschuppt:
1 = untere Rofanmasse, 2 = obere Rofanmasse, 3 = Hörndlschneidmasse,
4 = Sagzahnmasse, 5 = Sonnwendjochmasse.
Oberrätkalk (ork), Jura-Rotkalk (jr) und Radiolarit (ra) sind in den Schuppenbau mit einbezogen, die Rofanbrekzie (rb) und die Oberjura-Hornsteinkalke (oh) liegen ungestört darüber.

Grasband auf, das schräg nach Westen ansteigend die ganze Wand durchzieht und die Riffkalke in eine obere und untere Bastion teilt. Unter dem Graswuchs des Bandes schimmern rote Jurakalke heraus. Demnach muß die obere Riffkalkbastion aus geologisch älterem Oberrätkalk auf die jüngeren Jurakalke überschoben sein. Die untere Riffkalkplatte ist ihrerseits wiederum gegen Westen auf die Jungschichten aufgeschoben, die vom Bettlersteig herabziehen, und unter diesen steigt wiederum eine Riffkalkmasse schräg nach Westen an, die in der Seekarlspitze einen Gipfel aufwirft. Es ist also klar ein nach Westen gerichteter Aufschuppungsbau zu erkennen. Auch in den Südabstürzen der Haidachstellwand sind vier Oberrätkalkmauern übereinander zu sehen, jeweils getrennt von Schichtbändern mit roten Jurakalken. Und an der Ostseite des Rofanstockes kann man sogar fünf solcher Etagen unterscheiden (Abb. 4).

An den Stirneinrollungen der Schuppen läßt sich die Bewegungsrichtung ablesen und man erkennt, daß die Oberrätkalkplatten von Osten und Südosten her transportiert worden sein müssen. (Der Rest einer solchen Stirneinrollung der Hörndlschneidmasse ist übrigens die sich steil aufschwingende „Schokoladetafel“ südlich des Schafsteigsattels, an die sich gegen Westen hin steilstehender bis überkippter Jurakalk und Radiolarit anschließen.) Von diesem Schuppen- und Faltenbau sind nun merkwürdigerweise nur der Oberrätkalk, der rote Jurakalk und der Radiolarit betroffen, während der Plattenkalk im Sockelgebirge darunter und die Rofanbrekzie samt den Oberjura-Hornsteinkalken darüber dieses Spiel nicht mitmachen. Man erklärt sich die Sache so, daß zur Zeit des Radiolaritmeeres von einem Hebungsgebiet im Osten Oberrätkalkschollen mit auflagerndem Jurakalk und Radiolarit auf dem Schmiermittel der unterlagernden Kössener Schichten abgeglitten sind und im damaligen Radiolaritbecken des heutigen Rofangebirges aufeinandergestapelt wurden. Das ganze hat sich unter Wasser und offenbar in mehreren Schüben abgespielt. Danach sind weiter Muren abgegangen und sie haben über den Schuppenbau die Rofanbrekzie gebreitet, die ja ebenfalls von Osten her eingeschüttet sein muß wegen der nach Westen hin abnehmenden Korngröße. Dabei sind nach dem Abrutschen der Oberrätkalkgleitbretter auch ältere Schichten freigelegen und so konnten in der Rofanbrekzie auch Trümmer von Hauptdolomit, Plattenkalk und Kössener Schichten angeliefert werden. Im obersten Jura waren die Rutschungen zur Ruhe gekommen und über den chaotischen Bildungen hat sich wieder der ungestörte Hornsteinplattenkalk der Dalfazer Wände abgelagert. Die aus Korallen und Kalkschwämmen aufgebauten Riff- und Riffschuttkalke des Oberrätkalkes bestanden ursprünglich nur aus einer hundert Meter dicken Platte. Die bis zu 400 m hohen Wände im Rofan stellen also nicht die wahre Mächtigkeit der einstigen Riffe darf, sondern sind durch Übergleitung einiger Schollen zustandegekommen.

2.3 Einzelheiten zur Geologie der Brandenberger Alpen

Das Rückgrat der Brandenberger Alpen bildet ein Zug aus Wettersteinkalk, der vom Unnütz im Westen bis zum Pendling bei Kufstein hinzieht. Es ist ein zusammengepreßtes Gewölbe, das teilweise nach Norden hin übersteilt ist, wie man besonders am Guffert beobachten kann, wo die Bänke aus Wettersteinkalk von Süden her mäßig ansteigen, am Gipfel flach liegen und sich dann in der Nordwand steil bis senkrecht hinabsenken. Die Raibler Schichten, die normalerweise das Wettersteinkalkgewölbe beiderseits begleiten sollten, sind bis auf kleine Vorkommen abgequetscht, so daß der Wettersteinkalkzug im Norden und Süden unmittelbar von breiten Hauptdolomitstreifen gesäumt wird. Der Hauptdolomit im Norden leitet über Obertrias-, Jura- und Unterkreide-Schichten in die Thierseer Mulde über, deren Südflügel ebenfalls nach Norden überkippt ist. Der Hauptdolomit im Süden reicht bis an die Inntalfurche, wo er unter jungen Schottern verschwindet. Am

Voldöppberg sind noch verfestigte tertiäre Schotter (Angerbergschichten) erhalten, die durch die jüngsten Faltungsvorgänge noch in den Gebirgsbau mit einbezogen wurden.
Berühmt sind die fossilreichen Gosauschichten der Oberkreide, die besonders im Tal der Brandenberger Ache verbreitet sind. Es sind Konglomerate, Kalksteine, Sandsteine und Mergel; an Makrofossilien enthalten sie Korallen, Muscheln und Schnecken. Es fällt auf, daß die Gosauschichten hier auf ältere Triasgesteine (Wettersteinkalk, Hauptdolomit) abgelagert wurden, während sie im Rofangebirge auf Oberjuraschichten liegen. Wahrscheinlich sind eben von hier schon im Jura die Gleitbretter aus Oberrätkalk und die Schuttmassen der Rofanbrekzie abgeglitten, so daß das Gosaumeer bei seinem Eindringen zur Oberkreidezeit nur noch älteren Untergrund vorgefunden hat.

3. Allgemeines

3.1 Klima; beste Tourenzeiten

Die verschiedenen Zonen von Gebieten in den Brandenberger Alpen zeichnen sich durch teilweise bemerkenswerte Klimaschwankungen wie auch -unterschiede aus. Diese Unterschiede machen sich vor allem in den Übergangszeiten von Frühjahr und Spätherbst oft deutlich bemerkbar — wenn beispielsweise im Inntal bereits üppig und tiefgrün das Gras hochschießt und die Obstbaumblüte voll einsetzt, während oben im Achental und besonders Steinberg, in Brandenberg oder in Thiersee Hänge und Fluren noch recht kahl sind und kaum die ersten Knospen der Bäume aufgebrochen sind. Am spürbarsten werden diese Unterschiede bei Übergängen aus dem Inntal zum Achensee, ins Brandenberger oder ins Thierseer Tal — und noch ausgeprägter von Achenkirch nach Steinberg oder von Vorderthiersee nach Riedenberg.
Außerdem muß man in den Tälern des Gebietes mit mehr Niederschlägen rechnen als beispielsweise im Inntal, das durch seine tiefe Lage um 500 m begünstigt ist. Es steht fest, daß es im Thierseer Tal, in Steinberg oder Brandenberg erheblich mehr regnet als in Jenbach, Kundl oder Kufstein. Die in höheren Lagen des Gebietes immer drohende Neigung zu starkem Temperaturabfall und Regen, im Hochsommer oft auch noch mit Schnee, muß bei Touren in die Hochregionen und bei längerdauernden Höhenwanderungen sehr sorgfältig berücksichtigt werden.
Im allgemeinen erstrecken sich die besten Wander- und Tourenzeiten vom mittleren Frühjahr bis in den späten Herbst hinein; im Frühjahr und oft noch bis hinein in den Hochsommer halten sich umfangreiche Schneerückstände auf den Nordseiten, in den Karen und Rinnen des Rofangebirges und seiner hohen Vorberge — Schneerückstände, die bei allen Touren zu extremer Vorsicht raten, denn es gibt kaum eine gefährliche Lage bei Bergwanderungen, die nicht so stark unterschätzt wird, wie beispielsweise das Queren einer mit Schnee gefüllten steilen Rinne.
Die Südseite des Rofangebirges ist meist schon gegen das mittlere Frühjahr zu weitgehend aper; auf der Nordseite aber, unter den Wänden, halten sich oft bis in den späten Sommer hinein Schneedecken über seichten Mulden und Rinnen. Dafür aber kann der Herbst oft wochenlang hervorragendes Wander- und Tourenwetter bescheren.
Wegen der geringeren Gipfelhöhe in den östlichen Brandenberger Alpen — nirgends übersteigen dort die Gipfel eine Höhe von 1800 m — sind vor allem bei Anstiegen von Süden, aus dem Inntal Wanderungen und Touren schon im späten Frühjahr und im Herbst, je nach Witte-

rung, auch bis in den November hinein ohne Einschränkung möglich. Gerade bei Inversionswetterlage (Kältestau im Inntal, Hochnebel) können solche Spätherbsttouren ausgesprochen reizvoll sein.

3.2 Bergsteigen

Obwohl bei diesem Gebiet stets das bekanntere Rofangebirge im Mittelpunkt vieler alpinistischer Interessen steht, muß man betonen, daß das gesamte Gebiet, das felsige Hochgebirge wie das lieblichere Waldgipfelgebirge, hervorragende Möglichkeiten zum Bergwandern bietet. Für den alpinen Höhenwanderer dürfte die reizvolle Traversierung des Angerberg-Hauptkamms vom Heuberg bis zum Pendling ebenso viele erlebnisreiche Bergstunden vermitteln, wie eine Überquerung des Rofangebirges von der Bayreuther Hütte über den Zireinersee oder die Labeggalm nach Steinberg, von der Erfurter Hütte über den Ampmoosboden nach Steinberg oder auch vom Zireinersee über den Hauptkamm bis zum Achenseehof. Dazu trägt das gutausgebaute Wegenetz bei, von dem schon die Rede war; viele Gemeinden halten für ihre Urlaubsgäste stets kleine „Wanderführer“ für bergsteigerische Unternehmungen bereit.

Wer natürlich aussichtsreiche Gipfel mit großen Namen sucht, den wird es mehr in das eigentliche Rofangebirge mit seinen nördlichen Vorgipfeln ziehen; allenfalls wird ihm das Dreigestirn Heuberg / Kienberg / Plessenberg oder der Pendling gerade noch verlockend erscheinen. Im Rofangebirge wie im östlichen Teil sind fast alle Gipfel mühelos während eines Tages von den Stützpunkten und Übergängen her zu erreichen; die günstige Lage der Schutzhütten und anderen Übernachtungsstützpunkte trägt dazu bei, sich selbst tagelange Hochwanderungen und -touren zusammenzustellen und ohne reine klettersportliche Betätigung fast alle Rofan- und andere Gipfel zu ersteigen. Wie das zentrale Rofangebirge, bieten auch die beiden Massive im Norden, Guffert und Unnütz, Pfade und Steige als Normalanstiege an; aber alle diese, auch so leicht scheinenden Anstiege, erfordern gutes touristisches Können. Auf die in Abschnitt 5.1 zu findenden Bemerkungen zu den Routenbeschreibungen und zur Ausrüstung muß eindringlich hingewiesen werden.

Paradies ist das Rofangebirge natürlich für den Kletterer. Ernst Schmid schrieb im Vorwort zur 4. Auflage dieses AVF sehr trefflich: „Das Rofangebirge bietet infolge seines dolomitenähnlichen Charakters eine Fülle erlesener Felsfahrten. Das Gestein ist meist fest, aber nicht so griffig wie im Wilden Kaiser. Der eigenartige geologische Aufbau mit der außergewöhnlichen Verschiedenheit des Gesteins stellt den Kletterer vor schwierige Aufgaben. Aus dem gebankten Kompaktfels der Nordwände ragen rißdurchzogene Plattenfluchten und glattwandige, von gelben Schichtenbändern unterbrochene Steilrampen. Überhängende Risse, nasse und moosige Kamine und nicht zuletzt die an steilsten Wänden vorkommende Begrünung (besonders an den Ostwänden des Sagzahns und des Dalfazer Kamms) erfordern Übung und erhöhte Vorsicht, besonders bei Nässe. Es ist daher nicht verwunderlich, daß die Kletterfahrten im Rofan vielfach Anstiege des vierten bis sechsten Schwierigkeitsgrades aufweisen."

In den vergangenen Jahren sind neue Führen entdeckt, neue Risse gefunden worden, und es hat sich erwiesen, daß in der Tat die Skala der Schwierigkeiten bei Felsfahrten äußerst umfangreich ist. In diesem neuen AVF ist sogar eine Felsfahrt enthalten, für die an einer Stelle der neue Schwierigkeitsgrad VII gilt.

Es wäre noch anzufügen, daß sich durch das ganze Gebiet von West nach Ost der Europäische Weitwanderweg Nr. 4 (AV-Weg 401) zieht und daß die Erschließung durch Hütten, Stützpunkte, Zuwege und Steige für das Gesamtgebiet als abgeschlossen angesehen werden kann. Zudem erleichtern die Rofanseilbahn von Maurach zur Erfurter Hütte und die Kramsacher Sonnwendjochbahn von Kramsach bis unterhalb des Roßkogels die weiträumige, großzügige Planung abwechslungsreicher Höhenwanderungen und Gipfeltouren. Solche oft geschmähten und doch auch für den Bergsteiger oft nützlichen Hilfen fehlen in den östlichen Brandenberger Alpen gänzlich; dafür bestehen dort sehr viel mehr Möglichkeiten, mit Hilfe des gegliederten Straßennetzes bis nahe an die Ausgangspunkte für die beliebten Höhenwanderungen und Gipfelanstiege heranzukommen.

3.3 Wintersport

Die sprunghafte und großartige Entwicklung des Wintersports in den letzten Jahrzehnten hat auch das Rofangebirge nicht ausgenommen, während die östlichen Brandenberger Alpen, teilweise auch wohl wegen der mangelnden längeren Schneesicherheit, davon doch weitgehend unberührt geblieben sind.
Wintersportliche „Erschließung" in den Ostalpen ist heute — und gewiß zu Recht — vielerorts ins Zwielicht geraten. Rücksichtslose „Alpenliebhaber" sind heute feste dabei, die letzten Naturreservate und -schönheiten und die verborgensten unberührten Winkel der Ostalpen unter dem Vorwand notwendiger wintersportlicher „Erschließung" und „Förderung" des Fremdenverkehrs der Vernichtung preiszugeben. Glücklicherweise haben sich bisher wintersportliche Erschließungen im

Rofangebirge in tolerierbaren Grenzen gehalten, obwohl die im Einzugsbereich der großen Bergbahnen angelegten Pisten nicht gerade besondere Akzente zur Verschönerung der Landschaft beitragen. Sicherlich liegt es aber auch an der Natur des Gebirges selbst und seiner Eigenarten, daß die Eingriffe in die Landschaft nicht allzu brutal ausgefallen sind. In den Talgemeinden des Gebietes, die je nach ihrer Situation und ihren lokalen Gegebenheiten Schleppliftanlagen bauten und Langlaufloipen anlegten, ist man vielerorts so behutsam auch nicht vorgegangen.

Mit der Rofanseilbahn rückte das Rofangebirge schnell zu einem begehrten Wintersportgebiet auf, nachdem es bislang doch mehr oder minder ein geheimes Eldorado jener Skifahrer geblieben war, die den großartigen Winter im Rofan auf einsamen Skispuren erleben wollten und auch erlebt haben. Immerhin sind trotz des enormen Skibetriebs rund um die Erfurter Hütte noch wesentliche, beliebte Skitouren und -abfahrten auch heute noch kein „Massenartikel" geworden. Für viele dieser Skitouren zu den Rofangipfel muß noch recht viel Mühe und Schweiß aufgewendet werden, was man sich durch „Mitspielen" im organisierten Skizirkus ersparen kann. Ähnlich steht es auch mit dem östlichen Rofangebirge, wo die Kramsacher Sonnwendjochbahn zwar das herrlich ruhige Gebiet von der Roßwies über den Zireinersee bis zum Ampmoosboden „erschlossen" hat, ohne daß es gelungen ist, die großen, klassischen Skitouren zu überlaufenen Skipisten zu degradieren. Und die „Schmankerl'n", die Anstiege auf den Sommerwegen und die einzelnen großartigen und langen Abfahrten, sind wie eh und je dem wirklichen „Fan", dem Brettl-Könner vorbehalten.

Die Östlichen Brandenberger Alpen sind wegen ihrer starken, meist bis in die Gipfelregionen reichenden Bewaldungen und aufgrund des schrofigen Charakters mancher Teile (z.B. Kienberg-Heuberg-Massiv, Hundalmerjoch, Köglhörndl) kein Skitourengebiet. Als Skigipfel bieten sich da höchstens vielleicht das Zunterköpfl auf den Sommerwegen von Brandenberg oder der Veitsberg, ebenfalls auf Sommerwegen von Riedenberg an; der letztere ist übrigens nur bei lawinensicheren Verhältnissen in der steilen Südmulde zu empfehlen. Die Gemeinden im Inntal, die 400—500 m tiefer liegen und in deren Umfeld der Schnee auch während strenger Winter nur höchstens knapp die Hälfte der Zeit liegt, die er in den höheren Orten beansprucht, können naturgemäß an wintersportlichen Anlagen nicht so viel bieten. Wo es aber mit Skiliften nicht so recht klappt, bestehen meistens Ausweichmöglichkeiten; so bieten die Orte mit Seen in der Nähe — Achensee, Kramsacher Seen, Hechtsee u.a. — dafür Eissport in jeder Form an.

Im übrigen sind die vorhandenen Anlagen und die günstigsten Skiaufstiege und -abfahrten bei den einzelnen Orten — bei Stützpunkten oder Gipfeln in eigenen Randzahlen — erwähnt. Diese Randzahlen erhalten zum schnelleren Erkennen an Stelle des Punktes ein Sternchen vorangestellt.

3.4 Bergführerwesen

In den Jahrzehnten, in denen das Rofangebirge alpinistisch erschlossen wurde, und auch in den Jahrzehnten danach noch, gab es fast in allen umliegenden Talorten autorisierte Bergführer. Dies aber hat sich in der Zwischenzeit entschieden gewandelt, und für das ganze Gebiet der Brandenberger Alpen sind heute Bergführer nur noch in Maurach, Kramsach und Kufstein nachgewiesen.

3.5 Schrifttum und Karten

Führer:

Eichhorn, Herbert: Führer durch das Sonnwendgebirge (Rofan) 2. vollständig neu bearb. Auflage. München 1925.

Kornacher, Hermann: Bayerisches Hochland Ost. München 1981.

Moriggl, Josef: Von Hütte zu Hütte. 2. erweiterte und verbesserte Aufl. 1. Bändchen. Leipzig 1922.

Pause, Walter: Münchener Hausberge. München 1965.

Röder, Rudolf; Schmid, Ernst: Rofangebirge. Alpenvereinsführer. 4. Aufl. München 1975.

Röder, Rudolf: Achensee und Achental. Kurzführer. München 1974.

Röder, Rudolf: Kleiner Führer Mittleres Unterinntal. München 1978.

Schwaiger, Heinrich: Führer durch die Rofan-Gruppe (Achensee-Gebirge). Karte 1 : 50 000 von Eugen Waltenberger. München 1900.

Seibert, Dieter: Wochenendtouren Bayer. Hochland und Nordtirol. München 1979.

Wagners Führer durch Nordtirol. 5. verbesserte Aufl. Innsbruck 1953.

Zimmermann, Wolfgang und Gerlinde: Bayerische Voralpen Ost. München 1981.

Karten:

Freytag-Berndt. Wanderkarte. Blatt Achensee (321). 1 : 50 000. Freytag-Berndt. Wanderkarte. Blatt 31. 1 : 100 000.

Kompaß-Wanderkarte. Blatt 27. 1 : 50 000.

Rofangebirge (Sonnwendgebirge). Alpenvereinskarte 1:25 000. 1973. (Neuauflage 1984).

Waltenberger, Eugen: Specialkarte der Rofan-Gruppe 1:50 000. München 1900. (Berichtigte Ausgabe 1925.) Als Beilagen zu den Führern von Schwaiger, 1900, und Eichhorn, 1925.

Wanderkarte. Amtliche Österreichische Karte. 1:50 000. Blatt 88: Achenkirch — 89: Angath — 90: Kufstein — 119: Schwaz — 120: Wörgl.

Anderes Schrifttum

Alpenvereins-Jahrbuch 1973 (enthaltend u.a. 11 Beiträge zum Rofangebirge und zu Steinberg). München 1973.

Ampferer, O.: Aus der geologischen Geschichte des Achensees. (Zeitschrift des DOeAV 1905). S. 1—15.

Ampferer, O.: Studien über die Tektonik des Sonnwendgebirges. (Jahrbuch der Geologischen Reichsanstalt). Wien 1908.

Bachmann, Hans. Das Buch von Kramsach. (Schlern-Schriften. 262). Innsbruck 1972.

Bachmann, Hans: Das Rattenberger Salbuch von 1416. (Die Tiroler landesfürstl. Urbare. Teil 1). Innsbruck 1975.

Biasi, Franz: Unteres Inntal. Bezirk Kufstein. Innsbruck 1974.

Egg, Erich: Schwazer Bezirksbuch. Schwaz 1981.

Finsterwalder, Karl: Rofan — seit Vorgeschichtszeit ein Almenland — im Spiegel seiner Namen. (Alpenvereins-Jahrbuch 1973) S. 20—24.

Das Jenbacher Buch. (Schlern-Schriften. 101). Innsbruck 1953.

Joppich, Julius: Das Rofangebirge in ur- und frühgeschichtlicher Zeit. (Alpenvereins-Jahrbuch 1973). S. 25—28.

Kerschbaum, M. v.: Das Steinbergertal und der Steinberger Guffert. (Zeitschrift des DOeAV. 1873). S. 247—258.

Mayr, Karl M.: Die rätischen Felsinschriften von Steinberg in Nordtirol. (Der Schlern. Jg. 34, 1960, S. 309—311). Bozen 1960.

Mocker, Ferdinand: Die Jagd zu Brandenberg in Tirol. (Forstwissenschaftl. Centralblatt. 1915, Nov. u. Dez.) (Darin: die große Brandenberger „Öffnung“ von 1434).

Ramsauer, Franz: Steinberg, die Rofangruppe und der Guffert. (Der Sammler. Münchner-Augsburger Abendzeitung 1914, Nr. 89).

Ruf, Sebastian: Chronik von Achenthal. Innsbruck 1865.

Schedelbauer, Karl: Zur Geschichte der Pfarre Steinberg. (Beiträge zur

Heimatkunde des nordöstl. Tirol. Schlern-Schriften. 138). Innsbruck 1954.

Schreiber, Walter: Das Sonnwendgebirge in Tirol. (Veröffentlichungen des Museums Ferdinandeum. Jg. 1939, H.19, S. 57—144).

Sölder, Ludwig: Das Achental. (Schlern-Schriften. 195). Innsbruck 1959.

Stolz, Otto: Historisch-politische Landesbeschreibung von Nordtirol. (Archiv für österr. Geschichte. Bd. 107). Wien 1926.

Stolz, Otto: Die Schwaighöfe in Tirol. Ein Beitrag zur Siedlungs- und Wirtschaftsgeschichte der Hochalpentäler. Innsbruck 1930.

Thimm: Die Vegetation des Sonnwendgebirges. (Schlern-Schriften. 118).

Vetter, Emil: Die vorrömischen Felsinschriften von Steinberg in Nordtirol. (Anzeiger der phil.-hist. Klasse der Österr. Akademie der Wissenschaften. Jg. 1957, Nr. 24, S. 384—398). Wien 1957.

Vilas, Hans: Das Schwazer Bezirksbuch. Schwaz 1973.

Die tirolischen Weisthümer. Teil 1: Unterinntal; Teil 5: 1. Ergänzung. (Österreichische Weisthümer. Band 2,1 und Band 17). Wien 1875; 1966.

Wähner, F.: Das Sonnwendgebirge im Unterinntal. Teil 1. 1903.

Wegenhenk: Beiträge zur Geologie und Petrographie des Sonnwendgebirges. (Schlern-Schriften. 58).

Widmoser, Eduard: Tirol von A bis Z. Innsbruck 1970.

4. Bergrettung

Jeder verantwortungsbewußte Bergsteiger, insbesondere der Kletterer, sollte sich über die grundlegenden Fertigkeiten der Selbst- und Kameradenhilfe im klaren sein. Sein Sturz in das Seil kann bei einem Nichtbeherrschen der Sicherungstechniken fatale Auswirkungen haben.
Ist eine Hilfe nur über eine organisierte Rettung möglich, muß diese erst einmal alarmiert werden.
Die gesamte Bergwacht in Österreich ist unter der einheitlichen Rufnummer 144 zu erreichen. Für besondere Notfälle verfügt der Österreichische Alpenverein (ÖAV) in Innsbruck über die Rettungsrufnummer: 05222/23171.
Flugrettung: Die Flugrettung Innsbruck ist unter der Rufnummer 05222/194 zu erreichen.
Ist eine Alarmierung der Bergrettung durch die am Unfall beteiligten nicht selbst möglich, müssen die in Bergnot geratenen Bergsteiger durch das „Alpine Notsignal" auf sich aufmerksam machen. Jeder Bergsteiger ist verpflichtet, solche Notrufe unmittelbar an die Unfallmeldestelle weiterzugeben.

4.1 Das „Alpine Notsignal"

Dieses Notsignal sollte jeder Bergsteiger im Kopf haben:

- Innerhalb einer Minute wird **sechsmal** in regelmäßigen Abständen, mit jeweils einer Minute Unterbrechung, ein hörbares (akustisches) Zeichen (Rufen, Pfeifen) oder ein sichtbares (optisches) Signal (Blinken mit Taschenlampe) abgegeben.

  Dies wird solange wiederholt, bis eine Antwort erfolgt.
- Die Rettungsmannschaft antwortet mit **dreimaliger** Zeichengebung in der Minute.

Die abgebildeten Alarmsignale im Gebirge wurden international eingeführt.

Um einen schnellen Rettungseinsatz zu ermöglichen, müssen die Angaben kurz und genau sein.
Man präge sich das „5-W-Schema" ein:

- **WAS** ist geschehen? (Art des Unfalles, Anzahl der Verletzten)
- **WANN** war das Unglück?
- **WO** passierte der Unfall, wo ist der Verletzte? (Karte, Führer)
- **WER** ist verletzt, wer macht die Meldung? (Personalien)
- **WETTER** im Unfallgebiet? (Sichtweite)

4.2 Hubschrauberbergung

Der Einsatz von Rettungshubschraubern ist von den Sichtverhältnissen abhängig.

Für eine Landung ist zu beachten:

- Hindernisse im Radius von 100 m dürfen nicht vorhanden sein.
- Es ist eine horizontale Fläche von etwa 30×30 m erforderlich. Mulden sind für eine Landung ungeeignet.
- Gegenstände, die durch den Luftwirbel des anfliegenden Hubschraubers umherfliegen können, sind vom Landeplatz zu entfernen.
- Der anfliegende Hubschrauber wird mit dem Rücken zum Wind von einer Person in „Yes-Stellung" eingewiesen.
- Dem gelandeten Hubschrauber darf man sich nur von vorne und erst auf Zeichen des Piloten nähern.

INTERNATIONALE ALARMSIGNALE IM GEBIRGE
SEGNALI INTERNAZIONALI D'ALLARME IN MONTAGNA
SIGNAUX INTERNATIONAUX D'ALARME EN MONTAGNE
SENALES INTERNACIONALES DE ALARMA EN MONTANA

JA
OUI
SI

Rote Rakete oder Feuer
Razzo rosso o luce rossa
Fusée ou feu rouge
Cohete de luz roja

Rotes quadratisches Tuch
Quadrato di tessuto rosso
Carré de tissu rouge
Cuadro de tejido rojo

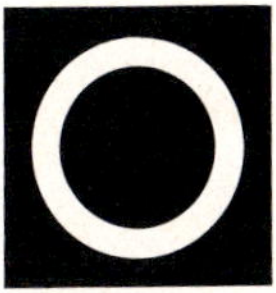

WIR BITTEN UM HILFE
OCCORRE SOCCORSO
NOUS DEMANDONS DE L'AIDE
PEDIMOS AYUDA

NEIN
NON
NO

WIR BRAUCHEN NICHTS
NON ABBIAMO BISOGNO DI NIENTE
NOUS N'AVONS BESOIN DE RIEN
NO NECESITAMOS NADA

5. Zum Gebrauch des Führers

5.1 Routenbeschreibungen

Soweit nicht besondere Verhältnisse andere Ordnungsprinzipien gefordert haben, wurde bei der Darstellung aller Hauptkapitel eine Anordnung von N im entgegengesetzten Uhrzeigersinn gewählt. Abweichungen von dieser allgemeinen Regel betreffen beispielsweise die Schilderung des Rofan-Hauptkamms, die Aufführung der unterschiedlichen, nördl. vorgelagerten Gipfel u.ä. mehr.
Die Beschreibung aller Wege und Routen ist sorgfältig vorgenommen worden: alle Angaben zu Bezeichnungen, Tafeln, Markierungen etc. sind überprüft. Jedoch sind auch in Führern beschriebene Wege den landläufigen Veränderungseinflüssen unterworfen, wie Holzeinschlag, mutwillige Zerstörung, Tafeldiebstahl u.a., so daß im Moment der Manuskripterstellung vorhandene Bezeichnungen bereits zur Drucklegung verschwunden oder verändert sein können: die für die Wegebezeichnungen Verantwortlichen bemühen sich in laufenden Begehungen derartigen Fehlern nachzugehen und sie so bald wie möglich zu beheben. Dies trifft auch für die mit besonderen Nummernschildern bezeichneten Alpenvereinswege 401 (zugleich Europäischer Fernwanderweg 4), 411, 412 und 413 zu, die durch das Beschreibungsgebiet verlaufen.
Richtungsangaben beziehen sich immer auf die aus dem Text ersichtliche Marschrichtung: nur in Zweifelsfällen wird die orographische Erläuterung beigefügt. Die Zeitangaben sind auf Durchschnittsgehzeiten zugeschnitten, im allgemeinen jedoch reichlich bemessen. Soweit nicht anders vermerkt, gelten sie für den gesamten beschriebenen Weg; Zwischenzeiten sind in Klammern angeführt.
Die nach den Beschreibungsköpfen der einzelnen Gipfel ohne Angabe von Schwierigkeitsgraden aufgeführten Normalzugänge sind für jeden Bergwanderer ohne Schwierigkeiten zu begehen; deswegen wurde entgegen den Vorschriften für Alpenvereinsführer auf die Beschreibung der Normalwege im Sinne des Abstiegs verzichtet; dabei wird aber Vertrautheit mit den besonderen Verhältnissen im Gebirge sowie eine der jeweiligen Wanderung oder Tour entsprechende Ausrüstung einschl. Kälte- und Wärmeschutz vorausgesetzt. Bei den Kletterführen gelten im übrigen die angeführten Zeiten für die reine Kletterzeit ab Einstieg; die Zeit, die für den Zugang aufgewendet werden muß, ist gesondert angegeben.
Schwierigkeitsbezeichnungen im Text, wie „unschwierig", „leicht", „schwerer" u.ä. drücken keinen alpinen Schwierigkeitsgrad aus (vgl. Ziffer 5.3 dieses Kapitels), sondern sind mehr allgemein im Vergleich

Symbole für Routenskizzen (nach UIAA/DAV)

Der natürlichen Form angepaßt:

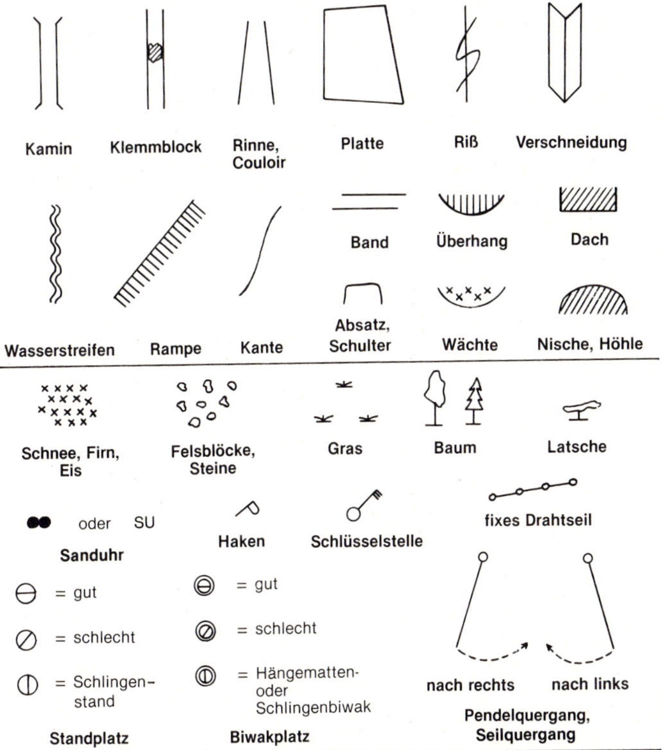

Strichstärke der Route deutlich stärker als Symbole:

Zusammenstellung: Bergverlag Rother

zu den Gesamtanforderungen eines beschriebenen Weges zu verstehen.

Bei Namen, Lokalbezeichnungen, Höhenangaben wurden die Eintragungen der Amtlichen Österreichischen Karte 1 : 50 000 (nach neuesten Revisionen) zugrundegelegt: vorrangig gelten jedoch die Eintragungen der Alpenvereinskarte Rofangebirge 1973. Etwaige Abweichungen zum Amtlichen Österreichischen Kartenwerk sind dann jeweils in Klammern hinzugefügt worden.

Die Bearbeiter der einzelnen Hauptteile dieses Führers gehen aus den Vorworten hervor. Einzelbeiträge eines Autors im zusammenhängenden Textteil eines anderen oder Beiträge Dritter werden durch Hinzufügung des Namens, in Klammern, am Ende der betreffenden Beschreibung gekennzeichnet.

5.2 Abkürzungen

AB	= Autobahn
Abb.	= Abbildung(en)
Abzw.	= Abzweigung
AV	= Alpenverein
AVF	= Alpenvereinsführer
AV-Sekt.	= Alpenvereinssektion
B.	= Betten
bew.	= bewirtschaftet
bez.	= bezeichnet (markiert)
Bez.	= Bezeichnung
Bgf.	= Bergführer
Bhf.	= Bahnhof
DAV	= Deutscher Alpenverein
dir.	= direkt
DÖAV	= Deutscher und Österreichischer Alpenverein
E	= Einstieg
Eb.	= Eisenbahn
Gef.	= Gefährten
ges.	= gesamt
Ghs.	= Gasthaus
insges.	= insgesamt
km	= Kilometer
L.	= Lager
M.	= Matratzenlager
m	= Meter
mH	= Meter Höhenunterschied
Min.	= Minute(n)

ÖAV	=	Österreichischer Alpenverein
orogr.	=	orographisch
P.	=	Punkt mit Höhenzahl
R	=	Randzahl
🔑SL	=	Schlüsselseillänge
🔑	=	Schlüsselstelle
S.	=	Seite
s.	=	siehe
SL	=	Seillänge
Std.	=	Stunde(n)
Tel.	=	Telefon
vgl.	=	vergleiche
vhd.	=	vorhanden
u. U.	=	Unter Umständen
zw.	=	zwischen

Abkürzungen für Haken und Keile

H	=	Haken
AH	=	Abseilhaken
BH	=	Bohrhaken
SH	=	Standhaken
ZH	=	Zwischenhaken
HK	=	Holzkeil
Kb.	=	Karabiner
KK	=	Klemmkeil

Abkürzungen für Himmelsrichtungen

N, O, S, W	=	Norden, Osten, Süden, Westen
NO, NW, SO, SW	=	Nordost, Nordwest, Südost, Südwest
nördl., östl., südl., westl.	=	nördlich, östlich, südlich, westlich
nordöstl., südwestl., usw.	=	nordöstlich, südwestlich usw.

5.3 Schwierigkeitsbewertung nach UIAA

Die bei den Kletterführen im Beschreibungskopf, gelegentlich aber auch im Text von Normalwegen, stets vor der Gehzeit vermerkten und in römischen Ziffern ausgedrückten Schwierigkeitsgrade richten sich nach der von der UIAA — Union internationale des associations d'alpinisme — formulierten Skala von Schwierigkeitsbewertungen, die nach Einführung des Schwierigkeitsgrades VII im Jahre 1979 neu aufgestellt wurde.

Definition der Schwierigkeitsgrade nach UIAA:

I = Geringe Schwierigkeiten. Einfachste Form der Felskletterei (kein leichtes Geh-Gelände!). Die Hände sind zur Unterstützung des Gleichgewichts erforderlich. Anfänger müssen am Seil gesichert werden. Schwindelfreiheit ist bereits erforderlich.

II = Mäßige Schwierigkeiten. Hier beginnt die Kletterei, die Drei-Punkte-Haltung erforderlich macht.

III = Mittlere Schwierigkeiten. Zwischensicherungen an exponierten Stellen empfehlenswert. Senkrechte Stellen oder gutgriffige Überhänge verlangen bereits Kraftaufwand. Geübte und erfahrene Kletterer können Passagen dieser Schwierigkeit noch ohne Seilsicherung erklettern.

IV = Große Schwierigkeiten. Hier beginnt die Kletterei schärferer Richtung. Erhebliche Klettererfahrung notwendig. Längere Kletterstellen bedürfen meist mehrerer Zwischensicherungen. Auch geübte und erfahrene Kletterer bewältigen Passagen dieser Schwierigkeit gewöhnlich nicht mehr ohne Seilsicherung.

V = Sehr große Schwierigkeiten. Zunehmende Anzahl der Zwischensicherungen ist die Regel. Erhöhte Anforderung an körperliche Voraussetzungen, Klettertechnik und Erfahrung. Lange hochalpine Routen im Schwierigkeitsgrad V zählen bereits zu den ganz großen Unternehmungen in den Alpen und außeralpinen Regionen.

VI = Überaus große Schwierigkeiten. Die Kletterei erfordert weit überdurchschnittliches Können und hervorragenden Trainingsstand. Große Ausgesetztheit, oft verbunden mit kleinen Standplätzen. Passagen dieser Schwierigkeit können in der Regel nur bei guten Bedingungen bezwungen werden. (Häufig kombiniert mit künstlicher Kletterei: A 0 bis A 4).

VII = Außergewöhnliche Schwierigkeiten. Ein durch gesteigertes Training und verbesserte Ausrüstung erreichter Schwierigkeitsgrad. Auch die besten Kletterer benötigen ein an die Gesteinsart angepaßtes Training, um Passagen dieser Schwierigkeit nahe der Sturzgrenze zu meistern. Neben akrobatischem Klettervermögen ist das Beherrschen ausgefeilter Sicherungstechnik unerläßlich.

Minus- oder Pluszeichen (— bzw. +) bezeichnen ab Schwierigkeitsgrad III die untere bzw. die obere Grenze.

Für die hakentechnischen Schwierigkeiten gilt folgende Skala:

A0 = hakentechnisch unschwierig
A1 = hakentechnisch schwierig
A2 = hakentechnisch sehr schwierig
A3 = hakentechnisch äußerst schwierig

Da auch dieser AVF grundsätzlich für berggewohnte und geübte Alpinisten bestimmt ist, erhalten gesicherte Höhenwege und Anstiege nur dann einen Schwierigkeitsgrad, wenn trotz der angebrachten Sicherungen noch entsprechende Schwierigkeiten bewältigt werden müssen.

Die Erläuterung des Schwierigkeitsgrades im Text entfällt; es wird vorausgesetzt, daß die UIAA-Skala von jedem Bergsteiger schon auf Grund der Zahlenangabe verstanden wird.

Die Bewertung der in diesem AVF beschriebenen Führen entspricht im allgemeinen den neuesten Richtlinien der Alpenvereine. Die Kletterführen sind auf den neuesten Stand gebracht; etwaige Unsicherheiten oder Einwände von Nachbegehern, die dem Verlag schriftlich vorlagen, wurden von dem Bearbeiter des klettersportlichen Teils berücksichtigt.

5.4 Routenvergleichstabelle Rofangebirge — Wilder Kaiser

	Rofangebirge	Wilder Kaiser
I	Hochiß, Normalweg (R 245)	Hintere Goinger Halt, Normalweg
II	Roßkopf, Südgipfel, Ostflanke (R 280)	Scheffauer Nordwand, Leuchsweg
III	Vorderes Sonnwendjoch, Ostwand, alter Weg (R 356)	Ellmauer Halt, Kopftörlgrat
IV-	Hochiß, Nordwand alter Weg (R 247)	Kleine Halt, Ostwandband
IV	Roßkopf, Südgipfel, Südwand (R 281)	Predigtstuhl, Nordkante
IV+	Roßkopf, Südgipfel, Südwestkante (R 282)	Predigtstuhl, Hauptgipfel, Westwand, Dülferführe
V-	Rofanturm, Westwandverschneidung (R 326)	Christaturm, SO-Kante
V	Seekarlspitze, Nordwand, Trichterweg (R 264)	Fleischbank, Ostwand, Dülferführe
V+	Roßkopf, Ostgipfel, Nordostwand, „Knoxweg" (R 289)	Fleischbank, SO-Wand
VI-	Rofanturm, Westkante, (R 327)	Predigtstuhl, Nordgipfel, Schüle / Diem-Führe
VI	Seekarlspitze, Nordwand, Knoxverschneidung (A3, A2) (R 264c)	Maukspitze, Westwand, Buhlführe
VI+	Spieljoch, Nordwand (1 Stelle) (R 257)	Predigtstuhl, NO-Risse
VII	Rofanspitze, NW-Wand, Katzendach (1 Stelle) (R 310c)	Fleischbankpfeiler, Pumprisse

II. Täler und Talorte

1. Das Inntal

● 1 Das Inntal

Zwischen Jenbach und der deutsch-österreichischen Staatsgrenze nördl. von Kufstein bildet der Inn die markante südliche Begrenzung des Gesamtgebiets. Das breite Tal ist schon in vor- und frühgeschichtlicher Zeit eine der bedeutenden Wanderstraßen von Völkern und Kulturen, zwischen Nord und Süd, gewesen. Heute ist seine verkehrstechnische Bedeutung stärker denn je. Eine wichtige Eisenbahnlinie und eine Autobahn durchziehen das Inntal, ganz abgesehen von den vielen parallelen Talverbindungen. Viele Inntalorte bestimmen mit ihren dörflichen oder städtischen Eigenarten Kultur und Brauchtum der Landschaft. Die das Tal auf allen Seiten zwischen Jenbach und Kufstein begrenzenden Gebirgsgruppen gehören mit zu den meist frequentierten und bekanntesten der Ostalpen.
Von W nach O gesehen, münden in den Inn von N her der Kasbach bei Jenbach, die Brandenberger Ache bei Kramsach und die Thierseer Ache bei Kufstein, von S her das Zillertal gegenüber von Wiesing, das Alpbachtal bei Brixlegg, die Wildschönauer Ache bei Kundl, der Wörglbach und die Brixentaler Ache bei Wörgl und schließlich die Weißach bei Kufstein. Nördl. des Inns erheben sich die Gipfel des Rofangebirges und östlich von ihnen die sanfteren, bewaldeten Berge der Östlichen Brandenberger Alpen bis zum Pendling; im S folgt der den Tuxer Voralpen zugehörende Kellerjochgruppe, zwischen Schwaz und Jenbach, das weite Vorfeld der Kitzbüheler Alpen und dann das Kaisergebirge. Soweit die auf dem rechten Innufer liegenden Orte, vor allem zwischen Jenbach und Kramsach, nicht genannt sind, wird auf die einschlägige Führerliteratur verwiesen, die auch für alle links des Inns gelegenen Orte für zusätzliche Wander- und Tourenmöglichkeiten von Belang ist — so der KF Mittleres Unterinntal, die AVF und KF Karwendelgebirge, der KF Tuxer Voralpen und schließlich der AVF Kitzbüheler Alpen.

● 2 Jenbach, 562 m

Marktgemeinde, ca. 6000 Einwohner. Hotels, Ghs.; Privat-B. Eb-Station (auch D-Züge) der Linie Kufstein — Innsbruck; ca. 35 km zu beiden Städten. Buslinien nach allen Richtungen. Inntal-AB weist eine Einfahrt nach Innsbruck und eine Ausfahrt von Innsbruck her auf. Am rechten Innufer zieht sich die wichtige Inntal-Bundesstraße entlang; die

alte Straße hinauf nach Maurach und zum Achensee, entlang dem Kasbach, ist steil und kurvenreich, doch gut ausgebaut. Ausgangspunkt für die Zillertalbahn und die Zahnradbahn zum Achensee. Taxi. Postamt. Ärzte, Zahnärzte, Apotheke; Schwimmbad, Tennis. Alpiner Rettungsdienst. Winter: Eissport.
Jenbach wird als Gemeinde erstmalig 1313 erwähnt. Die Pfarrkirche zum hl. Wolfgang wurde um 1500 erbaut. Im 16. Jahrhundert Mittelpunkt des blühenden Inntal-Bergbaus mit vielen Schmelzhütten. Berühmt der Jenbacher Gußstahl. Viele Sensenschmieden; heute Jenbacher Werke. Achenseekraftwerk der Tiroler Wasserkraft A.G.
Wanderungen von Jenbach führen westl. zum Schloß Tratzberg, 1288 erstmals bezeugt — zum Stift Georgenberg, 898 m hoch, schon 975 urkundlich erwähnt — südwestl. nach St. Margarethen oder zur Ruine Rottenburg. Neben der Zahnradbahn Fußweg hinauf nach Eben (R 33); auf dem Leitenweg oder über den Tiergarten gelangt man nach Wiesing (R 3).

● 3 **Wiesing,** 566 m

Erholungsdorf, ca. 1100 Einwohner. Viele Ghs. und Pensionen; Privat-B. Eb-Station (zusammen mit Münster) an der Linie Kufstein — Innsbruck. AB-Ausfahrt Achensee. Die vom Achensee herunterkommende Panoramastraße zieht sich absteigend in einer weiten Schleife um das Dorf herum. Gute Ortsstraßen nach Eben, Münster und Jenbach. Buslinien. Taxi. Poststelle. Schwimmbad, Camping, Tennis. Winter: Übungslift, Rodelbahn, Eissport.
Der Ort wird bereits um 930 als „Vulsinga“ erwähnt; im 16. Jahrhundert entwickelte sich eine Bergknappensiedlung. Letzter Überrest der 1372 erstmalig bezeugten gotischen Pfarrkirche ist der einzelne Turm mit 75 m Höhe. Die mit schönen Deckengemälden ausgestattete neue Pfarrkirche stammt aus dem Rokoko. Im nördl. anschließenden Ortsteil Erlach befindet sich eine Barockkapelle.
Talwanderungen vgl. R 5.

● 4 **Münster,** 534 m

Erholungsdorf, ca. 1500 Einwohner. Viele Ghs. und Pensionen; Privat-B. Eb-Station (zusammen mit Wiesing) an der Linie Kufstein — Innsbruck. AB-Ausfahrt Achensee ca. 2½ km. Gute Talstraßen. Buslinien. Taxi. Postamt. Schwimmbad. Alpine Rettungsstelle. Winter: Skiübungslift, Rodelbahn.
Münster wird um 1140 erstmalig genannt. Zum Ortsbereich gehörte einst auch Schloß Lichtwerth, auf einer Inninsel gelegen, heute aber auf

dem rechten Innufer. Die Pfarrkirche Mariä Himmelfahrt, 1262 erwähnt, wurde 1746 barockisiert.

● 5 Wanderungen um Wiesing und Münster

Wiesing (R 3) und Münster (R 4), eine knappe Wegstunde voneinander entfernt, verfügen über zahlreiche bez. Spazier- und Wanderwege. Die beliebte Wanderung zwischen beiden Orten über die Waldkapelle Grünangerl erfordert etwa 1¼ Std.
Von Wiesing erreicht man über Ortsteil Erlach nördl. auf Fußweg Eben (R 33), Maurach (R 35) sowie den Achensee (32), 1 bzw. 1½ Std.; über Ortsteil Astenberg geht es auf Wanderweg C durch Hochwald bis zur „Kanzelkehre" der Achensee-Bundesstraße mit Ghs. und herrlichem Panoramablick ins Inntal, 1½ Std.
Von Münster gelangt man über die Gehöfte von Höllenstein nördl. auf dem mit 412 bez. AV-Weg (R 89) ansteigend zum „Wiesl" — und über Ortsteil Grünsbach nordöstl. in 1¾ Std. nach Kramsach (R 6). Jenseits des Inns warten Brixlegg (R 8) und Rattenberg (R 9) mit lohnenden Wanderzielen — z.B. zu den Schlössern und Burgen, oder ins Alpbachtal — auf.

● 6 **Kramsach,** 513 m

Dorf, ca. 3500 Einwohner. Zahlreiche Hotels, Ghs. und Pensionen; Privat-B. Eb-Station Brixlegg (R 9) jenseits des Inns, ½ Std.; AB-Ausfahrt Kramsach. Gutes Straßennetz zu den Seen, Richtung Angerberg, Brandenberg und Jenbach. Buslinien. Postamt. Ärzte, Bäder, Camping, Tennis. Alpine Rettungsstelle. Talstation des Sonnwendjochlifts (Doppelsessellift in 2 Sektionen auf 1780 m Höhe). Winter: Skilifte, Rodelbahn, Langlaufloipe, Eissport. Die nahegelegenen Kramsacher Seen vermitteln alle Möglichkeiten von Wasser- und Eissport. Abb. Seite 59.
Der Name des östl. und jenseits der hier in den Inn mündenden Brandenberger Ache (R 48) liegenden Ortsteils Voldöpp stammt aus einer vorrömischen Sprache. Einst blühender Bergbau im Ortsteil Achenrain: Fugger'sche Schmelzhütte. Übriggeblieben ist das Messingwerk. Die Tradition der ehemaligen berühmten Glashütte pflegt die Glasfachschule. Jahrhundertelang befand sich hier eine Ländestelle der Holztrift aus dem Brandenberger Tal. Vom Bergsturz am Pletzachkopf stammt der Kramsacher Marmor.
Die spätgotische Kirche von Voldöpp, einst eine Filialkirche von Breitenbach, wurde um 1700 barockisiert. Die Pfarrkirche zum hl. Dominicus in Mariathal wurde 1267 gestiftet; ein Neubau wurde 1680—90 errichtet.

Östl. des Ortes, etwa 1½ Std., Fußmarsch, südl. der Seen, etwa auf halbem Wege nach Breitenbach (R 10) befindet sich das noch im Ausbau befindliche, doch heute schon sehr sehenswerte Tiroler Bauernhöfe-Museum.

● 7 Wanderungen um Kramsach

Talspaziergänge sind reichlich vorhanden; zum Hilarbergl läuft man 20 Min., über Grünsbach nach Münster fast 1¾ Std. Östl. geht es über Voldöpp zum Tiroler Bauernhöfe-Museum, wofür sich mindestens zwei verschiedene Wege anbieten — oder zu den beliebten Kramsacher Seen: 1 Std. zum Fraunsee, ebenfalls 1 Std. zum Buch- und Krummsee; 1¼ Std. zum Reintalersee mit vielen Wassersportmöglichkeiten, dazu Ghf., Cafés und Camping. Eine längere Wanderung führt zum 750 m hoch gelegenen idyllischen Berglsteinsee.
Nach N zu kommt man über den Ortsteil Mariatal und im Tal der Brandenberger Ache in die Tiefenbachklamm, etwa 2—3 Std., eine sehr romantische Klamm, die besonders durch die Holztrift bekannt geworden ist; leider werden ihre Tage durch die Kraftwerkspläne der Stadt Kufstein bald gezählt sein. Südlich des Inns locken Brixlegg (R 8), die nahegelegenen Burgen und Schlösser sowie das Alpbachtal, und natürlich die Stadt Rattenberg (R 9).

● 8 Brixlegg, 535 m

Markt, ca. 2800 Einwohner. Viele Hotels, Pensionen, Ghs., Cafés; 3 Jugendheime; Privat-B. Eb-Station der Linie Kufstein — Innsbruck. AB-Ausfahrt Kramsach jenseits des Inns. Inntal-Bundesstraße; gute Straßen, vor allem in Richtung Reith und Alpbachtal. Buslinien. Taxi. Postamt. Ärzte, Zahnärzte; Schwimmbad, Tennis. Alpine Rettungsstelle. Winter: Skilift, Rodelbahnen, Eissport. Zu Brixlegg gehört auch, inzwischen mit dem Ort zusammengewachsen, das alte Heilbad Mehrn.
Nach Funden aus vorrömischer Zeit wird auf einen frühen Bergbau während der mittleren Bronzezeit geschlossen; 788/90 wird der Ort als „Prislech" urkundlich erwähnt. Die Bergknappensiedlung Zimmermoos, höher gelegen und den Gruben nahe, überflügelte zwar den Talort, der erst im späten 15. Jahrhundert wieder durch den Silber- und Kupferbergbau an Bedeutung gewann. Die 1506 im spätgotischen Stil erbaute Pfarrkirche zu Unserer Lieben Frau wurde 1690 barockisiert

Kramsach-Achenrain; schloßartiger Edelsitz der Grafen Taxis-Bordogna, erbaut um 1660 von Karl Aschauer unter dem Rofangebirge.

Foto: W. Bahnmüller

und dabei mit sehenswerten Deckengemälden ausgestattet; der ehemalige Ansitz Grasegg aus dem 17. Jahrhundert dient heute als Gasthof. Unter den zahlreichen, von der Gemeinde gepflegten Wanderwegen — nach Zimmermoos, Bad Mehrn, Reith, an der Innpromenade u.a. — nehmen einen besonderen Rang diejenigen ein, die zu den Burgen und Schlössern führen — nach Schloß Matzen, 20 Min., im Jahre 1167 erstmalig genannt, zeitweise im Besitz des Landsknechteführers Georg von Frundsberg — nach dem erst im 19. Jahrhundert entstandenen Schloß Lipperheide, ½ Std., in dessen Jagdhäusl Hugo Wolf komponierte — zur Burg Lichtwerth, 40 Min., aus dem 12. Jahrhundert, heute in Privatbesitz und nicht zu besichtigen — und schließlich zur Ruine Kropfsberg, im 12. Jahrhundert von einem Salzburger Erzbischof als Grenzfestung erbaut, und zur Kirche St. Gertraudi, die 1680 erbaut wurde, beides 1¼ Std.

● 9 **Rattenberg,** 521 m

Stadtgemeinde (seit 1363); ca. 1150 Einwohner (zusammen mit Radfeld). Zahlreiche Hotels, Pensionen; Ghs., Cafés; Ferienheime; Privat-B. Eb-Station der Linie Kufstein — Innsbruck. Enge Ortsdurchfahrt der Inntal-Bundesstraße; AB-Einfahrt Kramsach, 4 km. Buslinien. Taxi. Postamt. Ärzte, Apotheke. Tennis. Winter: Rodelbahn, Langlaufloipe, Eislauf.

Dem Ort, der auf eine Siedlung in der Römerzeit zurückgeführt wird, wurden schon im 13. Jahrhundert Zollrechte und 1393 Stadtrechte verliehen. Durch die Erträgnisse der nahen Silberbergwerke und durch die Innschiffahrt nahm der Wohlstand der Stadt beträchtlich zu. 1504 wurden Stadt und Festung an Tirol abgetreten; Reste der Stadtmauer und zwei schöne Stadttore sind noch erhalten. Die alte zweischiffige Pfarrkirche St. Virgil wurde 1733—37 barockisiert; die Spitalkirche stammt aus dem Jahr 1390, und im Servitenkloster findet man eine 1385 errichtete spätgotische Kirche, die aber auch um 1707—1709 barockisiert wurde. In Radfeld war die Filialkirche zum hl. Briccius ursprünglich gotisch; der Zwiebelhelm des Turms stammt aus dem 18. Jahrhundert, und die neugotische Einrichtung entstand um 1900.

Rattenberg ist heute ein bedeutendes Zentrum der Tiroler Glasveredelungsindustrie.

Hinsichtlich der Spaziergänge und Wanderungen bietet die lokale Enge zwischen steilen Waldhängen und dem Inn wenig Möglichkeiten; für Rattenberg gelten daher ganz besonders die bei Brixlegg (R 9) und bei Kramsach (R 6) aufgeführten Wanderungen, wobei für den Anmarsch 20—30 Min. zusätzlich anzusetzen sind.

● 10 Breitenbach am Inn, 510 m

Stattliches Haufendorf mit etwa 2450 Einwohnern, in einer Talsenke des Angerberges (R 14) am linken Innufer gegenüber von Kundl (Innbrücke). 4 Ghs., Privatbetten; Bhf. Kundl 1 km (Eb-Linie Kufstein — Innsbruck). Ausfahrt Inntal-Autobahn: Wörgl-West 6 km. Straße nach Kramsach (über Reintaler Seen) 9 km, nach Mariastein bzw. Angath über den Angerberg je 9 km. Bus nach Kundl, Wörgl und Kramsach. Posthilfsstelle. Arzt (mit Hausapotheke). Freibad. Alpine Rettungsstelle Kundl (Gendarmerie).
Winter: 1 Übungslift, 2 Loipen im Ort, Loipe Kaiserblick im O (25 km). Eislauf und Eisstockschießen am Freibad. Barocke Pfarrkirche; im östl. oberhalb gelegenen Ortsteil Kleinsöll bemerkenswerte gotische Filialkirche.

● 11 Wanderungen um Breitenbach am Inn

Der Ort verfügt über ein großes Netz von gut bez. und numerierten Spazier- und Wanderwegen. Zu den lohnendsten zählen: Westl. Innpromenade (Nr. 17), östl. Innpromenade (Nr. 1) mit Fortsetzung als Innrainweg (Nr. 2) nach Kleinsöll, ½ Std., Waldtalweg nach Schönau, 1 Std. (Nr. 4). Museum Tiroler Bauernhöfe (s. R 8), 1¼ Std. (Nr. 14 „Höfeweg"); zu den Reintaler Seen (s. R 8) ½ Std. weiter (Nr. 14). Buchackeralm mit Eishöhle s. R 113.

● 12 Kundl, 526 m

Ausgedehnter Ort mit etwa 3250 Einwohnern, auf dem sanft zum Inn abfallenden Schwemmfächer der Wildschönauer Ache, die südl. von Kundl in der sehenswerten Kundler Klamm die Ausläufer der Kitzbüheler Alpen (Gratlspitz-Kragenjoch-Kamm) durchbricht. 6 Ghs. sowie Privat-Betten. Bahnhof (Eb-Linie Kufstein — Innsbruck). Ausfahrt Inntal-Autobahn Wörgl-West 4 km. Bus nach Rattenberg (8 km), Wörgl (6 km) und Kramsach (über Breitenbach 10 km). Taxi. Postamt. Ärzte (mit Hausapotheke), Zahnärzte, beheiztes Freibad. Tennis. Geführte Bergwanderungen. Alpine Rettungsstelle (Gendarmerie). Winter: 1 Übungslift, 1 Loipe, Natureislaufplatz, Naturrodelbahn.

Neben der Pfarrkirche mit üppigem Wessobrunner Stuck aus dem Früh-Rokoko besitzt Kundl in der 2 km außerhalb an der Straße nach Rattenberg gelegenen spätgotischen Leonhardskirche eines der interessantesten mittelalterlichen Baudenkmäler Nordtirols.

● 13 Wanderungen um Kundl

St. Leonhard (Weg Nr. 7) ½ Std.; Saulueg mit prächtigem Inntalblick und Gasthof (Weg Nr. 2) 1 Std.; Kundler Klamm — Mühltal (Wildschönau, Fahrweg) 1½ Std.; Kundlburg (Ruine, Weg Nr. 3) 40 Min.; Kragenjoch, 1425 m, 2½ Std.; Modellflugplatz an der Straße nach Wörgl (Weg Nr. 9) ¾ Std.

● 14 Angerberg

Der Name Angerberg gilt als geographische Gesamtbezeichnung für den etwa 18 km langen, bis zu 4 km breiten, terrassenartigen Mittelgebirgsrücken, der sich zwischen Kramsach im W entlang dem Nordufer des Inns, 100—150 m über dem Fluß, bis Niederbreitenbach im O erstreckt.

Die politische Gemeinde Angerberg (1100 Einwohner) umfaßt den größten Teil der Weiler und Einzelhöfe zwischen Breitenbach und Angath. Erholungsdorf und Skilanglaufzentrum mit prächtigem Blick nach O auf den Wilden Kaiser. Zentrum mit Postamt, Verkehrsbüro und Bushaltestelle im Weiler Linden. Ghs., Pensionen sowie Privat-Betten.

Bhf. (Schnellzugstation der Eb-Linie Kufstein — Innsbruck) in Wörgl (5 km, Busverbindung). Bus nach Mariastein (4 km). Straße nach Breitenbach (5 km), nach Kufstein über Mariastein (15 km). Ausfahrt der Inntal-Autobahn Wörgl 5 km.

Taxi. Postamt. Alpine Rettungsstelle Wörgl (Gendarmerie).

Winter: 2 Übungslifte, 5 Loipen, Eisstockschießen, Rodelbahn.

● 15 Wanderungen um Angerberg

Die langgestreckte Hochfläche erlaubt eine Reihe von bequemen Wanderungen mit freiem Ausblick. Neben zwei kürzeren Rundwanderwegen von und nach Linden (Nr. 1) 1 Std. (Nr. 2) 1½ Std. sind zu erwähnen: Wiesbachtal 1½ Std. (Weg Nr. 3 und 6), Achleitweg zum Gasthof Blick ins Inntal sowie über den Innsteg nach Wörgl (Weg Nr. 4) 1¼ Std., Breitenbach 1¾ Std. und Mariastein ¾ Std.

● 16 **Mariastein**, 575 m

Idyllisches kleines Dorf mit 170 Einwohnern, eigene Gemeinde, am Ostrand des Angerbergs (R 14) um den elfeckigen Wohnturm der mittelalterlichen Burg gruppiert.

Ghs., Pensionen, Privat-Betten. Bhf. in Wörgl (8 km) oder Kufstein (11 km), jeweils Schnellzugstation der Eb-Linie München — Innsbruck; Busverbindung. Taxi. Alpine Rettungsstelle Wörgl (Gendarmerie). Ausfahrt der Inntal-Autobahn Kirchbichl 3 km. Winter: 2 Übungslifte, 2 Loipen, Rodelbahn. Abb. Seite 63.

Mariastein bei Wörgl; ursprünglich ein Schloß, jetzt viel besuchte Wallfahrtskapelle. Foto: W. Bahnmüller

Die Burg mit Rittersaal, Schatzkammer, Heilig-Kreuz- und Gnadenkapelle (letztere in den oberen Stockwerken) ist eine kunst- und kulturgeschichtliche Sehenswürdigkeit ersten Ranges und eine viel besuchte Marien-Wallfahrtsstätte.

● 17 Wanderungen um Mariastein

Nach Angerberg (Ortsteil Baumgarten) ¾ Std.; nach Angath über Haslach, den alten Wallfahrtsweg und die Autobahnbrücke 1¼ Std.; Niederbreitenbach 1 Std.; Franzensbrücke — Schönau — Glatzham 2½ Std.; Buchackeralm mit Eishöhle (s. R 112); Bärnbad — Höhlensteinhaus mit Feuerköpfl s. R 118.

● 18 **Angath,** 500 m

Kleines Haufendorf mit etwa 650 Einwohnern im hier ebenen Unterinntal, in einer großen Flußschleife am linken Ufer gelegen. Innbrücke nach Wörgl.
2 Ghs., Autobahn-Rasthaus, Privat-Betten. Bhf. in Wörgl 2,5 km (Schnellzugstation der Eb-Linie Kufstein — Innsbruck). Bus nach Wörgl und Angerberg — Mariastein. Ausfahrt der Inntal-Autobahn Wörgl 3,5 km. Taxi.
Winter: Loipe.
Schlichte barocke Pfarrkirche. Früher lange Zeit Zentrum der Innschifferei.

● 19 Wanderungen um Angath

Nach Langkampfen auf mehreren Wegen über die ebenen Innfelder, 1 Std.; über Führt nach Baumgarten am Angerberg, ¾ Std.; über Ahrnberg nach Linden am Angerberg, 1¼ Std.; über die Autobahnbrücke und den Wallfahrtsweg nach Haslach und Mariastein 1¼ Std.

● 20 **Wörgl,** 513 m

Die ausgedehnte Stadtgemeinde mit etwa 8650 Einwohnern liegt auf dem Schwemmfächer des Wörgler Baches, zwischen Inn und Brixentaler Ache, die hier in den Inn mündet. Wichtiger Verkehrsknotenpunkt (Schnellzugstation); von der EB-Linie München — Innsbruck — Rom zweigt hier die Strecke nach Zell am See — Salzburg (sog. Giselabahn) ab, von der Inntalbundesstraße und der Inntal-Autobahn die Bundesstraßen nach St. Johann (30 km) — Salzburg und nach Kitzbühel (30 km), außerdem die Straße nach S in das Hochtal der Wildschönau (10 km). Nach Kufstein 12 km, nach Rattenberg 14 km. Wegen der guten Verkehrsverbindungen und der zentralen Lage günstiger Standort

für Sommer- und Winterurlaub. Hotels, Ghs., zahlreiche Pensionen und Privat-Betten.
Zwei Ausfahrten der Inntal-Autobahn (Knoten Wörgl und Wörgl-West). Buslinien in allen Richtungen. Taxi. Postamt am Bhf. Ärzte, Zahnärzte, Fachärzte, Apotheken. Frei- und Hallenbad (mit Sauna und Solarium), Bad Eisenstein mit radiumhaltiger Eisenquelle. 6 Tennisplätze, Hallentennis, Gartengolf, geführte Berg- und Radwanderungen. Bergwachtbereitschaft Kirchbichl-Wörgl. Winter: Sessel-, 3 Schlepplifte, 3 Loipen (16 km), Natureisbahn, Rodelbahn.
Römische Gebäudereste und Siedlungsspuren aus vorrömischer Zeit weisen auf die geschichtliche Bedeutung hin. Barocke Stadtpfarrkirche.

● 21 Wanderungen um Wörgl

Bad Eisenstein, 20 Min.; weiter zum Lechner-Wasserfall, 1 Std.; Hennersberg, 676 m, mit Tiefblick auf die Stadt, Gasthof, ¾ Std. (auch mit Sessellift erreichbar), weiter zum Eisstein (Fillenköpfl), 1 Std. (Fahrweg oder Steig).
Zum Zauberwinkel (mit Jausenstation) auf mehreren interessanten Wegen in je 1½—2 Std.: Kundler Bergweg, Aubachweg und Zauberweg mit sog. Himmelsleiterl. Vom Zauberwinkel in ½ Std. nach Oberau (Wildschönau).
Für Wanderungen am linken Innufer s. R 15 und R 19.

● 22 Kirchbichl, 515 m

Große Landgemeinde mit 4800 Einwohnern am rechten Innufer, zwischen Fluß und dem bewaldeten Abhang der breiten Terrasse von Bad Häring am Fuß des Pölvenmassivs.
Hotel, Ghs., Fremdenheime, Privat-Betten. Bhf. (Eb-Linie Kufstein — Innsbruck). Eigene Ausfahrt der Inntal-Autobahn 2½ km. Bundesstraße nach Kufstein 8 km, nach Wörgl 4 km. Bus nach Bad Häring; im Winter Gratisskibus nach Hopfgarten — Kelchsau. Taxi. Postamt. Arzt, Zahnarzt, Apotheke. Hallenbad, Moorfreibad, Tennisplätze und -halle. Forstmeile / Trimmpfad, geführte Wanderungen. Bergwachtbereitschaft Kirchbichl-Wörgl.
Winter: Skilifte in Bad Häring, 3 Loipen, Eislauf und Eisstockschießen im Moorfreibad.
Eine Kirche wird schon im 8. Jahrhundert urkundlich erwähnt; heutige Pfarrkirche aus dem 18. Jahrhundert.

● 23 Wanderungen um Kirchbichl

Nach Bad Häring mit Kneipp-Wassertretstelle im Ortsteil Osterndorf auf Waldwegen in 1 Std., von dort weiter nach Schwoich 1 Std. oder auf den Großen Pölven, 1594 m, 2½ Std., anstrengend und nicht ganz einfach.

● 24 **Oberlangkampfen / Niederbreitenbach,** 493 m

Zwei kleine Dörfer, Fraktionen der Gemeinde Langkampfen (s. R 26). Oberlangkampfen mit barocker Filialkirche liegt in einer engen Innschleife gegenüber von Kirchbichl, Niederbreitenbach mit dem sehenswerten Schloß Schönwörth (mittelalterlicher Turm) am Ausgang der ausgeprägten Talfurche von Mariastein. Ghs., Pensionen und Privat-Betten. Bhf. in Kirchbichl (Eb-Linie Kufstein — Innsbruck), von Oberlangkampfen 2 km, von Niederbreitenbach 4 km. Ausfahrt Kirchbichl der Inntal-Autobahn je 1 km. Straße nach Kufstein (Busverbindung) 10 km, nach Mariastein 4 km. Taxi. Postamt und Arzt in Unterlangkampfen. Tennisplätze und Minigolf in Niederbreitenbach.
Winter: Loipe, Rodelbahn.

● 25 Wanderungen um Oberlangkampfen / Niederbreitenbach

Von Oberlangkampfen über die Autobahn, von Niederbreitenbach an der Autobahn entlang, dann gemeinsam auf dem Wallfahrtsweg durch Wald nach Mariastein, 1 Std. Von der Autobahnbrücke auf Weg Nr. 8 a über Haslach nach Baumgarten (Angerberg), 1¼ Std. Von Niederbreitenbach auf Fahrweg oder Fußweg durch Wald zum Alpen-Ghs. Bärnbad, 1 Std. Nach Mariastein von Niederbreitenbach auch direkt auf schattigem Weg den Waldrücken über P. 634 entlang, 1 Std. Von Niederbreitenbach zum Höhlensteinhaus mit dem Feuerköpfl s. R 119.

● 26 **Unterlangkampfen / Schaftenau,** 504 m

Langgestrecktes Doppeldorf am Fuß des steil aufragenden Heimbergs, der sich nach O zum Pendling zieht. Schöner Blick über den Inn auf das Kaisergebirge. Unterlangkampfen ist das Zentrum der Gemeinde Langkampfen (etwa 3000 Einwohner) mit Gemeinde- und Verkehrsamt. Barocke Pfarrkirche. Ghs., Pension, Privat-Betten. Camping am Segelflugplatz.
Bhf. Schaftenau und Haltestelle Langkampfen an der Eb-Linie Kufstein — Innsbruck. Ausfahrt Kirchbichl der Inntal-Autobahn. Straße nach Kufstein 8 km, nach Mariastein 5 km (Bus in beiden Richtungen). Postamt und Arzt in Unterlangkampfen. Freibad Stimmersee (4 km von Unterlangkampfen). Segelflugplatz. Winter: Übungslift, Loipe.

● 27 Wanderungen um Unterlangkampfen / Schaftenau

Segelflugplatz, ½ Std.; Stimmersee (Freibad), 50 Min.; Niederbreitenbach mit Schloß Schönwörth, ½ Std. Höhlensteinhaus mit Feuerköpfl s. R 120.

● 28 Kufstein, 484 m

Die Stadt Kufstein liegt beidseits des Inn (die Altstadt um den Burgberg rechts, der Bahnhof sowie die Ortsteile Kleinholz und Zell links), 3 km südl. der deutsch-österreichischen Grenze, zwischen den Brandenberger Alpen im W und dem Kaisergebirge im O. Zu allen Jahreszeiten beliebter und stark frequentierter Urlaubs- und Einkaufsort mit einer Fülle von Wanderungen, Wintersport- und Bademöglichkeiten, Berg- und Klettertouren in der nächsten Umgebung, besonders im östl. der Stadt gelegenen Kaisergebirge. Viele Hotels, Ghs., Pensionen; Privat-Betten; Campingplatz (Salurner Straße). Bhf. (Schnellzugstation der Eb-Linie München — Innsbruck, nach München 99 km, nach Innsbruck 73 km). 2 Ausfahrten (Kufstein-Nord und -Süd) der Autobahn München — Innsbruck. Verkehrsknotenpunkt mit Straßen nach Walchsee — Kössen (27 km), St. Johann — Kitzbühel (37 km; weiter nach Paß Thurn — Felbertauern) und Thiersee — Bayrischzell (26 km). Buslinien in allen Richtungen. Taxi. 3 Sessellifte. Sitz der Bezirkshauptmannschaft Kufstein, Bezirksgericht, Zollamt. Ärzte, Zahn- und Fachärzte, Apotheken, Krankenhaus. Freibäder (5 Seen, geheiztes Freischwimmbad), 2 Hallenbäder in nächster Umgebung (4 bzw. 8 km). Tennisplätze, Hallentennis, Minigolf, Segel- und Drachenfliegen, geführte Wanderungen. Forstmeile / Trimmpfad sowie Naturkundepfad am Zellerberg. Alpenvereinssektion, Bergführer, Bergwachtbereitschaft. Abb. Seite 69.

Winter: Das alpine Skigebiet der Steinbergalm mit 3 Schleppliften wird erreicht über 2 getrennte Sesselbahnen. Loipen (25 km), 2 Natur- und 1 Kunstrodelbahn, Kunsteisbahn und Eisstockschießen.

Die urkundlich erstmals 788 erwähnte Siedlung entwickelte sich als Festungs- und Grenzstadt, in den letzten 100 Jahren als bedeutendes Touristen- und Verkehrszentrum. Das Wahrzeichen der Stadt, die Festung, ist zweifellos die größte Sehenswürdigkeit. 1205 erstmals erwähnt, wurde sie 1504 von Kaiser Maximilian nach heftiger Gegenwehr erobert und größtenteils neu errichtet, vor allem der wuchtige sog. Kaiserturm. Heute birgt sie das 1906 gegründete Heimatmuseum mit bedeutender urgeschichtlicher Sammlung (am bekanntesten die Höhlenbärenskelette aus der Tischoferhöhle im Kaisertal) und die 1931 eingeweihte Heldenorgel, die größte Freiorgel der Welt mit über 4300 Pfeifen; sie ertönt täglich um 12 Uhr, im Sommer auch um 18 Uhr. Stadtpfarrkirche spätgotisch um 1400.

● 29 Wanderungen um Kufstein

Kufstein bietet im Bereich des Zahmen und Wilden Kaisers eine solche Fülle von Wanderungen, daß für sie auf den AVF und KF Kaisergebirge verwiesen wird. Nachstehend sind die lohnendsten Wanderwege am linken Innufer dargestellt: Zellerberg Rundweg, vom Bhf. bequem in 1 Std., hier Fitness-Parcours und Waldlehrpfad. Über Kloster Kleinholz (20 Min.) zum Stimmersee, 1 Std., Gasthof und Freibad; weiter zum Segelflugplatz, ½ Std.

Vier-Seen-Wanderung über Morsbach — Pfrillsee — Längsee — Hechtsee — Egelsee — Neuhaus zurück nach Kufstein, 3—3½ Std., schönste Wald- und Mittelgebirgswanderung im gesamten Umkreis. Vom Hecht- oder Egelsee auch nach Kiefersfelden (Grenzübertritt!) und zurück mit Bahn oder Bus. Hohenstaffing — Neuhaus — Thierberg mit Wallfahrtskirchlein und Burgruine, Blick auf Kufstein und den Kaiser, 1½ Std.

Dreibrunnenjoch (s. R 178 / 179), Kufsteiner Haus und Pendling s. R 507 / 508.

● 30 Kiefersfelden, 510 m

Stattliches Dorf mit 5300 Einwohnern hart an der deutsch-österreichischen Grenze, am linken Innufer. Der beliebte Urlaubsort erstreckt sich auf drei Seiten um den bewaldeten Buchberg, 641 m, den letzten Ausläufer des Pendlingkamms. Das Dorf wird vom Kieferbach durchflossen, d.h. dem Unterlauf der Thierseer Ache auf bayerischem Boden, der hier in den Inn mündet. 3 km nordwestl. der Ortsteil Mühlbach. Bekannt ist Kiefersfelden durch sein Bauerntheater, das älteste Dorftheater Deutschlands, 1618 gegründet, mit vielbesuchten Aufführungen („Ritterspiele“) in der Sommersaison.

Hotels, Ghs., Pensionen, zahlreiche Privat-Betten. Bhf. (Eb-Linie München — Kufstein — Innsbruck), 95 km von München, 4 km von Kufstein. Eigene Ausfahrt der Inntal-Autobahn. Bus nach Rosenheim und Kufstein; von Mai bis September Badebus zum Hechtsee (Grenzübertritt!). Postamt. Ärzte und Zahnärzte, Apotheken. Freibäder (Kreuthsee, Kieferer See und Hödenauer See mit Wasserski-Seilbahn), Ozonhallenbad. Tennis. Haus des Gastes mit Sportschießen. Winter: 3 Schlepplifte, 3 Loipen, Rodelbahn am Buchberg.

● 31 Wanderungen um Kiefersfelden

Buchberg, 641 m, ¾ Std. (Staatsgrenze, Aussicht auf das ganze Dorf). Egelsee und Hechtsee (Grenzübertritt!), ¾ Std., weiter über Thierberg (Wallfahrtskirche, Burgruine) nach Kufstein, 1¼ Std.; Kieferbach — Ghs. Wachtl (Grenzübergang nur für Fußgänger, Zollwache), 2 Std.;

Blick auf Stadt und Burg von Kufstein mit dem Pendling. Foto: W. Bahnmüller

Rückweg über Marblinger Höhe und Hechtsee ergibt lohnende Rundtour (insges. 4 Std.). Gießenbachklamm — Schopperalm, 1½ Std.; Nußlberg, 876 m, mit Klausnerhäuschen, über Schwaighof und den Kreuzweg, 1½ Std.; Gfallermühle — Luegsteinsee (Freibad) — Weber an der Wand (Ghs.) — Oberaudorf, 1½ Std., zurück über den Inndamm.

2. Achensee und Achental

● 32 Der Achensee; das Achental

Eine tief eingekerbte Nord-Süd-Furche trennt das Rofangebirge von dem Karwendelgebirge. Im südl. Teil dieser Furche liegt der Achensee, 930 m, etwa 9 km lang und an manchen Stellen über 1 km breit, 133 m tief, den vom Inntal nur eine geringfügig höhere Plateauschwelle trennt. Im W schieben sich die Ausläufer des Karwendels teilweise mit steilen Hängen dicht an den See, und im O sind es die Westflanken des Rofangebirges und des nördl. zum Unnütz ziehenden waldigen Sporns.

Der natürliche Abfluß des Achensees, die Ache, ist auf einige Kilometer nördl. trockengelegt, da das verfügbare Wasser für Kraftwerkszwecke gebraucht wird. Die Ache fließt nach N und biegt dann nach NW ein; auf bayerischem Gebiet heißt sie Walchen. Sie mündet in den Sylvenstein-Speichersee.
1924—1928 erbaute die Tiroler Wasserkraftwerke AG (Tiwag), der die Stadt Innsbruck den ihr gehörenden See überließ, das Achenseekraftwerk, dessen Stollen nahe dem Südende des Sees über 400 m tief nach Jenbach hinabführt. Schon beim Bau des Werks wurde der beim Ortsteil Achental von Achenkirch von O her in die Ache mündende Ampelsbach abgeleitet und kanalisiert dem Achensee zugeführt, um den Wasserspiegel des Sees nicht zu stark absinken zu lassen. Neuerdings hört man von Plänen, die Steinberger Ache — im O jenseits des oben erwähnten bewaldeten Sporns — durch einen Stollen zum Achensee abzuleiten, was sicherlich eine markante und einschneidende Veränderung des ökologischen Gleichgewichts am Nordrand des Rofangebirges bewirken würde.
Verkehrsmäßig ist die Furche von Achensee und Ache sehr wichtig; schon in der Bronzezeit führte hier ein Weg nach Tegernsee. Die Deutsche Alpenstraße zieht über den Achenpaß südl. bis zur Kaiserwacht und führt westl. weiter zum Sylvensteinsee; die österreichische Bundesstraße zweigt dort nach S ab und erreicht gleich das Zollamt. Diese Straße wurde, Ansätze der Vorkriegszeit aufnehmend, 1953—1962 über Achenkirch längs dem Ostufer des Sees gebaut und südl. des Sees in weiten Kehren ins Inntal und zum Anschluß an die Autobahn geführt. Heute dient die alte, sehr schmale, am Ufer entlangziehende Achenseestraße teilweise als Wanderweg.
Von Jenbach im S zieht die Zahnradbahn von 1889 bis Seespitz am südl. See-Ende. Die Achenseeschiffahrt wurde 1887 eröffnet; ihre Haltepunkte sind Seespitz, Buchau, Pertisau, Gaisalm, Achenseehof und Scholastika.
Die ersten Besitzer des Sees und Achentals schenkten dieses Land 1112 dem Kloster Georgenberg, von dem es im 15. Jahrhundert schon die Tiroler Herzöge pachteten. Diese, zu denen auch die deutschen Kaiser Maximilian I. und Ferdinand II. zählten, hielten in der Pertisau üppige Hoffeste ab, ließen Prunkschiffe bauen und befuhren den äußerst fischreichen See.

• 33 **Eben,** 963 m

Dorf und Gemeindezentrum Eben-Maurach-Pertisau, ca. 1250 Einwohner. In Eben, Maurach, Buchau und Seespitz zahlreiche Hotels, Ghs., Pensionen; Privat-B. Station der Achensee-Zahnradbahn. Bus-

linien ins Inntal, nach Jenbach, Achenkirch, Pertisau. Taxi. Zufahrten zur oberhalb des Ortes ziehenden Achensee-Bundesstraße. Postamt. Sonst. vgl. bei Maurach, R 35.
Die Pfarrkirche mit dem Grab der hl. Notburga, seit Jahrhunderten ein beliebtes und stark besuchtes Wallfahrtsziel, wurde um 1320 erbaut, 1434 erweitert und schließlich 1515 total neu erbaut.

● 34 Wanderungen um Eben

Wie fast überall, sind auch in Eben-Maurach viele Spazier- und Wanderwege von den Gemeinden angelegt und bez. worden. Ziele sind die Kanzelkehre der Achenseestraße mit dem schönen Panoramablick in ¾ Std.; die schöne Seepromenade zwischen Buchau und Seespitz; Jenbach mit einem Pfad längs der Zahnradbahn, 1 Std. Über Seespitz läßt sich auf einem Waldweg in 1¼ Std. auch Pertisau erreichen (AV-Weg 201).

● 35 Maurach, 958 m

Ortsteil der Großgemeinde Eben-Maurach. Einwohner, Unterkünfte, Gastronomie usw. vgl. bei Eben, R 33. Station der Achensee-Zahnradbahn. Busverbindungen Jenbach, Pertisau, Achenkirch. Taxi. Talstation der Kabinenseilbahn zur Erfurter Hütte. Postamt. Arzt und Apotheke; Hallenbad, Camping, Tennis und Wassersport aller Art. Bergführer; alpine Rettungsstelle. Winter: Skilifte; Langlauf-Loipe; Rodelbahn; Eissport.

● 36 Wanderungen um Maurach

Zahlreiche Wege sind durch die Gemeinde bez. worden. Ziele sind im S Eben, ½ Std. und weiter zur Kanzelkehre der Achenseestraße, nochmals ¾ Std.; oder nach N zu, Buchau, 20 Min. und Buchauer Wasserfall, ¾ Std. — schließlich die Seepromenade, 15—30 Min., Seespitz mit dem Endpunkt der Dampfschiffahrt und der Zahnradbahn, 20 Min., und Waldweg (AV 201) nach Pertisau, insges. 1½ Std.

● 37 Buchau, 958 m

Ortsteil von Eben-Maurach. Alle Angaben vgl. Eben (R 33) und Maurach (R 35). Haltestelle der Dampfschiffahrt. Busverbindungen nach N und S. Alle Wassersportarten. Winter: Skilift; Sonstiges s. Maurach (R 35). Das nahe dem Seeufer stehende „Prälatenhaus“ von 1783 erinnert an die Herrschaft des Stifts Georgenberg über den Achensee.
Spazier- und Wanderwege führen — vgl. Maurach, R 36 — zum See und zur Seepromenade, nach Maurach, nördl. auf der alten Achenseestraße bis Achenseehof (R 39), Scholastika (R 40) und Achenkirch

(R 41), 2—2½ Std. In 20 Min. erreicht man den Buchauer, in 1 Std. den Dalfazer Wasserfall (vgl. R 78).

● 38 **Pertisau,** 930 m

Selbständiger Teil der Gemeinde Eben-Maurach. Hotels, Ghs., Pensionen; Privat-B. Buslinien Seespitz, Maurach, Jenbach, Inntal. Taxi. Haltestelle der Achenseeschiffahrt. Sessellift zum Zwölferkopf. Postamt. Ärzte, Apotheke; Strandbad, Hotelhallenbäder, Camping, Tennis, Golf. Wassersport. Alpine Rettungsstelle.
Winter: Skilifte, Rodelbahn, Langlaufloipen, Eissport.

Die Tiroler Herzöge, unter ihnen auch deutsche Kaiser, pachteten die Pertisau und den See und erbauten das Fürstenhaus (1979 abgerissen und 1981 neu erbaut).

Im Bereich des Talkessels und der langen Karwendeltäler verfügt Pertisau über ein dichtes Netz von Spazier- und Wanderwegen. So auf dem Waldweg, 201 bez., nach Seespitz, Maurach und Buchau in 1—1¼ Std.; zu den Almen der Karwendeltäler: Pletzachalm, Falzthurnalm, Gernalm, Gramaialm, zwischen 1 und 2 Std. Mit dem Lift auf den Zwölferkopf ist die Bärenbadalm leicht zugänglich; nördl. führt ein aussichtsreicher, schmaler Steig über die bew. Gaisalm (Haltestelle der Achenseeschiffahrt) nach Scholastika, 2¼ Std., und Achenkirch, 2¾ Std.

● 39 **Achenseehof,** 932 m

Ortsteil von Achenkirch (R 41), nur wenige Häuser; auf der kleinen Halbinsel Hotel. Haltestelle der Dampfschiffahrt: Buslinie Jenbach-Achenkirch. Wassersport. Spaziergänge und Wanderungen nach Maurach oder Buchau, ½ bis 1 Std. oder Scholastika, ½ Std., und Achenkirch 1 Std.; zum Kraxelfall in 20 Min. und zum Aussichtspunkt Gamspavillon in 40 Min.

● 40 **Achensee / Scholastika,** 932 m

Ortsteil von Achenkirch (R 41). Benannt ist die Nordspitze des Sees nach der alten Zollstation, dem heutigen Hotel Scholastika: in den letzten Jahren hat sich der Ortsteil stark ausgedehnt. Angaben bei Achenkirch. Haltestelle der Dampfschiffahrt. Buslinie Jenbach-Achenkirch. Zufahrten zur Achensee-Bundesstraße. Camping; Wassersport. Spaziergänge und Wanderungen vgl. R 42 (Achenkirch) — Achenseehof in ½ Std., Achenkirch ebenfalls; westl. Seeufersteig nach Pertisau (R 38), 2 Std.

• 41 Achenkirch, 900 m

Dorf und Zentrum der vom Achensee bis zur Staatsgrenze reichenden Großgemeinde. Ca. 1700 Einwohner. Zahlreiche Hotels, Ghs., Pensionen; Privat-B. Buslinien nach Jenbach, zum Tegernsee, nach Steinberg. Sonnbergsessellift mit Wildgehege und Sommerrodelbahn; Sessellifte Christlumgebiet. Taxi. Postamt. Arzt und Apotheke. Hotelschwimmbäder; Camping; Tennis. Bergführer. Alpine Rettungsstelle. Winter: Skilifte. Langlauf-Loipen. Rodelbahn. Eissport Achensee.

Achenkirch als Siedlung dürfte um 1100 entstanden sein; die Kirche geht auf einen noch früheren Zeitpunkt zurück. In ihrer jetzigen Form wurde die Pfarrkirche zum hl. Johannes dem Täufer in den Jahren 1748—50 erbaut, leider aber im Innern um die Jahrhundertwende neugotisiert. Sehenswert ist auch das nahe Annakirchl, 1666 / 67 als Oktogonbau errichtet. An die Rolle des Achentals für die Tiroler Landesverteidigung erinnert nördl. des deutsch-österreichischen Zollamts, nahe der ursprünglichen Schanze, die „Kaiserwacht".

• 42 Wanderungen um Achenkirch

Die vom Achensee bis zur Grenze sich erstreckenden, oft natürlich schmalen Achentalauen und die vielen das Gebiet durchziehenden Forststraßen eröffnen vielfältige Wandermöglichkeiten, denen auch die Gemeinde durch Einrichtung von Wanderwegen Rechnung getragen hat. Südl. zum Achensee, ½ Std. und nach Achenseehof, 1 Std. — oder am westlichen Seeuferpfad nach Pertisau, 3 Std. Nördl. nach Achental (Leiten), 25 Min. — und nach Achenwald, mit Ghs., 50 Min. — von der Tabaktrafik auf dem alten Weg nach Steinberg, 2½ Std., über die Obere Bergalm, oder von diesem Weg am Maierberg links auf eine Forststraße zum Kögelboden, 1½ Std. Wanderungen in Richtung W — Karwendeltäler — vgl. die einschlägige Führerliteratur: vom Sonnberglift ist noch der Steig zur Zöhreralm mit Abstieg zur Talstation, etwa 2¼ Std. insges., zu erwähnen.

• 43 Achental, 896 m

Ortsteil der Gemeinde Achenkirch, R 41. Nähere Angaben vgl. dort. In Achental zweigt von der Bundesstraße östl. die schmälere Straße nach Steinberg, 10 km, ab.

• 44 Wanderungen um Achental

Auch die nördl. Ortsteile Achenkirchs sind ins Wandernetz einbezogen; es besteht hinter dem Almgasthof direkter Zugang zum alten Steinberger Weg, zur Oberen Bergalm und nach Steinberg, 2½ Std. — oder über die bei R 42 schon erwähnte Maierbergstraße auf den Kögelboden und die Steinberger Straße zurück. Auch der Beginn der Trasse der Langlaufloipe nach Steinberg ist eine Forststraße und kann vom alten Steinberger Weg erreicht werden, mit Ziel südl. Sonnberglift, ¾ Std.

● 45 **Achenwald,** 843 m

Ortsteil der Gemeinde Achenkirch (R 41). 3 km nordwestl. befindet sich das gemeinsame deutsch-österreichische Zollamt; ½ km weiter zweigt die Deutsche Alpenstraße links zum Sylvensteinsee, nach Vorderriß und zur Mautstraße nach Wallgau ab.

● 46 **Steinberg am Rofan,** 1010 m

Dorf mit ca. 290 Einwohnern. 1 Hotel, mehrere Ghs., Privat-B. Zubringerstraße von Achental mit etwa 10 km Länge, anfangs Steil- und Engstellen, viele Kurven. Ausbau geplant. Buslinie von Jenbach (im Winterhalbjahr nur zweimal wöchentlich). Taxi. Poststelle. Hotelhallenbad, Tennis. Minigolf. Abb. Seite 75.
Winter: Skilifte, Langlauf-Loipe, Rodelbahn.

Wahrscheinlich bereits im 8. nachchristlichen Jahrhundert besiedelt, wird Steinberg erstmals anno 1196 mit einer Kapelle erwähnt; in einem Weistum von 1450 sind bereits acht Höfe aufgeführt. Die Pfarrkirche zum hl. Lambert — übrigens Hauspatron des bayerischen Geschlechts der Aribonen, die um die Jahrtausendwende Landrechte in diesem Gebiet besaßen — wurde 1434 geweiht, 1715 zur heutigen Form umgebaut und 1827 gründlich restauriert. Nördl. des Guffert, an den Nordhängen des Schneidjochs (R 184), wurden 1957 in einem Felsspalt mit ehemaliger Quelle Inschriften entdeckt, die nach dem gegenwärtigen Stand der schwierigen Untersuchungen etruskischer Herkunft sind und zwischen dem 4. und 1. Jahrhundert vor Christus entstanden sein dürften. Im Literaturverzeichnis ist auf die wichtigsten Veröffentlichungen zu diesem Fund hingewiesen; immerhin handelt es sich hierbei um die nördlichsten in Tirol entdeckten etruskischen Schriftzeichen. Der Felsspalt mit den Inschriften ist über Weg R 71 oder direkt von der Ludwig-Aschenbrenner-Hütte (R 65) zu erreichen.

● 47 Wanderungen um Steinberg

Auch die Gemeinde Steinberg hat zahlreiche Spazier- und Wanderwege bez. und ausgeschildert. Nordöstl. bzw. südwestl. des Ortes bestehen im Bärenwald- und Sandbichlweg schöne Rundwege; kleine Wanderungen bieten der Gfaßkopfweg (vgl. R 133 a) und seine Fortsetzung im Wanderweg 2 zur Schönjochalm, 2—3 Std. Nach S gelangt man durchs

Steinberg gegen Rofan. Foto: R. Henneberger

Geismoosbachtal zur Alm Holzer Mahd, 2—3 Std.; jenseits des Dorfes, am südlichen Rand der von der Steinberger Ache gebildeten Schlucht zwei Wanderwege auf Forststraßen vom Durra-Hof zur Schmalzklausenalm (vgl. R 144), jeweils einfach 3¼ Std. Weitere Wanderungen berühren die Obere und Untere Bergalm (in Richtung Achenkirch), teilweise auf der Langlauf-Loipe zu gehen, etwa 1—1¼ Std. — und natürlich nach O zu, hoch über dem Achental, auf dem Hinterbergweg nach Außersteinberg (mit Ghf. Sonneck) und weiter bis nach Pinegg und Kaiserhaus (R 105), AV-Weg 401 und zugleich Europäischer Fernwanderweg 4.

3. Das Brandenberger Achental

● 48 Die Brandenberger Ache

Die fast genau von N nach S fließende Brandenberger Ache samt ihren Quellbächen bildet nach dem Inn das größte Flußsystem der Brandenberger Alpen; von der Roten Valepp, dem südl. Abfluß des Spitzingsees nördlich der Staatsgrenze, sind es an die 22 km, bis sich die Brandenberger Ache bei Kramsach in den Inn ergießt. Nach dem Zusammenfluß von Weißer und Roter Valepp spricht man von der Grundache; wenige Kilometer weiter südlich bekommt der Fluß dann den Namen Brandenberger Ache.

Der Fluß hat sich in seinem Verlauf tief in die Berge eingeschnitten und bildet so die auffällig natürliche Trennung der Westlichen von den Östlichen Brandenberger Alpen. Nördlich vom Kaiserhaus (vgl. R 104) befindet sich die sehenswerte und romantische Kaiserklamm; südlich von Brandenberg erstreckt sich die Tiefenbachklamm — beides Triftklammen, die allerdings jetzt nur noch als Sehenswürdigkeit erhalten und gezeigt werden.

Die Ache hieß früher vuldeppe, ein aus dem Vorrömischen stammendes Wort; später nannte man sie Vuldepper Ache (urkundlich 1267 und 1412). Der jetzige Name bürgerte sich seit etwa 1600 ein.

Die wirtschaftliche Bedeutung der Ache war schon im 14. Jahrhundert bedeutsam; für die Bergwerke zwischen Kundl und Schwaz wurde viel Grubenholz gebraucht, und die Landesherren, die Herzöge von Bayern, nutzten trotz älterer Bauernrechte den Holzreichtum des Gebietes aus. Über Seitenbäche und Rinnen schleppte man die geschlagenen Stämme zur Ache; sie wurden dann in der Kaiserklause gesammelt. Zu bestimmten Zeiten wurde die Klause, zu der später andere, auch in den Seitentälern traten, geöffnet, und die Stämme wurden, auch durch die Klammen, zur Lände bei Kramsach getriftet. Die Erzherzog-Johann-Klause im Norden wurde erst 1834—35 erbaut; von den Klausen in Seitentälern wurde die Bergklause, wenige Kilometer östl. von Steinberg am bekanntesten. Aber überall im Einzugsgebiet der Brandenberger Ache finden sich noch heute die Reste ehemaliger kleiner Klausen. 1966 wurden die Erzherzog-Johann-Klause und die Bergklause zum letztenmal für eine Trift geöffnet.

Fast in ihrer gesamten Länge gehört die Brandenberger Ache zum Gemeindegebiet von Brandenberg, das spätestens gegen 1100 entstanden sein dürfte und bald eine Filialkirche der Hauptkirche in Breitenbach aufwies. Das Gebiet — bis Rattenberg und Kitzbühel — gehörte damals zum Herzogtum Bayern; 1434 erlangten die Bauern von Brandenberg eine landesherrliche Bestätigung ihrer angestammten Rechte — besonders wichtig die Niederjagdrechte — in der „Brandenberger Öffnung“.

● 49 **Brandenberg,** 919 m

Die Gemeinde Brandenberg, 1400 Einwohner, zu der auch Aschau (R 51) gehört, umfaßt den größten Teil des bei Kramsach in den Inn mündenden Brandenberger Tales. Sie ist die flächenmäßig ausgedehnteste Gemeinde des Unterinntals. Die windgeschützte, nahezu nebelfreie Lage abseits des großen Verkehrsstromes auf einem Hochplateau über der Brandenberger Ache machen das malerische Dorf mit seinen weit verstreuten Weilern und Einzelhöfen zu einem ausgezeichneten Ferienort im Sommer und Winter. Gemeinde- und Verkehrsamt in Eben, dort frühbarocke Pfarrkirche. Ghs., Pensionen, Privatbetten.
Bhf. Brixlegg bzw. Rattenberg-Kramsach (Eb-Linie Kufstein — Innsbruck) je 8 km. Ausfahrt Kramsach der Inntal-Autobahn (6 km). Die Straße von Kramsach ist gut ausgebaut und ganzjährig befahrbar. Buslinie Kramsach — Brandenberg — Aschau. Taxi. Postamt. Arzt. Minigolf. Bauerntheater. Geführte Wanderungen.
Winter: 2 Schlepplifte, 3 Loipen, Eisstockschießen, Naturrodelbahn.

● 50 Wanderungen um Brandenberg

Nach Aschau über die Rohrbacherbrücke, (Weg Nr. 5), 1 Std.; nach Pinegg wie oben, nach der Brücke dann rechts (Weg Nr. 11), 1¼ Std. Zum Kaiserhaus (mit Klamm) s. R 107, weiter zur Erzherzog-Johann-Klause s. R 102. Oberberg — Krummbachalm (Weg Nr. 9), 2 Std. Ghs. Kink — Jocher s. R 177. Tiefenbachklamm (Triftsteig, Weg Nr. 7) — Kramsach, 2 Std. Nach Kramsach Waldweg (Nr. 3), 1½ Std.

● 51 **Aschau,** 874 m

Erholungsdorf, Ortsteil von Brandenberg (siehe R 49).

● 52 Wanderungen um Aschau

Die Lage des Ortes an relativ steilen, ins Tal der Brandenberger Ache abfallenden Hängen läßt kaum ebene Wanderwege zu; überall ist etwas Steigen notwendig. So geht’s nördl. hinab nach Pinegg am Zusammenfluß von Brandenberger und Steinberger Ache, 1 Std. über die Rohrbacherbrücke — oder östl. durch die Schlucht hinüber nach Brandenberg, 1 Std. In der Schlucht lohnt sich der Besuch der Tiefenbachklamm und Weiterwanderung nach Kramsach, 2—3 Std. — und ein schöner Rundweg von etwa 2¼ Std. zweigt hinter dem Wildmoossattel (R 174) rechts ab: er umgeht nördl. — östl. — südl. den Waldkegel des Ascherhörndls und bietet herrliche Blicke in die Täler der beiden Achen.

4. Das Tal der Thierseer Ache

● 53 Thierseer Achental

Der vom Ursprungpaß an der deutsch-österreichischen Grenze herabfließende Ursprungbach und der von der Ackernalm kommende Stallenbach bilden bei Landl die Thierseer Ache, die nach O das ganze Tal durchfließt und als Kieferbach bei Kiefersfelden auf bayerischem Gebiet in den Inn mündet. Verkehrsmäßig ist das zwischen den Schlierseer Bergen im N und den Brandenberger Alpen im S gelegene Tal allerdings nicht von Kiefersfelden, sondern von Kufstein her erschlossen. Die Straße führt von dort über die Marblinger Höhe, 684 m, nach Vorderthiersee und weiter über Landl und den Ursprungpaß, 849 m (Zollamt) nach Bayrischzell (Eisenbahn nach München, Deutsche Alpenstraße). Verwaltungsmäßig bildet das Tal die Gemeinde Thiersee (2300 Einwohner) mit den Ortsteilen Vorder- und Hinterthiersee, Landl und Riedenberg. Gemeindeamt und Verkehrsverein in Vorderthiersee, ebenso Bergwacht / Alpine Rettungsstelle, Tel. 3 41 07.

● 54 Riedenberg, 952 m

Der aus wenigen Höfen und dem Ghs. Wastl bestehende Weiler (Gemeinde Thiersee, R 53) liegt weltabgeschieden inmitten ausgedehnter Wälder auf einem vom Nöck, 1218 m, nach SO zum Glemmbach abfallenden Wiesenhang. Man erreicht ihn auf schmaler, im mittleren Teil noch ungeteerter, mit Vorsicht zu befahrender Straße von Landl (R 56) her in 5 km. Keine Weiterfahrmöglichkeit!

● 55 Wanderungen um Riedenberg

Im Gebiet um Riedenberg gibt es kaum bez. Wege. Der Europäische Fernwanderweg 4 (AV-Weg 401) beispielsweise ist in seinem Verlauf zwischen Holzerhütte und Hinterthiersee völlig unklar! Es empfiehlt sich daher, die folgenden Wanderungen nur mit einer guten Karte durchzuführen. Holzerhütte im Glemmbachtal (½ Std.) und weiter zum Kaiserhaus s. R 108, zur Buchackeralm mit Eishöhle s. R 114. Rund um den Nöck (Karnergraben und Längtal), 1½ Std. Thörleralm s. R 524. Über Endbachwies nach Rohrmoos und Landl, 1¾ Std.

● 56 Landl, 685 m

Streusiedlung entlang der Thierseer Ache, etwa 380 Einwohner, zur Gemeinde Thiersee gehörig (R 53). Pfarrkirche (Ende 18. Jh.) Mehrere Ghs. Zu Landl gehört auch der südl. auf einem ebenen Ausläufer des Larchbergs, 1412 m, gelegene Ortsteil Rohrmoos, 836 m. Straße nach Kufstein 16 km, nach Bayrischzell 12 km; Busverkehr nach beiden Richtungen. Posthilfsstelle. Freibad. Bergwacht / Alpine Rettungsstelle s. R 60. Winter: 2 Schlepplifte, Loipe.

● 57 Wanderungen um Landl
Rundwanderung Rohrmoos — Rohrmoosalm — Boxbach — Bachhäusl — zurück nach Landl, 1¾ Std. Rohrmoos — Endbachwies — Riedenberg, 2 Std. Glemmbachtal 1 Std. Ackernalm s. R 125.

● 58 Hinterthiersee, 862 m

Das Dorf (550 Einwohner, Gemeinde Thiersee, R 53) liegt fast 250 m über dem Talgrund, von der Thierseer Ache und der Hauptstraße durch einen aussichtsreichen Höhenzug getrennt, auf einem sonnigen, nebelfreien Wiesenplateau. Spätgotische Pfarrkirche.
Ghs.; Privat-Betten. Gut ausgebaute Straße von Vorderthiersee (5 km, Busverbindung). Schmale steile Straße hinab nach Landl (3 km). Bergwacht / Alpine Rettungsstelle s. R 60.
Winter: 3 Schlepplifte, Loipe, Rodelbahn, Eisstockschießen.

● 59 Wanderungen um Hinterthiersee
Rundwanderung Knollhöhe, 1126 m — Modal — Breitenau — zurück nach Hinterthiersee, 2 Std. Rohrmoos 1¼ Std. Landl 50 Min. Buchackeralm mit Eishöhle s. R 115, Höhlensteinhaus mit Feuerköpfl s. R 122.

● 60 Vorderthiersee, 678 m

Hauptort der Gemeinde Thiersee (R 53), etwa 1300 Einwohner. Aufstrebender Fremdenverkehrsort am malerisch in einer sanften Mulde gelegenen Thiersee. Gemeinde- und Verkehrsbüro an der Abzw. der Hinterthierseer Straße von der Hauptstraße Kufstein — Bayrischzell. Pfarrkirche und Schule nach 1 km an der Hinterthierseer Straße. Passionsspielhaus am Nordufer des Thiersees; die Spiele gehen auf ein Gelöbnis im Jahr 1799 zurück und werden heute alle sechs Jahre aufgeführt (nächstes Passionsspieljahr 1988).
Hotels, Ghs., viele Pensionen, Privat-Betten; 2 Campingplätze am Thiersee. Bhf. in Kufstein (Eb-Linie München — Innsbruck), 8 km. Ausfahrt Kufstein der Autobahn München — Innsbruck, 9 km. Bus nach Kufstein, Hinterthiersee (5 km) und Bayrischzell (20 km). Taxi. Postamt. Ärzte (mit Hausapotheke). Freibad am Thiersee, 3 private Hallenbäder, Tennisplätze, Minigolf. Bergwachtbereitschaft / Alpine Rettungsstelle Tel. 3 41 07. Winter: 2 Skilifte, Übungslifte, mehrere Loipen, Eislauf am Thiersee, Rodelbahn.

● 61 Wanderungen um Vorderthiersee
Rund um den Thiersee, ½ Std. Dreibrunnenjoch — Stimmersee, 1¼ Std., s. R 178. Ghs. Wachtl, 40 Min., weiter nach Kiefersfelden (Grenzübertritt nur für Fußgänger) 2 Std. Sonnberg 1 Std. Höhlensteinhaus mit Feuerköpfl s. R 121.

III. Hütten und Stützpunkte

● 65 Ludwig-Aschenbrenner-Hütte, 1465 m

Die Hütte liegt auf dem von der Halserspitze (R 180) südöstl. herabziehenden Rücken, südl. der deutsch-österreichischen Staatsgrenze. Sie wurde 1926 als Gufferthütte erbaut und noch im gleichen Jahr von der AV-Sekt. München käuflich erworben. Sie brannte 1957 ab und wurde 1958 / 59 wieder aufgebaut; schließlich wurde sie 1962 in Ludwig-Aschenbrenner-Hütte umbenannt.
Bew. vom 3. 5. bis 1. 11. und 24. 12. bis 6. 1. (im Oktober nur Fr., Sa., So.). 14 B., 42 M. Winterraum mit 4 L.; AV-Schloß. Post: A-6215 Achenkirch. Zufahrt auf Forststraße möglich, jedoch nur mit Sondergenehmigung der Forstverwaltung.

Zugänge:

● 66 Von Kreuth über die Langenau
4 Std., Grenzübertritt.

Von Dorf Kreuth, südl. des Tegernsees, zunächst entlang der Weißach in südl. Richtung bis zum Parkplatz vor Wildbad Kreuth. Hier links abbiegend zum Café Schwaigeralm und in dem Tal der Langenau mit mäßiger Steigung zum Steinernen Kreuz. Man verläßt hier das Tal in südl. Richtung; der Pfad steigt zunächst nur wenig, bald jedoch sehr steil zur Bayrbachalm, 1222 m, an und leitet, die Bayer. Wildalm rechts lassend, zum von der Halserspitze herabziehenden Kammrücken empor. Jenseits hinab zur Hütte.

● 67 Von Kreuth über die Wolfsschlucht
5 Std., Grenzübertritt.

Wie bei R 66 nach Wildbad Kreuth, dann der Straße noch etwa 1 km westl. folgend bis zum Parkplatz links unten. Am Bach entlang südl. nach Siebenhütten und weiter zur Königshütte. Von hier recht steil in der Wolfsschlucht empor; der Pfad über die steilen Schrofen hinauf erfordert Trittsicherheit. Vorbei an Wasserfällen, über den vorgelagerten Predigtstuhl hinweg, erreicht man schließlich den Sattel zwischen Schildenstein und Blaubergkamm. Dort stößt man auf einen von der Schildensteinalm von rechts herabziehenden Weg und folgt ihm nach links zur Blaubergalm. Nun fast eben weiter in östl. Richtung über viele freie Matten zur Schönleitenalm. Danach steigt der Weg wieder an und vereinigt sich bald mit dem von der Halserspitze südöstl. herabführenden Pfad, der rechts hinab zur Hütte leitet.

● 68 Von Achenwald
3¼ Std., bez.

In Achenwald (R 45) bei Km 28,8 der Achental-Bundesstraße, 500 m nordwestl. des Gasthofes „Marie" über die Ache und auf der Straße rechts haltend durch den Ortsteil Achenwald. Wo die Teerdecke endet, an einem Stadel Wegweiser „Achenkirch, Gufferthütte, Schildenstein". Nach 50 m, vor der Brücke über den Klammbach, Schranke und Fahrverbot. Hinter der Brücke rechts Abzweigung des Fußweges nach Achenkirch. Nun auf der Forststraße im engen Tal mäßig ansteigend zur Klammbachalm, 993 m. Von dort der Bez. folgend steiler aufwärts zu einer kleinen Lichtung unmittelbar vor der Landesgrenze südl. des Schildenstein. Nach O durch Wald zur Blaubergalm (2 Std.) und weiter wie bei R 67 in 1¼ Std. zur Hütte.

● 69 Von Achental über den Kögelboden
3 Std.

Von Achental (R 43) folgt man beim Almgasthof zunächst der Abzweigung der Fahrstraße nach Steinberg bis zum Kögelboden (Parkmöglichkeit, Wegtafel). Die links einmündende Forststraße verläuft zuerst östl. und eben durch den Wald, dann in der Schlucht des Filzmoosbaches, und weiter in östl. Richtung. In einer Kehre biegt sie später scharf links ab; es geht weiter noch ansteigend geradeaus bis in den weiten, mattigen, teilweise sumpfigen Sattel südl. der Hütte. Bei einer Wegtafel links ab und ansteigend zur Hütte hinauf.

● 70 Von Steinberg über den Kögelboden
3½ Std.

Man erreicht den Kögelboden auf der nordwestl. ziehenden Fahrstraße Steinberg — Achenkirch, vorbei an der Oberen und Unteren Bergalm; vom Kögelboden weiter wie bei R 69.

● 71 Von Steinberg über die Ißalm
4½ Std.

Zunächst wie R 70 auf der Fahrstraße nordwestl. bis zum Ghs. Obere Bergalm; noch vor der Straßenbrücke über den Bach rechts (Wegtafeln) auf einen teilweise etwas sumpfigen Weg, der das Ende einer Forststraße quert und im Hochwald zügig ansteigt. An den West- und Nordwesthängen des Guffertmassivs erreicht man schließlich die auf freien Matten liegende Stubaalm, 1371 m, und folgt dem schmalen, mühsamen Steig, meist auf gleicher Höhe, weiter bis zu einem baumbestandenen unscheinbaren Rücken, unter dem man die Ißalm, 1466 m, liegen sieht. Man geht auf dem Rücken links und trifft knapp nördl.

der Alm bei Wegtafel auf einen Weg, der erst mäßig, dann steiler ansteigt und zum etwa 1700 m hohen Sattel zwischen den beiden Gipfeln des Schneidjochs (vgl. R 184) emporführt. Jenseits des Sattels steil nördl. hinab, durch lichten Wald in den weiten sumpfigen Sattel und nach Vereinigung mit R 69 hinauf zur Hütte.

Von dem, vom Schneidjoch herabführenden Weg, zweigt, etwa in Höhe der Baumgrenze, nach links ein schmaler Steig ab, der in 7 Min. die in einer Felsnische eingehauenen etruskischen Inschriften (vgl. R 46), den nördlichsten Tiroler Fund in etruskischer Sprache, erreicht.

● 72 Vom Kaiserhaus
5 Std.

Zunächst wie R 102, entweder auf der Straße oder durch die Kaiserklamm, nach N, bis etwa 2 km nördl. der Wegevereinigung links eine Forststraße abzweigt. Diese zieht südl., windet sich in einigen Kehren hoch über das Weißachtal empor und schwenkt bei einer Hütte mehr nördl. zur Baumbachalm, 1030 m, ein. Ein bez. Weg führt von hier auf einen nach NW ziehenden, teilweise bewaldeten Höhenrücken hinauf, über den man ansteigend die Raggstadtalm, etwa 1500 m, erreicht. Der Weg folgt nun westl. dem zum Schneidjoch ziehenden Rücken, biegt nordwestl. ab, berührt dadurch den Abendstein, 1596 m (vgl. R 186), und fällt dahinter, vorbei an der Brandenberger Wildalm und später an einer Jagdhütte, zur Vereinigung mit dem letzten Teil von R 71 ab.

● 73 Von der Erzherzog-Johann-Klause
4—5 Std., bez.

500 m südlich des Zollhauses rechts über die Ache; die westlich ziehende Forststraße hoch über der Baier Ache (Bayrachbach), steigt mäßig an, berührt die Schwendtner-Bayrach-Alm, 1005 m, und die Jocher-Bayrach-Alm (kurz vorher Wegtafel; hierhin auch vom Zollhaus rechts auf Forststraße bis zu ihrem Ende und auf neugebautem Steig hinauf) und stößt auf den Sattelbach; die nach der Brücke sich anschließende Forststraße leitet gegen den sumpfigen Sattel südlich der Hütte und endet in einem leicht steigenden Weg, der zur Hütte emporzieht.

★ 74 Skitouren und Skiabfahrten

Für den Aufstieg zur Hütte im Winter gibt es keinerlei Aufstiegshilfen; man erreicht sie in langer Wanderung auf R 69 bzw. R 70. Die Umgebung der Hütte bietet ein vielseitiges Übungsgelände mit leichten Abfahrten. Abfahrt zurück auf dem Anstiegsweg.

● 75 **Köglalm,** 1431 m

Die Alm liegt unweit westl. des Köglsattels (R 130), hoch über dem Nordende des Achensees in einem weiten Almboden. Bew. während der Almauftriebszeit. Post: A-6215 Achenkirch. Zufahrt mit Kfz auf der Forststraße vom Ortsteil Achensee von Achenkirch möglich, jedoch nur mit Sondergenehmigung der Forstverwaltung.

Zugänge: Von Achensee s. R 131, von Achenseehof s. R 132.

● 76 **Dalfazalm-Hochleger,** 1697 m

Südl. der Klobenjochspitze und westl. der Dalfazer Wände liegt die Alm in einem weiten Hochkessel. Ghs. Bew. vom 15. 6. — 30. 8. Einige Notlager; Erweiterung 1982. Post: A-6212 Maurach am Achensee.

Zugänge: Von Buchau s. R 78, von der Erfurter Hütte auf R 78 absteigend.

● 77 **Erfurter Hütte,** 1831 m

Die Hütte liegt dicht am südwestl. Rand einer der Rofanhochfläche vorgelagerten weiten Plateau-Ebene. Sie wurde 1895 von der Sektion Erfurt des DOeAV erbaut und 1905 erstmalig erweitert. Nach dem Hüttenbrand 1920 wurde die Hütte 1924 wieder aufgebaut; die letzte wesentliche Erweiterung fand 1958 statt. Zwischen der Hütte und dem unweit östl. von ihr gelegenen Alpengasthof Rofan (R 82) befindet sich die Bergstation der von Maurach (R 35) heraufführenden Kabinenseilbahn. Beim Mauritzköpfl liegt die Bergstation eines vom Mauritzalm-Niederleger heraufkommenden Schleppliftes; knapp westl. des Gschöllkopf-Abbruchs endet ein weiterer aus der Hauptabfahrt heraufführender Lift. Schließlich ist hinter dem Hochleger der Mauritzalm noch ein Übungslift vorhanden. Durch die Rofanbahn hat sich das natürlicherweise mit Seilbahnen verbundene starke Fremdenverkehrsaufkommen mit allen seinen Erscheinungen auch auf die nähere und weitere Umgebung der Hütte ausgedehnt. Die Hütte bildet einen idealen Stützpunkt für das gesamte Rofangebirge, da von ihr aus fast alle wichtigen Gipfel und Übergänge in Gehzeiten unter 3 Stunden erreichbar sind. Bew. vom 15. 2. bis eine Woche nach Ostern sowie von einer Woche vor Pfingsten bis 15. 10. und 25. 12. bis 10. 1. 26 B., 40 M. Post: A-6212 Maurach am Achensee; Tel.: 05243/5309. Abb. Seite 85.

Zugänge von Steinberg über Zirmjoch (R 135) und Kotalmsattel (R 139) sowie über den Bettlersteigsattel (R 144, R 145); von Achenseehof über Kotalmsattel (R 138).

Zugänge:

● 78 Von Buchau
3 Std., bez.

Vom Hotel Buchau aus am Waldrand erst nordwestl. mäßig ansteigend bis zum Dalfazer Bach, bei einer Wegespinne dann geradeaus, sehr steil in kurzen Serpentinen (auf Bez. achten!) empor zum Dalfazalm-Niederleger, 1310 m (Teisslalm). In der nordöstl. emporziehenden, rechts vom Dalfazer Kamm flankierten Grabenmulde geht es sehr steil hoch, meist über freie Matten, zuletzt in kurzen Serpentinen zum Hochleger der Dalfazalm, 1697 m (R 76). Nun scharf nach rechts; auf dem sich verbreiternden Weg weiter ansteigend, auf einem fast ebenen mattigen Vorsprung die kühne Rotspitze umgehend, gelangt man schließlich am südl. Ausläufer der „Langen Gasse", die nach N zwischen Dalfazer Wänden und Gschöllkopf zieht, vorbei in die Mulde „Am Buchberg", wo rechts die Schneise der Skipiste erkennbar ist. Noch ein kurzes Stück steil empor zur Hütte.

● 79 Von Maurach
2½ Std., bez.

In Maurach überquert man die Bundesstraße knapp östl. der Talstation der Rofanseilbahn und erreicht einen nördl. in den Mauritzgraben hineinziehenden Forstweg. Dieser steigt zunächst mäßig an, erreicht den Bach und überwindet dann in sechs Serpentinen die steilen Hänge. Die Buchaueralm (Jausenstation) bleibt links; geradeaus und gut bez. weiter aufwärts, an der Talstation des Mauritz-Liftes (Schlepplift zur Erfurter Hütte) vorbei, zum Rasthaus Mauritzalm (R 83). Rechts hinüber zum Mauritzalm-Niederleger und in steilen, kurzen Serpentinen, zwischen Wald und Graben, auf die Hochfläche zum Hochleger der Alm und in südl. Richtung zur Hütte.

● 80 Von der Bayreuther Hütte
3½—4 Std., bez.

Der von der Bayreuther Hütte östl. abwärts ziehende Forstweg wird an der 2. Kehre nach SW verlassen. Der Weg umgeht, zunächst etwas fallend und dann zwischen Felsblöcken ansteigend, den vorgelagerten Berglkopf und zieht an den steilen, mattigen Südhängen des Vorderen Sonnwendjochs in westl. Richtung zur Sonnwendbichlalm, 1645 m. Nun weiter auf einem Forstweg. Oberhalb der links unten liegenden Alpiglalm, 1480 m, bei einer Wegegabel rechts, im allgemeinen nördl. haltend, an dem vorspringenden Ißköpfl vorbei, dann in einigen Kehren aufwärts, vorbei an der Wiesinger Skihütte, schließlich rechts auf die überhängenden Felsen zu, unter denen die Schermsteinalm, 1859 m, liegt. Der bez. Steig wendet sich nun nach Westen, umgeht den

Erfurter Hütte an der Gipfelstation der Rofanseilbahn bei Maurach.
Foto: W. Bahnmüller

südl. Sporn der Grubalackenspitze und führt zwischen diesem und der Haidachstellwand in steilen, kurzen Serpentinen zum Krahnsattel, 2002 m, empor. Nun in westl. Richtung an den nördl. Felsausläufern der Haidachstellwand entlang (rechts unten die Grubalacke), bis zur Einmündung in den zur Grubascharte und Rofanspitze führenden Weg (R 146). Links zu einem Sattel und über die steilen Felsstufen der Grubastiege abwärts, durch die weite Mulde des Mauritzalm-Hochlegers und zur Hütte.

★ 81 Skitouren und -abfahrten

Seit dem Bau der Rofanseilbahn ist die Umgebung der Hütte vielbesuchtes Wintersportgebiet geworden. Die nördl. der ehemaligen Buchauer Alm zusammenlaufenden Abfahrten von der Mauritzalm und über die neue Piste sind hier durch einen hinauf zum Mauritzköpfl führenden Sessellift zusammengebunden; ein zweiter Lift führt vom oberen Teil der neuen Abfahrt zum westlichen Absturz des Gschöllkopfes hinauf. Schließlich befindet sich oberhalb des Hochlegers der Mauritzalm noch ein Schlepplift. Die Skitouren sind bei den jeweiligen Gipfeln erwähnt. Von der Erfurter Hütte aus ins Tal sind drei Abfahrten zu erwähnen: die Mauritzgraben-Abfahrt (nur für Geübte) folgt dem Sommerweg R 79 zum Niederleger hinab; die neue Abfahrt wendet sich erst westl. in die Mulde „Im Buchberg“, schwenkt steil nach S ein — hier Talstation eines weiteren Sesselliftes —, umfährt das vorspringende Mauritzköpfl und quert unter der Rofanseilbahn hindurch. Beide Abfahrten folgen dann den ausholenden Kehren der Forststraße nach Maurach. Die Dalfazer Abfahrt ist schwieriger und nur versierten Abfahrern bei sicherer Schneelage zu empfehlen; sie folgt erst dem Sommerweg R 78 zum Dalfazalm-Hochleger (lawinengefährdete Steilhänge!) und anschließend steil abwärts über den Niederleger in Richtung Buchau. Zwischen der Hütte, dem Hochleger der Mauritzalm und der in Richtung Haidachstellwand liegenden Gassenalm liegt ein ausgedehntes Übungsgelände, das vielfältige Möglichkeiten, besonders auch für Anfänger, bietet.

● 82 Alpengasthof Rofan, 1834 m

Wenige Meter südöstl. der Bergstation der Rofanseilbahn ist der Alpengasthof 1960/61 erbaut worden. Westl. in 2 Min. ist von hier die Erfurter Hütte (R 77) erreichbar.
Bew. vom 1. 5. bis 15. 10. und 20. 12. bis 15. 4. (jedoch nur während der Betriebszeiten der Seilbahn). 15 B., 20 M. Post: A-6212 Maurach.
Zugänge: Wie bei Erfurter Hütte, R 78—80.

● 83 **Mauritzalm-Niederleger,** 1440 m

Das Rasthaus liegt etwas westl. und unterhalb des Mauritzalm-Niederlegers, nahe der Talstation des Schleppliftes zur Erfurter Hütte. Hier enden die Neue Abfahrt und die Mauritz-Skiabfahrt, gleichzeitig beginnt hier der zweite Teil der Abfahrt über die Forststraße nach Maurach.

Bew. im Sommer. Post: A-6212 Maurach. Abb. Seite 89.

Zugänge: Von Maurach oder von der Erfurter Hütte s. R 79.

● 84 **Alpengasthof Astenaualm,** 1482 m

Südl. des Ebner Jochs, auf einem relativ kleinen Almboden mit Weiden, liegt die Astenaualm mit dem Alpengasthof. Schöne Fernsicht ins Inntal und in die Zentralalpen.
Bew. Mitte Juni bis Mitte Oktober. Einige B. Post: A-6212 Maurach.

Zugang:

● 85 **Von Eben**
1½ Std., bez.

Unweit der Notburga-Kirche in Eben rechts ab von der Ortsstraße, über die Gleise der Zahnradbahn beim Bhf. Eben, dann die Achensee-Bundesstraße querend und im Wald (bez., auch Wanderweg 26) weiter aufwärts, zuletzt in Serpentinen hinauf, einen südl. vorspringenden Kopf umgehend, dann wieder steil empor zum Almboden.

● 86 **Bayreuther Hütte,** 1576 m

Auf einem vom Berglkopf östl. herabziehenden Rücken liegt die Hütte, etwas oberhalb der geschlossenen Hochwaldzone und nahe der Berglalm, auf einem langgezogenen Almboden, von dem sich eine umfassende Fernsicht bietet. 1908 als private „Rofanhütte" erbaut, wurde die Hütte 1926 von der AV-Sekt. Bayreuth erworben; später wurde sie in „Bayreuther Hütte" umbenannt. Erweiterung 1957.
Bew. von Mitte Mai bis Anfang Oktober. 25 B., 34 M., 15 Notlager. Elektr. Strom. Post: A-6233 Kramsach. Forststraße bis dicht an die Hütte, jedoch nur mit Sondergenehmigung der Forstverwaltung befahrbar.
Höhenweg von der Erfurter Hütte s. R 80.

Zugänge:

● 87 **Von Wiesing**
3½ Std., bez.

Nördl. der Kirche zweigt rechts ein Fahrweg (mit C bez.) ab, der nordöstl. zur Rofansiedlung und weiter nach N, links vorbei an den Hütten von Astenberg, hinzieht. Bei einer Gabelung rechts; nun beginnt der Fahrweg, längs der östl. Ausläufer der Martlspitze, steiler zu werden und leitet in Kehren, an der verfallenen Burgaualm vorbei, in die Höhe. Schließlich wird links ausholend die Alpiglalm, 1480 m, umgangen. Oberhalb der Alm schwenkt der Forstweg östl. ein und vereinigt sich mit dem bei R 80 erwähnten Weg von der Erfurter Hütte zur Bayreuther Hütte. Wie R 80 weiter zur Hütte.

• 88 Von Münster über die Steinlackenalm
2½ Std., AV-Weg 412 (teilweise).

Vom Kirchenwirt auf dem sanft ansteigenden Fahrweg nach N; man kreuzt eine Straße (die links, auf dem „Kalchleitenweg", zum Wiesinger Anstiegsweg, R 87, hinführt) und passiert das letzte Gehöft Höllenstein. Man überquert den Bach und steigt zum „Wiesl" auf; bis hierher AV-Weg 412. Bei einer Abzweigung links und sehr steil, in kurzen Serpentinen an der steilen, bewaldeten SO-Flanke des Vorderen Sonnwendjochs empor, vorbei an der in einem Kessel liegenden Steinlackenalm, 1430 m, und kurz danach hoch zur Vereinigung mit dem letzten Teil von R 80 / 87.

• 89 Von Münster über Steinapfel
2¾ Std., AV-Weg 412.

Wie bei R 88 bis zum „Wiesl". Hier hält man sich rechts. Nach mäßigem Anstieg schwenkt der Pfad mehr in nördl. Richtung und wird sehr steil, wobei er über die waldigen, schrofigen Hänge des Vorderen Sonnwendjochs emporführt. Man erreicht die bei R 90 erwähnte Forststraße, die man jedoch, den Bez. folgend, an der nächsten Kehre wieder verläßt. Schließlich über freie Matten hinauf zur Hütte.

• 90 Von Münster bzw. Kramsach auf der Forststraße
3 Std.

Von Ortsmitte Münster auf der Straße östl. zum Ortsteil Asten und dann links, nordöstl., auf einer Fahrstraße nach Grünsbach — dorthin auf bez. Fahrweg auch von Kramsach. Die Forststraße verläuft noch ein Stück nach N und windet sich dann in teils weitausholenden, teils kurzen Kehren, dabei nach Westen einschwenkend und mehrmals den

Mauritzalm-Niederleger am Anstieg zur Erfurter Hütte vor dem Ebner Joch.
Foto: W. Bahnmüller

Grünsbach überquerend, in die Höhe. Bei der ersten Abzw. — rechts geht es zur Kniepaß-Kapelle — links, und bei der bald erreichten zweiten Abzw. wieder links, den Kehren folgend, bis von links R 89 hinzukommt. An der nächsten Kehre wechselt man auf den bez. alten Ziehweg über, der schließlich über freie Matten die Hütte erreicht — oder man wählt bei der zweiten erwähnten Abzw. die Straße nach rechts, die bequemer, aber länger ist, und steigt in nördl. Richtung bis zur Vereinigung mit R 91 an. Wie dort dann zur Hütte (diese Variante erfordert ½ Std. Mehraufwand).

● 91 Von Kramsach über das Rotgschöß
3 Std.

Das Rotgschöß ist eine Wildnis von Felstrümmern und Blöcken, Reste eines uralten Bergsturzes vom Pletzachkopf; man erreicht es über zwei Wege:

a) Von der Talstation des Sonnwendjochliftes auf einer Forststraße in westl. Richtung. Oberhalb vom Ortsteil Mariatal wendet sich die Straße wieder südl., unter dem Lift hindurch, vorbei am Kaltwasserl (Brunnen) und an der „Schönen Aussicht", hinauf zum Rotgschöß.

b) Vom südl. Ortsteil westl. — Kloster Hilariberg bleibt nördl. — durch den Hagauerwald und nach einer Wegteilung hinter dem Radlstein den breiten Fahrweg geradeaus verlassend, bergauf, bis man schließlich, ein wenig pfadlos, die breite Forststraße erreicht. Auf ihr zum Kaltwasserl und weiter wie unter a) beschrieben. Die Forststraße windet sich in 12 Kehren zum Pletzachgatterl empor (rechts zur Pletzachalm, R 166), überquert bald einen Bach und verläuft über Weideböden zu einer erneuten Wegteilung. Man folgt der Straße links, erreicht so in 10 Min. die Hawabachbrücke und nimmt schon an der ersten Kehre die Aufstiegsvariante von Münster her auf (R 90). Nun folgt man entweder den vielen Kehren der Forststraße oder dem bez. alten Steig, dabei die Straße mehrmals querend, hinauf zur Hütte.

● 92 Berghaus Sonnwendjoch, 1783 m

Der in zwei Sektionen von Kramsach bis etwa 150 m unter den Roßkogel führende Doppelsessellift endet auf der Einsattelung des vom Roßkogel südl. vorspringenden Kamms zur nahegelegenen „Schaufel"; knapp oberhalb der Bergstation steht der Gasthof, ein günstiger Stützpunkt für das östl. Rofangebirge.
Ganzjährig während der Betriebszeiten des Liftes bew. 15 Notlager. Post: A-6233 Kramsach; Tel.: 0 53 37 / 26 62.

Zugänge:

● 93 Von der Bayreuther Hütte
1½ Std.

Von der Hütte auf bez. Weg nördl., vorbei an der Berglalm, dahinter nordwestl. einbiegend, leicht abwärts, durch lichten Wald und eine Quelle passierend, in eine Mulde. Nördl., in kurzen Kehren hinauf zu einem Almgatter; dahinter stößt man auf die Kehre der von der Ludoialm heraufziehenden Forststraße und folgt ihr aufsteigend zur Zireinalm, 1698 m. Man nimmt jetzt den nordöstl. leicht ansteigenden Viehweg, der schließlich den Sauboden (Quelle) erreicht und danach noch ein wenig bis zum Viehweg von der Ludoialm ansteigt. Auf diesem Weg etwa 100 m links aufwärts; dann biegt man rechts in einen Pfad ein, der unter den Felswänden ansteigt und zu dem Latschenrücken südl. des Roßkogels hinführt. Rechts abwärts zum Berghaus.

● 94 Von Kramsach über die Ludoialm
3½ Std.

Man folgt der bei R 91 beschriebenen Forststraße bis zu der erwähnten Straßenteilung jenseits des Pletzachgatterls. Der Fahrweg rechts steigt an bis zur Ludoialm, 1479 m. Am nördl. Almende wechselt man auf einen nördl. ziehenden Viehweg über, der nach einer Weile stärker zu steigen beginnt. Nach einer Serpentine mündet von rechts ein bez. Pfad ein; diesem folgt man, quert dabei weiter ansteigend die Weidehänge südl. des Roßkogels und erreicht dann kurz oberhalb des Berghauses den nach Süden ziehenden Rücken.

★ 95 Skitouren und -abfahrten

Die vom Berghaus lohnenden Skiaufstiege, wie auf den Roßkogel oder den Latschberg, sind bei R 451 und R 446 beschrieben. An langen, teilweise rasanten Abfahrten stehen für versierte Abfahrer einmal die direkte Abfahrt unterhalb der Lifttrasse zur Klosteralm (Mittelstation) und weiter auf einer Piste hinab nach Kramsach zur Verfügung — oder nach Querung der steilen Hänge von R 94 die Abfahrt auf dem Ludoier Viehweg und weiter abwärts, schließlich über die bei R 91 erwähnte Forststraße, nach Kramsach. Im übrigen bietet der Sonnwendjochlift, Sektion II, eine Möglichkeit, auf halbem Wege zur „Schaufel" bei der Hochalm (R 166 / 67) schon auszusteigen. Bei der Alm befindet sich mit einem Schlepplift ein gutes Übungsgelände, und die Abfahrten über die Klosteralm (R 167) oder die Pletzachalm (R 166) werden durch Wegfallen der Steilstrecken vom Berghaus oder Roßkogel aus wesentlich erleichtert.

● 96 und 97 frei für Ergänzungen.

● 98 Erzherzog-Johann-Klause, 814 m

Forsthaus mit Gastwirtschaft und Hüttenbetrieb, ganzjährig bew., 10 B. Post: A-6234 Brandenberg.
Das Haus liegt neben einer Kapelle auf einem Sporn am rechten Ufer des hier Grundache genannten Abflusses des Spitzingsees, der dann weiter südl. die Brandenberger Ache bildet. Ausgezeichneter Stützpunkt in waldreicher Umgebung für die Besteigung von Schinder und Hinterem Sonnwendjoch (s. AVF Bayerische Voralpen Ost) sowie von Guffert und Veitsberg.

Zugänge:

● 99 Vom Forsthaus Valepp
2¼ Std., bez., Grenzübertritt.

Die Valepp erreicht man auf mautpflichtigen Straßen vom Spitzingsee oder von Enterrottach (Tegernsee). Vom Gasthaus auf einem Forstweg nach S an der Ochsenalm vorbei und nach O ausbiegend, dann (Wegweiser) rechts hinunter zur Landesgrenze am Enzenbach, ½ Std. Wieder nach W bis oberhalb der Grundache und nach S allmählich zu ihr hinab. Man überschreitet sie bei P. 809 nach W und erreicht in südwestl. Richtung bald die Klause.

● 100 Von Kreuth
4½ Std., bez., längster Zugang, Grenzübertritt.

Vom Dorf Kreuth auf der Straße 2 km nach S. Am sog. Parkhaus (Bushaltestelle) über die Weißach zum großen Parkplatz, ½ Std. Ab hier Fahrverbot. Auf der Forststraße mit wenig Steigung am Café Schwaigeralm vorbei in die Langenau. Am Steinernen Kreuz zweigt rechts R 66 ab. Weiter zur Talwasserscheide bei der Holzerstube, 1071 m, dann an der Bayralm vorbei zur Neuen Klause und weiter nach O bis etwa zur Landesgrenze; von hier aus entweder dem östlich führenden Weg mit alter Bezeichnung folgen oder auf Pfad absteigen ins Tal des Bayrachbaches und auf Forststraße östlich zur Klause.

● 101 Von der Ludwig-Aschenbrenner-Hütte
3½—4 Std., bez.

Wegbeschreibung vgl. R 73 in umgekehrter Richtung. Von der Hütte (R 65) östlich auf Straße zum Sattelbach und dann auf einer anderen Straße, nach O absteigend, zur Brandenberger Ache und nördlich zur Klause - oder, westlich der Jocher-Bayrach-Alm bei Wegweiser links auf neuem Steig hinab und auf Forststraße im Bachtal östlich zum Zollhaus nahe der Klause.

● 102 Vom Kaiserhaus
1½ Std. ab Trauersteg, bez.

Die Forststraße auf der Westseite der Brandenberger Ache, die 500 m vor dem Kaiserhaus von der Zufahrtsstraße (R 107) abzweigt und die man vom Kaiserhaus auf einem Fahrweg nach W ansteigend in 200 m erreicht, ist noch etwa 2 km nach N für Pkw gestattet. Großer Parkplatz an dem Punkt, wo sie zum sog. Trauersteg (heute massive Brücke) zu fallen beginnt. Vom Trauersteg in knapp 1½ Std. immer am Ostufer der Ache auf einer Forststraße mit geringer Steigung zur Klause. Den erwähnten Parkplatz erreicht man wesentlich lohnender zu Fuß auf dem Triftsteig durch die wildromantische Kaiserklamm, deren Beginn vom Kaiserhaus nach 300 m an der Brücke der Ellbach-Forststraße über die Brandenberger Ache erreicht wird. Die Begehung der Klamm erfordert Trittsicherheit; Hinweisschilder (Belastung der Stege und Geländer) beachten! Vom Ende der Klamm nach links empor zum Parkplatz.

● 103 Von der Ackernalm
1½ Std., bez.

Auf der Forststraße in westl. Richtung hinab, über den Marchbach und nun immer an seiner Nordseite entlang abwärts. Kurz vor seiner Mündung in die Grundache über eine Brücke und nach SW zur Klause.

● 104 Kaiserhaus, 706 m

Großes Forsthaus mit Gastwirtschaft und Hüttenbetrieb; bew. von Ostern bis Allerheiligen. 14 B., 17 L. Post: A-6234 Brandenberg, Aschau Nr. 81; Tel.: 05331/271.
Wichtiger Stützpunkt am Europäischen Fernwanderweg 4 und für Touren im Guffert- und Veitsberggebiet. Beliebtes Ausflugsziel, besonders auch wegen der in 5 Min. zu erreichenden Kaiserklamm (s. R 102). Zufahrt mit Pkw (gute Straße, die letzten 500 m ungeteert) vom Inntal über Brandenberg — Pinegg. Großer Parkplatz.

Zugänge:

● 105 Von Steinberg
3¼ Std., AV-Weg 401.

Von der Kirche entweder nördl., zwischen Schule und Kirchenwirt hindurch, steil ins Mühlbachtal und auf einem Steig auf der anderen Seite empor, vorbei am Mühlegghof, auf die Straße — oder auf der Achenkirchener Straße bis zum Feuerwehrhaus, dort scharf rechts, auf einer Straße zwischen zwei Höfen hindurch, dahinter links auf die Höhe oberhalb des Mühlegghofes. Die jetzt asphaltierte Straße steigt noch bis zu einem Sattel und fällt dann ab, führt bei den verstreuten Häusern von Außersteinberg eben dahin — rechts Gasthof Sonneck (Übernachtungsmöglichkeit) — und beginnt dann als Karrenweg, hoch über dem Tal der Steinberger Ache abzufallen, bis bei dem Zusammenfluß von Brandenberger und Steinberger Ache Pinegg erreicht wird. Links auf der Fahrstraße nördl. zum Kaiserhaus. (Rudolf Röder)

● 106 Von Aschau
1 Std., bez.

Von Aschau (R 51) in 20 Min. auf der Straße hinunter nach Pinegg, von dort s. R 107. Auch mit Pkw befahrbar.

● 107 Von Brandenberg
2 Std., bez.

Von der Kirche in Brandenberg-Eben (R 49) in je 1¼ Std. entweder auf der Fahrstraße über Winkel und Unterberg oder nördl. absteigend (Weg Nr. 5) zur Rohrbacherbrücke, über die Brandenberger Ache und nach etwa 5 Min. vom Aschauer Weg rechts ab (Weg Nr. 11) nach Pinegg. Von hier gemeinsam auf der Fahrstraße in 40 Min. am orogr. rechten Ufer der Ache zum Kaiserhaus. Auch mit Pkw befahrbar.

● 108 Von Riedenberg
2 Std., schlecht bez.

Vom Ghs. Wastl in Riedenberg (R 54) auf schmaler ungeteerter Straße (Fahrverbot) nach SW an zwei Höfen vorbei, dann steiler hinab zum Glemmbach, den man bei der Einmündung des Karnergrabens erreicht. Am Glemmbach entlang südwestl. zur Holzerhütte, 898 m, ½ Std. (Wegweiser). Nun auf einer Forststraße („Riedenberger Wiesen“) nach W fast eben zur Talwasserscheide und mäßig fallend am Ellbach entlang abwärts. Kurz vor der Brandenberger Ache biegt die Straße nach N aus und überquert sie am Ausgang der Kaiserklamm. Nach SW in wenigen Min. zum Kaiserhaus.

● 109 Von der Ludwig-Aschenbrenner-Hütte
4—5 Std., bez.

Von der Hütte entweder auf R 101 zur Erzherzog-Johann-Klause und wie bei R 102 (in umgekehrter Richtung) zum Kaiserhaus oder auf dem wesentlich lohnenderen bez. Höhenweg über den Abendstein und das Raggstadtjoch (s. R 72 in umgekehrter Richtung).

● 110 Von der Erzherzog-Johann-Klause
2 Std., bez.

Siehe R 102 (in umgekehrter Richtung).

● 111 Buchackeralm, 1295 m (mit Eishöhle)

Privater Alpengasthof in aussichtsreicher Lage auf den Almflächen an der SW-Seite des Hundalmer Jochs. Nach der österreichischen Karte auf etwa 1330 m gelegen. Herrlicher Blick nach S auf die Zentralalpen. Bew. von Anfang Mai bis Ende Oktober. 14 B., 25 M. Post: A-6300 Angerberg. Anschrift des Wirtes für Quartierbestellungen: Rudolf Erharter, A-6311 Oberau, Tel.: 0 53 39 / 83 16.

● 111 a Eishöhle

Vom Gasthof ist die einzige Eishöhle Nordtirols in 35 Min. auf einem bez. Weg zu erreichen. Sie ist seit 1967 für Besucher zugänglich gemacht, kann aber nur mit Führung begangen werden (samstags, sonn- und feiertags bis 1. Oktober, sonst geschlossen). Die Höhle bietet ein einzigartiges Nebeneinander von Eis- und Tropfsteingebilden. Vom Ghs. auf dem Weg zum Höhlensteinhaus 15 Min. nach NO empor, dann bei einem Kreuz (Wegweiser) links ab und auf einem Steig, zuletzt durch Wald, zum Höhleneingang auf der Nordseite des Eishöhlenkopfes (R 491). Auch von der Hundalm am Weg zum Höhlensteinhaus führt eine rote Bez. zur Eishöhle.

Zugänge:

● 112 Von Mariastein über Embach
2¼ Std., bez.

Von Mariastein (R 16) auf der über Schönau nach Breitenbach am Inn führenden Straße etwa 1½ km bis zur Kapelle bei P. 614 in Embach, 20 Min. Beschränkter Parkplatz, Wegweiser. (600 m weiter westl. Beginn der für Kfz gesperrten Fahrstraße zur Buchackeralm, ebenfalls nur wenig Parkplatz). Bei der Kapelle auf einem Waldweg nordwestl. hinauf zur Fahrstraße, 15 Min., die man in ihrer ersten Kehre erreicht. Auf ihr in vielen Kehren durch das steile Waldschrofengelände empor. In 1100 m Höhe Denkmal für den Erbauer der Straße, den Daxerbauern Josef Strillinger. Dann längere Querung nach W und durch lichten Wald nach N auf das freie Almgelände und zur Buchackeralm mit dem Gasthof.

● 113 Von Breitenbach am Inn über Schönau
3¼ Std., nicht durchgehend bez., etwas Wegfindigkeit erforderlich.

Von Breitenbach (R 10) auf der Mariasteiner Straße nach Schönau, 1 Std. An der Kreuzung (Parkmöglichkeit) nach links (Wegweiser „Nachbergalpe, Wanderweg 21“) auf einer Teerstraße bis hinter den letzten Hof. Hier nicht links (Weg 21), sondern auf dem Fahrweg

(Wegweiser „Buchacker") weiter. Er führt in nordöstl. Richtung, später als Steig in zahlreichen Kehren, später über den „Schrecken", eine Steilstufe, auf einen bewaldeten Rücken, etwa 1220 m. Nordöstl. mit 80 m Höhenverlust in eine grasige Mulde und in gleicher Richtung etwas ansteigend auf den Weg von Embach nach Riedenberg. Auf ihm rechts in wenigen Min. zur Buchacker-Fahrstraße (R 112). In 20 Min. zum Gasthof.

● **114 Von Riedenberg**
1½—2 Std., schlecht bez.

Wie bei R 108 zur Holzerhütte am Glemmbach, ½ Std. Hier über den Bach und südl. der Hütte entweder auf einer Forststraße (Bez. „Eishöhle — Buchacker") weit östl. ausholend ins Hasatal oder (kürzer, ohne Bez.) an der Westseite des Hasatals direkt nach S hinauf zur Vereinigung mit der Forststraße. Von hier östl. des Baches weiter, oben nach O und aus dem Wald heraus zu zwei Almhütten. Entweder nach S über den Bach an einer Jagdhütte vorbei und zur Buchacker-Fahrstraße (R 112) oder (kürzer, weglos) direkt von den Almhütten nach NO zum Gasthof empor.

● **115 Von Hinterthiersee**
2½—3 Std., bez.

Etwa 400 m östl. der Kirche zweigt von der Vorderthierseer Straße nach rechts ein geteerter Weg ab (Fahrverbot; Bez. „Köglalm — Buchacker"). Er führt meist durch Wald über die Breitenau-Höfe (Kapelle) und die Bichlhütte, nur zuletzt steiler ansteigend, zur Köglalm, etwa 1330 m, 1¼ Std. (Von hier zum Höhlensteinhaus nach O wie bei R 122; zum Köglhörndl nach S wie bei R 500). Der Karrenweg zur Buchackeralm führt nach SW über zum Teil nasse Almwiesen hinauf zum Sattel nördl. des Hundalmer Jochs, dann leicht fallend südl. an der Hundalm vorbei (Abzw. zur Eishöhle, R 111 a) und zuletzt stärker abwärts in einer Rechtsschleife zum Gasthof Buchacker.

● **116 Vom Kaiserhaus**
3—3½ Std., schlecht bez.

Vom Parkplatz beim Kaiserhaus (R 104) auf der Ellbach-Forststraße, beim Ausgang der Kaiserklamm über die Brandenberger Ache und wie bei R 108 (in umgekehrter Richtung beschrieben) in knapp 2 Std. nach O zur Holzerhütte am Glemmbach. Von hier wie bei R 114 zum Alpengasthof Buchacker.

● **117 Höhlensteinhaus**, 1259 m

Privater Alpengasthof auf einer kleinen Erhebung in der weiten Almmulde zwischen Köglhörndl und Jochkopf. Wegen dieser Lage ist die Sicht etwas beschränkt, dafür bietet das bequem in wenigen Min. erreichbare Feuerköpfl, 1291 m, im S einen herrlichen Ausblick auf die Zentralalpen. Beliebtes Ausflugsziel sowohl vom Inntal wie auch vom Thierseer Tal. Der Name Höhlenstein kommt von den auffälligen höhlenartigen Überhängen in der Westflanke des Jochkopfs. Bew. von Mai bis Oktober. 30 B. Post: A-6335 Thiersee.

Zugänge:

● 118 Von Mariastein
2 Std., bez.

Von der Brücke in Mariastein (R 16) etwa 100 m auf der Straße in Richtung Embach, dann rechts ab (Bez. „Bärnbad — Höhlenstein") und durch Wald am Waldgütl vorbei nach N hinauf zum westlichsten Punkt der Forststraße, die von Niederbreitenbach heraufführt. Auf ihr nach NO nur noch wenig steigend zum Ghs. Bärnbad, 834 m, ¾ Std. (Sommerwirtschaft, anmutige Lage, Kinderspielplatz, Parkplatz; Bärnbad ist von Niederbreitenbach — Abzw. am westl. Ortsrand — mit Pkw erreichbar). Von hier weiter nach NO in den bewaldeten Graben, in dem von rechts Weg R 119 heraufkommt, der in vielen kleinen Kehren steil aufwärts in den Sattel westl. des Feuerköpfls („Manndl und Weibl"), 1291 m, führt. (In 3 Min. rechts auf das Köpfl mit Gedenkkreuz für die Gefallenen von Vorderthiersee; Bank). Nach NO in 5 Min. leicht fallend zum Höhlensteinhaus.

● 119 Von Niederbreitenbach
2 Std., bez.

Bei der Kapelle in Niederbreitenbach (R 24) von der Straße abzweigend und gleich wieder rechts ab (Achtung! Wegweiser „Höhlenstein" schlecht zu sehen!) zum Waldrand, wo der geteerte Weg endet. Nun auf einem Fahrweg nach Kreit und auf steilem Pfad nach links hinauf in den steilen Graben, bis von links R 118 einmündet. Weiter wie dort beschrieben. (Von Niederbreitenbach mit Pkw nach Bärnbad, 834 m, und weiter zu Fuß s. R 118).

● 120 Von Unterlangkampfen
2 Std., bez.

Ausgangspunkt ist die Straßenkreuzung oberhalb der Kirche (Wegweiser „Höhlenstein"). Ein geteerter Weg führt nach W zu einer Lehmgrube; hier Sperrschild und beschränkter Parkplatz. Der Weiterweg führt mäßig, dann steiler steigend westl. die Waldhänge des Schnaizlbergs empor, zuletzt in vielen Windungen zur Almhochfläche zwischen Feuerköpfl links und Jochkopf rechts. (Kurz unterhalb quert man den bez.

Weg von Bärnbad über die Jochalm zum Pendling). Nach NW in wenigen Min. zum schon sichtbaren Höhlensteinhaus.

● 121 Von Vorderthiersee
2½ Std., bez.

Vom Ghs. Pfarrwirt in Vorderthiersee auf einer Fahrstraße nach S hinauf zum Ghs. Schneeberg, 950 m, großer Parkplatz, 1 Std. Nun auf dem Weg zum Pendling entweder nach 100 m rechts ab (kein Wegweiser!) oder etwas höher, am Waldrand oberhalb des Schleppliftendes (Bz. „Höhlenstein") rechts ab. Beide Wege vereinigen sich östl. von Breitenau und führen gemeinsam gut bez. nach SW durch Wald ins Tiefental und in ihm auf der von Hinterthiersee kommenden Forststraße bequem, zuletzt durch einen schmalen Sattel, in die große Almmulde und zum Höhlensteinhaus.

● 122 Von Hinterthiersee
1½ Std., bez.

Wie R 115 auf dem Fahrweg bis 300 m hinter die Kapelle von Breitenau. Hier links ab (Wegweiser) und über den Tiefenbach; auf seiner Ostseite durch Wald hinauf bis zur Einmündung des Weges von Vorderthiersee. Weiter wie dort, s. R 121.

● 123 Kufsteiner Haus, 1537 m, am Pendling

Privates Unterkunftshaus mit gut geführtem Gastbetrieb in unvergleichlicher Lage hoch über dem Inntal bei Kufstein, wenige Meter nordöstl. unterhalb des Pendlinggipfels, 1563 m. Höchstgelegener Stützpunkt in den Östlichen Brandenberger Alpen, sehr beliebt und vielbesuchtes Ausflugsziel. Zur Aussicht s. R 507. Bew. von Anfang Mai bis Ende Oktober. 80 B. Materiallift von Schneeberg. Post: A-6335 Vorderthiersee.

Zugänge: s. Pendling, R 508—511.

● 124 Ackernalm, 1330 m

Berggasthaus und Jausenstation mit Übernachtungsmöglichkeit auf der Ackernalm, in der Einsattlung zwischen Hinterem Sonnwendjoch im N und Veitsberg im S; zugleich Paßhöhe zwischen March- und Stallenbachtal. Wegen der Zufahrtsmöglichkeit (s. unten) beliebtes Ausflugsziel mit starkem Tagesbetrieb. Kleines Almdorf mit Kapelle und Sennerei (Käseverkauf).
Bew. von Mai bis Oktober. 20 B. Post: A-6335 Thiersee-Landl. Zufahrt mit Pkw und Kleinbus auf 7 km langer geteerter Mautstraße, die

knapp 2 km westl. von Landl (R 56) von der Bayrischzeller Straße abzweigt. Große Hinweisschilder. Mautstation mit Schranke.

Zugänge:

● 125 Von Landl
2 Std., Straße bzw. unbez. Weg.

Entweder auf der Straße bzw. Mautstraße (Bushaltestelle Wachtbrücke; von dort noch 500 m auf der Straße nach Bayrischzell bis zum Beginn der Mautstraße) oder von der Kirche in Landl nur 600 m auf der Straße nach W und dann links ab (Bez. „Riedenberg“) über die Thierseer Ache. Rechts auf einem Fahrweg 25 Min. entlang, bis er nach einer Brücke über den Stallenbach scharf links umbiegt. Hier am Stallenbach entlang aufwärts bis in etwa 1100 m Höhe und nach rechts zur Mautstraße, die nach 1½ km zur Ackernalm führt.

● 126 Von der Valepp
3—3½ Std., bez., Grenzübertritt.

Wie bei R 99 bis zu der Stelle, wo man rechts zum Enzenbach absteigt. Hier 500 m auf dem Forstweg weiter nach O, dann über den Enzenbach (Landesgrenze) und südl. durch Wald steil empor, oben nach rechts zum Westrücken des Bärenjochs bis auf 1600 m Höhe. Der Weg wendet sich scharf nach O und erreicht etwas auf- und absteigend die Bärenbadalm. Bei der östlichsten Almhütte teilt sich der Weg: links zum Hinteren Sonnwendjoch, rechts über die Steinerkaseralm hinab zur Ackernalm. 300 m Höhenverlust!

● 127 Von der Erzherzog-Johann-Klause
2 Std., bez. Forststraße.

Unter R 103 in umgekehrter Richtung beschrieben.

● 128 Vom Kaiserhaus
4—5 Std., bez.

Entweder wie bei R 102 zur Erzherzog-Johann-Klause und von dort wie R 103 (in umgekehrter Richtung) zur Ackernalm, 4 Std. oder indem man den Veitsberg überschreitet (alpine Wanderung, 4½—5 Std., s. R 526 / 522).

● 129 frei für Ergänzungen

IV. Übergänge und Höhenwege

● **130** **Köglsattel,** 1488 m (Kögljoch, 1487 m)

Eine waldige Einsattelung zwischen dem Unnütz im Norden und bewaldeten Hügeln im Süden, die den Achensee vom Einzugsgebiet der Steinberger Ache trennen. Trotz der Benennung „Köglsattel" in der AV-Karte lautet die seit altersher gebräuchliche Bezeichnung des Sattels „Kögljoch". Übergang zum Zirmjoch vgl. R 136.

● **131** **Von Achensee / Scholastika**
1½ Std.

Vom Achenkirchener Ortsteil Achensee, beim Ghf. Scholastika (R 40), auf der Bundesstraße nach N bis auf die Anhöhe nördl. des Hotel Jägerhof. Rechts zweigt eine Forststraße ab, die sich in mehreren Kehren an der Westflanke des Vorder-Unnütz emporwindet und nach der Hochwaldgrenze die offenen Matten der Köglalm, 1431 m, (R 75) erreicht. Hierher auch auf dem oberhalb von Hotel Scholastika von der Bundesstraße abzweigenden alten Steig, der steil über die Waldflanken hochzieht. Von der Köglalm rechtshaltend empor in die Mulde des waldigen Kögljochs.

● **132** **Vom Achenseehof**
1½ Std.

Westl. des Hotels quert man die Bundesstraße, knapp vor dem Nordportal des Straßentunnels, benutzt zunächst die ins Tal des Einfanggrabens ansteigende Forststraße, biegt aber dann bei einer Wegtafel links ab und folgt dem steiler ansteigenden Fuhrweg, bald nur noch Pfad, zur Köglalm und weiter wie R 131 zum Kögljoch.

● **133** **Von Steinberg**
3 Std., bez.

Für diesen Anstieg bieten sich zwei Wege an:

a) Von der Kirche westl. auf bez. Wiesenpfad, vorbei am Obermooshof zu einer Straße, rechts 100 m, dann links bei einer Wegtafel (zusätzl. Bez. Nr. 2) abbiegend und ansteigend, die Lift- und Pistenschneise querend, und später in einem breiten steilen Graben zum Gfaßkopfsattel. Man folgt der hier beginnenden Forststraße, die ebenso wie der teilweise abweichende Waldweg Nr. 2 in den Schwarzenbachgraben hinabführt und mit R 133 b zusammentrifft. Die Straße überquert den Bach und steigt, vorbei an einer Wildfütterung, zur Schönjochalm, 1289 m (bew.). Man folgt der ansteigenden Forststraße bis zu ihrem Ende und steigt dann einen Waldpfad empor zum Kögljoch.

b) Von der Kirche westl., zunächst auf der Ortsstraße zum Waldrand, dort (Wegweiser AV-Weg 412) links aufwärts zu einer von rechts kommenden Forststraße, der man nach links folgt. Erst bei einer Straßengabelung steigt der rechte Zweig wieder stärker und trifft im Schwarzenbachgraben auf R 133 a. Weiter wie dort.

• 134 **Zirmjoch,** 1624 m (Zirbenjoch, 1627 m)

Südl. des Kögljochs (R 130) erhebt sich die Waldkuppe s'Kuppei (R 219), die wiederum in die breite flache Einsattelung des Zirmjochs abfällt. Nach S folgen die beiden niedrigen Ochsenköpfe (deren südl. die AV-Karte als „Zettenjoch bezeichnet) und die Kerbe des Spieljochs, 1608 m, vor dem Ansetzen des Hauptkammes.

• 135 **Von Steinberg über die Einbergalm**

3½ Std., bez.

Man folgt zunächst R 144 oder R 145 bis zur Schmalzklausenalm; bei der Wildfütterung, westl. des Almbodens, an einer Forststraße, auf einen bez. schmalen Steig, der hoch über der Schlucht des Einbergbachs ansteigt, eine Weile neben dem Bach verläuft und dann recht steil, den verfallenen Karrenweg nach rechts verlassend, zur Einbergalm, 1409 m, emporleitet. Beim Brunnentrog links, im lichten Hochwald mäßig ansteigend, vorbei an zwei Quellen, zu einem unbedeutenden Sattel, 1616 m. — Man erreicht diesen Sattel auch auf R 133, wenn man kurz hinter der Schönjochalm links den Bach überquert (Wegweiser) und sofort steil zu dem erwähnten Sattel emporsteigt. — Etwa 150—200 m nach links; bei einer bez. Abzw. links aufwärts, erst über sumpfigen Boden, dann durch lichten Wald und schließlich, nicht mehr so steil, an der SO-Flanke vom s'Kuppei entlang zum Zirmjoch.

• 136 **Vom Köglsattel**

1½ Std.

Am Wegtafelbaum mitten im Kögelsattel (R 130) zweigt der Weg zur Einbergalm westl. ab; der im allgemeinen ebene, öfter etwas versumpfte Steig zieht am NO-Hang vom s'Kuppei entlang und vereinigt sich bei einer bez. Wegegabel mit dem Weg von Steinberg; weiter wie R 135.

• 137 **Kotalmsattel,** 1976 m (Kotalmtörl)

Zwischen den steilen SW-Hängen des Streichkopfs (R 239) und dem felsigen östl. Ausläufer der Klobenjochspitze (R 421) liegt der relativ schmale Sattel; 100 m westl. sind die blockigen Felsen des genannten Klobenjochsporns so tief gespalten, daß ein Durchgang, das „Steinerne Tor“, entstanden ist. Eine Wegvariante führt dort hindurch.

● **138 Vom Achenseehof**
3 Std. AV-Weg 413.

Wie bei R 132 über die Bundesstraße und auf die in den Einfanggraben führende Forststraße. Nun zweigt man entweder bei einer Wegtafel rechts ab und folgt dem bald sehr steil emporleitenden alten Steig — oder man bleibt auf der Forststraße, bei ihrer Gabelung rechts, und folgt ihren oft weitausholenden Kehren zum Kotalm-Niederleger, 1260 m, und weiter empor zum Mitterleger, 1608 m. Unterhalb des Mitterlegers muß man sich bei der zweiten Kehre der Forststraße rechts halten. Hinter den Almhütten des Mitterlegers beginnt ein Pfad, der in den weiten Kessel des verfallenen Hochlegers emporleitet. Durch den Kessel und genau südl. empor zum Sattel bzw. Steinernen Tor.

● **139 Vom Zirmjoch**
2 Std.

Der Weg zieht sich vom breiten Sattel (R 134) in südwestl. Richtung, teilweise mit Pflock-Bez., und führt rasch in einen tiefen Bachgraben hinab; jenseits gleich wieder empor, dann etwas ebener bis zur Vereinigung erst mit der Forststraße und kurz danach mit dem alten Steig 413, wie bei R 138 beschrieben. Weiter wie dort.

● **140 Von Buchau**
2¾ Std.

Bis zum Hochleger der Dalfazalm (R 76) ist der Anstiegsweg mit R 78 identisch. Von dort führt ein Steig, anfangs durch viele Vieh- und Trittspuren etwas verwischt, erst nördl. auf die Klobenjoch-Wände zu, und dann nordöstl. in einer flachen Mulde über Matten zum Sattel empor.

● **141 Von der Erfurter Hütte**
2¼ Std., AV-Weg 413.

Von der Erfurter Hütte (R 77) auf dem bei R 78 beschriebenen Anstiegsweg zurück bis zum Dalfazalm-Hochleger; hier weiter wie bei R 140.

★ **142 Skitouren und -abfahrten** um den Kotalmsattel

Von der bei R 81 erwähnten Abfahrt von der Erfurter Hütte nach Buchau zweigt ein schöner Skiaufstieg, parallel zum Sommerweg R 140, beim Dalfazalm-Hochleger ab; vom Sattel lohnt bei sicherer Schneelage die Besteigung des Kotalmjoch-Kamms (R 234) mit anschließender Abfahrt, sich vor der Felsbarriere beim Sattel in den Kessel des Kotalm-Hochlegers rechts haltend. Vom Sattel selbst eröffnet sich, R 138 folgend, vom Mitterleger der Kotalmen der Forststraße nach, eine reizvolle und lange Abfahrt bis zum Achenseehof.

• 143 Bettlersteigsattel, 2127 m

Zwischen dem Roßkopf (R 273) und dem Westabfall des Rückens der Rofanspitze (R 296) ist der schmale, grasige Bettlersteigsattel in den Hauptkamm eingeschnitten. Nach N fällt er felsig und schrofig mit Steilrinnen und Geröll zum Ampmoosboden ab, nach S ist er zwar steil, jedoch mit Gras bedeckt und relativ einfach zu erreichen.
Der von N zum Sattel heraufführende Bettlersteig ist bis ungefähr Anfang Juli in seinem oberen Teil wegen des dort in den Rinnen vorhandenen Altschnees nur mit entsprechender Ausrüstung begehbar; gelegentlich löst auch Gamswild Steinschlag aus.

• 144 Von Steinberg über die Schmalzklausenalm

4¾ Std., AV-Weg 412. Der letzte Teil des Anstieges vom Ampmoosboden zum Sattel erfordert Trittsicherheit.

Von Steinberg (R 46) wie bei R 133b beschrieben zu einer Gabelung der fast eben verlaufenden Forststraße; nun links eben weiter, über den Gaismoosbach und etwas ansteigend, an der Forsthütte Kornschlag vorbei und im Satteltal in weitausholender Schleife zum Sattel „Im Häusl". Links hinab zu den Hütten der Schmalzklausenalm, 1176 m (2 Std.) und zum Bach, 150 m links zu einer Forststraße (vgl. R 145). Hier zunächst rechts, kurz danach bei einer Jägerhütte links, ansteigend, den Eselsbach überquerend, bei einer Gabelung wieder rechts und kurz danach nochmals rechts, bis zum Straßenende am Eselsbach. Der AV-Weg 412 führt nun ein Stück steil empor, dann ziemlich eben durch den offenen, in letzter Zeit immer stärker vermurenden Kessel des Eselskars. Der Steig führt nun, aus lichtem Hochwald in Latschenbestände überwechselnd, an kleinen Wasserfällen vorbei, recht steil, teilweise in Serpentinen zur idyllisch unter den Nord-Abstürzen von Seekarlspitze und Roßköpfen gelegenen Ampmoosalm, 1784 m, einem der schönsten und ruhigsten Plätze unter dem imposanten Nord-Absturz des Rofan-Hauptkammes. Zwischen den Almhütten hindurch, links haltend, und dann weiter ansteigend in östl. Richtung bis zu einer Wegegabelung. Hier zweigt links R 154 zum Marchgatterl ab. An der Wegteilung nach rechts, wenig abwärts in eine geröllerfüllte Mulde und zunächst pfadlos (Farbmarkierungen) und etwas mühsam auf Schuttreißen und rutschigem Gras bis unter die NW-Wand der Rofanspitze, an deren Westfuß. Steil in der rechten Rinne aufwärts, über einen begrünten Vorsprung links, zuletzt sehr steil über Geröll und durch eine Felsrinne, schließlich über grasige Stufen, zum Bettlersteigsattel.

• 145 Von Steinberg auf der Rofanstraße

4½ Std.

Zwischen Schulhaus und Kirchenwirt in Steinberg (R 46) steil hinab, rechts bleiben, zur Forststraße, die dem Bachlauf folgt. Vor der Straßenbrücke über die Steinberger Ache rechts ab (Rofanstraße) und in der Achenschlucht, oft etwas ansteigend, erst westl. und dann südl. weiter. Nach einem kurzen Tunnel — vorher schöne Wasserfälle — westl. entlang der Grundache, und immer leicht steigend, bis zur Vereinigung mit dem von der Schmalzklausenalm herabkommenden Weg R 144, (1¾ Std.). Weiter wie R 144.

● 146 Von der Erfurter Hütte
1¾ Std., bez., AV-Weg 401.

Von der Hütte (R 77) in nördl. Richtung, vorbei am Mauritzalm-Hochleger, und rechts einbiegend, ziemlich eben, dann am Ende der langgezogenen grasigen Mulde steil über die Felsstufen der Grubastiege empor, zu einem kleinen Sattelabsatz, zwischen den Südausläufern der Seekarlspitze und dem nördl. Sporn der Haidachstellwand (vgl. auch R 80). Links etwas abwärts durch die flache Mulde der Grubalacke, dann in Serpentinen zügig empor zur Grubascharte, 2102 m; links kleine Quelle. Von hier in 5 Min. links steil empor zum Sattel.

● 147 Schafsteigsattel, 2173 m

Zwischen dem grasigen Kamm der Ostabdachung der Rofanspitze und dem Grat, der südl. gegen den Sagzahn verläuft, ist breit und flach der Schafsteigsattel eingebettet; nach N fällt er in steilen Gras- und Felsbändern zur Einsenkung westl. des Roßköpfls ab.

● 148 Von der Erfurter Hütte
2¼ Std., bez.

Zunächst gelangt man auf R 146 zur Grubascharte; man überschreitet sie östl. und geht auf dem fast eben an den Südhängen des Rofanstocks verlaufenden Weg weiter. An seinem Ende, vor dem zum Sagzahn ziehenden Gratrücken, nach links aufwärts zum Sattel, der rechts der tiefsten Einkerbung liegt.

● 149 Von Wiesing über die Schermsteinalm
4 Std.

Wie bei R 87 auf einer Forststraße empor, bis oberhalb der Alpiglalm. Hier links wie bei R 80 weiter zur Schermsteinalm, 1859 m. Nun oberhalb der Almhütten auf einem Pfad weiter, der nördl. leicht ansteigt und dann rechts über die Steilstufen der Melkerstiege in eine Mulde führt. Diese verläßt man — auf Pfadspuren, unbez. — nach links, steigt steiler über Matten an und hält sich allmählich rechts, bis man die

Reste verfallener Almhütten („Am Lemperer“) erreicht. Hier rechts auf einen steilen grünen Hang zu, in kurzen Serpentinen aufwärts, bis man auf den Weg von der Grubascharte her (R 148) trifft und rechts in wenigen Min. den Sattel erreicht.

● 150 Vom Marchgatterl
1 Std., AV-Weg 412.

Man folgt den Wegtafeln östl. des Weidegatters, AV-Weg 412; der Pfad steigt steil über geröllbedeckte Matten gegen die Felswände der Rofanspitze-Ostkante, dann südl., an den Wänden entlang, auf einer Geröllhalde an, die nach links in einen Sattel, das Roßjöchl, ausläuft. Hier quert der Steig, drahtseilgesichert, die erste Felsrippe und führt in kurzen steilen Serpentinen über grasige und schrofige Bänder zum Sattel hinauf.

● 151 Von der Bayreuther Hütte
1¾ Std.

Auf Weg R 93 gelangt man zur Zireinalm, 1698 m. Hier um die große Hütte links herum und nordwestl. ansteigend auf den Matten zwischen Roßköpfl links und Latschberg rechts; wo der Weg eben zu werden beginnt, verläßt man ihn links auf Pfadspuren, denen man, meist steil über Matten und Geröll ansteigend, südl. um das Roßköpfl herum und dann nördl. folgt, bis man auf R 150 trifft. Weiter wie dort beschrieben.
Bequemer: Wie R 155 zum Marchgatterl und weiter wie R 150; 2¼ Std.

● 152 Marchgatterl, 1905 m

Zwischen der NO-Kante des Rofanstocks bzw. den Felsabbrüchen an der Nordseite des Roßköpfls und dem von der nordöstl. aufragenden Marchspitze herabziehenden Rücken ist ein kleiner Sattel eingebettet, der auch den Kessel des Zireinersees im O von der Mulde der Marchalm und der Hirschlacke im W trennt. Das Gatterl in dem zur Marchspitze hochziehenden Weidezaun hat dem Übergang den Namen gegeben.

● 153 Von Steinberg über die Angernalm
4¾ Std.

Wie bei R 144 beschrieben auf der Forststraße südl. der Schmalzklausenalm bis jenseits des Eselsbaches, wo es bei einer Straßengabel rechts hinauf geht; bei der nächsten Abzweigung biegt man links ab und erreicht in mäßigem Anstieg das Ende der Straße. Links im Hochwald empor, bald über felsblockerfüllte Matten zur Angernalm, 1484 m.

Östl. der Hütten auf einen Rücken und rechts in vielen Serpentinen weiter empor. Kurz vor dem Ende der Steigung rechts eine Quelle. Noch ein Stück empor — rechts die Marchalm — und zum Gatterl.

● 154 Von Steinberg über die Ampmoosalm
4¾ Std., bez.

Von Steinberg (R 46) wie bei R 144 zur Ampmoosalm und zur Abzweigung des Bettlersteiges. Hier nun links weiter, durch Latschengassen noch etwas ansteigend, dann in einen weiten Sattel hinab und nochmals ansteigend auf den Rücken des Saukamps. Jetzt steil hinab, vorbei an der Hirschlacke und an der Marchalm, und nochmals steil empor zum Marchgatterl.

● 155 Von der Bayreuther Hütte
1¼ Std., bez.

Wie R 93 und R 151 über die Zireinalm zu dem Sattel zwischen Roßköpfl und Latschberg; geradeaus gelangt man auf eine grasige, ebene Fläche. Hier mündet von rechts R 156 ein. Nach einem kurzen ebenen Stück zwischen Latschen und wuchtigen Felsbrocken steil hinauf zum Marchgatterl.

● 156 Vom Berghaus Sonnwendjoch
1½ Std., bez.

Am Kamm nordwestl., durch ein Zaungatterl und auf bez. AV-Weg steil empor auf die Südschulter des Roßkogels. Bei einer Wegteilung geradeaus und fast eben zum Rand der Roßwies (Wegtafel); eben geradeaus weiter und leicht absteigend zu einem weiteren Gatterl, von wo aus man den Zireinersee sieht. Sehr steil und rutschig hinab zu der Mulde des Sees und am Südufer entlang. Westl. des Sees wieder ansteigend bis zu der bei R 155 erwähnten ebenen, grasigen Fläche. Weiter wie dort beschrieben.

★ 157 Skitouren und -abfahrten.

Skiläufer erreichen das Marchgatterl vom Berghaus Sonnwendjoch wie bei R 156 über Roßwies und Zireinersee, aber auch verbunden mit einer Besteigung des Latschbergs (R 446); ebenso lohnend ist ein Besuch der Marchspitze (R 230) — oder die „Ampmooser Reiß'n: Abfahrt in den Kessel der Hirschlacke, auf den Rücken des Saukamps, in den Sattel westl. davon hinab und empor zu Seileggspitze, und schließlich von dort Abfahrt in den weiten Ampmoosboden. Nach Rückkehr zum Marchgatterl ist es einfach, Richtung Zireinalm den Anschluß an die Kramsacher Forststraße zu suchen.

Zireiner See und Rofanspitze. Foto: Löbl

● **158** **Schauertalsattel,** 1810 m

Östl. der Marchspitze zieht ein scharfer, abfallender schrofiger Kamm zum Durrajoch und fällt steil in den Schauertalsattel ab, den östl. die Westabbrüche des Roßwies-Plateaus begrenzen. Nach N fällt das erst unwirtliche, dann waldige Schauertal steil ab; nach S und W neigt sich das Gelände kaum merklich zur Mulde des Zireinersees.

● **159** **Von Steinberg**
4 Std., AV-Weg 401.

Wie R 145 in die Schlucht der Steinberger Ache zur Straßenbrücke hinab; jenseits der Ache steigt die Straße nordöstl. mäßig an, wendet sich in einer Spitzkehre südwestl., berührt erst den Enter- und dann den Durrahof und verläuft fast eben längere Zeit weiter. Durch Hochwald kommt man auf die steileren Matten der Küler-Mahd-Alm und erreicht bald die Forstarbeiterhütte Tannegg (diese kann man auch über die Rofanstraße (R 145) erreichen, von der man 7 Min. hinter dem Straßentunnel links abbiegt und nach Tannegg hinaufsteigt). Zunächst auf Forstweg nach S, bald auf schmalem Pfad durch Hochwald zu einer anderen Forststraße, der man 100 m rechts folgt, und bei der Gabelung auf der linken Straße weitergeht. Kurz danach folgt man dem Steig durch den Hochwald, überquert den Schauertalbach und ansteigend zur Schauertalalm, 1350 m. Unterhalb der ersten Almhütte über den Bach und bei einer Wegtafel nach rechts. Von hier in teilweise kurzen Serpentinen ansteigend durch das Schauertal empor bis in den Sattel.

● **160** **Vom Zireinersee**
5 Min., bez. Abb. Seite 107.

Wenige Minuten östl. des Zireinersees zweigt vom Weg R 156 der bez. AV-Steig 401 (Wegtafel) nach S ab, der in 5 Min. den Schauertalsattel erreicht.

● **161** **Roßkogelsattel,** 1868 m

Nördl. des Roßkogels bildet die Roßwies, ein in der Mitte leicht sumpfiges Hochplateau, das nach N und W relativ steil, teilweise felsig abfällt, einen tiefen Graben; die nördl. Begrenzung sind die von einem Rücken herabziehenden Hänge, der nordwestl. der Nordbegrenzung der Roßwies leicht abfallend dahinzieht. Genau nördl. der genannten Grabenfurche bildet der Rücken eine weite, grasige, fast kuppenartige gewölbte Fläche mit einer kaum auffallenden Einsenkung gegen W zu; das ist der Roßkogelsattel, der praktisch mit nur geringen Höhenunterschieden in die südwestl. sich ausdehnende Roßwies verläuft.

● **162** **Von Aschau**
3¾ Std., AV-Weg 411.

Der AV-Weg 411 ist ab der Kirche in Aschau (R 51) eine gute Forststraße, die sich erst ein paar Schleifen emporwindet und dann bis zum Wimmerhof ansteigt. Es folgt der Brandlhof und nach einer Weile die Sperrschranke der Forststraße; bald erreicht man die weite Mulde der Äuelalm (Eilalm), aus der die Straße links hochzieht und nach zwei Kehren die in einem Sattel liegende Labeggalm, 1545 m, erreicht. Nun schwenkt die Straße nach links und führt, kaum mehr steigend, erst durch Wald, dann über offenes Gelände, an den Osthängen des Kreuzein-Jochs zum Kreuzeinalm-Hochleger, etwa 1625 m. An zwei Hütten vorbei, rechts empor bis zum Wegweiser vor den Latschen, P. 1652. Man folgt einem Viehweg in südöstl. Richtung zu einem Sattel; dort biegt der Weg rechts ab, wird steiler, erreicht den vom Kreuzein-Joch zur Roßwies ziehenden Kamm und hinter dem Weidezaun den Sattel.

● **163** **Von Steinberg über die Kreuzeinalm**
4¾ Std., bez.

Von Steinberg (R 46) auf R 159 bis zur Schauertalalm; unterhalb der Alm über den Bach, in den kleinen Bachgraben links und jenseits zur dritten Hütte der Alm. Rechts vorbei und bald links abbiegend sehr steil zu einer waldigen Vorkuppe; von dort zuerst östl. steil, dann jedoch nur noch mit geringem Höhenunterschied weiter, schließlich nach einem Bachgraben steil durch Latschengassen in den grasigen weiten Sattel südl. des Kreuzein-Jochs, 1652 m. Durch den Sattel, etwas rechts haltend, erreicht man den bei R 162 erwähnten Wegweiser oberhalb dem Kreuzeinalm-Hochleger; weiter wie R 162.

● 164 Vom Marchgatterl
1¼ Std.

Vom Marchgatterl (R 152) wie bei R 156 in umgekehrter Richtung beschrieben zum Zireinsee; von dort empor zur Höhe der Roßwies. Beim Zaungatterl wendet man sich mehr links, steigt noch kurze Zeit an und gelangt dann über die Matten der Roßwies zum latschenbesetzten Kamm und auf ihm in wenigen Min. zum Sattel. Oder, wie bei R 156 in umgekehrter Richtung beschrieben, vom Zaun auf dem Weg rechts über die Roßwies zu dem Beginn des latschenbestandenen Roßkogel-Südkamms. Hier links, durch die Mulde der Roßwies auf den Kamm hinüber und nördl. zum Sattel.

● 165 Vom Berghaus Sonnwendjoch
¾ Std.

Wie bei R 156 beschrieben, erreicht man den Rand der Roßwies bei einer Wegtafel. Man verläßt den Weg nach rechts, überquert die Mulde der Roßwies und stößt auf der nördl. Seite auf Weg R 164, dem man nordöstl. bis zum Sattel folgt.

● 166 Von Kramsach über die Pletzachalm
3¼ Std.

Von Kramsach (R 6) wie bei R 91 bis hinter das Pletzachgatterl; bei der Wegteilung rechts und empor in den Almkessel der Pletzachalm, 1278 m. Der Forstweg steigt in einigen ausholenden Kehren an und wendet sich dann nördl. durch Hochwald der Hochalm, 1558 m, zu. Bei der Alm ein Übungsschlepplift. Jenseits der Almhütten auf dem links abgehenden Weg weiter, steil empor, eine vom Roßkogel nordöstl. ziehende Schulter überquerend und auf Wegspuren in den von der Roßwies nordöstl. abziehenden Graben. Jenseits eines Weidezaunes, nur noch mäßig ansteigend, biegt man bald rechts ab, hinauf zum Kammweg (R 164), der gleich den Sattel erreicht.

● 167 Von Kramsach über die Klosteralm
3¼ Std., bez.

Aus der Ortsmitte von Kramsach (R 6) zunächst in Richtung Talstation des Sesselliftes; rechts auf dem Steg über die Ache und zum Ortsteil

Mariatal. Hier mündet die schmale Fahrstraße von Aschau; man überquert auf der überdachten Mariataler Brücke erneut die Brandenberger Ache, folgt ein kurzes Stück der Aschauer Fahrstraße und geht auf einer links einbiegenden Forststraße, die auf die Skipiste führt; rechts empor und zur Klosteralm, 1219 m, (Mittelstation der Sonnwendjochbahn). Recht steil, westl., auf bez. Steig empor — der bewaldete Bachgraben bleibt rechts — und auf Wegspuren über einen grünen Boden ansteigend, hinauf in den Kessel der Hochalm. Von der Alm weiter wie R 166.

★ 168 Skitouren und -abfahrten

Die weite Mulde der Roßwies und des Roßkogelsattels sowie die relativ mäßig steilen Hänge des Roßkogels bieten vielfältige Möglichkeiten für den Skisport. Ausgangspunkt ist der Sattel für Abfahrten zum Zireinersee (weiter Marchgatterl R 157) oder südl. aus dem Sattel, östl. des Latschbergs, in den Raum der Zirein- und Ludoialmen; außerdem beginnt auf dem Sommerweg R 162 eine sehr lange und relativ einfache Abfahrt über Kreuzeinalm und Labeggalm nach Aschau. Auch die Nutzung des Sommerweges R 167 für die Abfahrt nach Kramsach über die Hoch- und Klosteralm bietet keine zu großen Schwierigkeiten.

● 169 **Wimmerjoch,** etwa 1300 m

Der von der Roßwies nach Norden über das Kreuzein-Joch ziehende, sich allmählich verflachende Höhenrücken wendet sich beim Ameiskogel, nordwestl. der Labeggalm, mehr nach NW; nach einigen bewaldeten Kuppen ist das Wimmerjoch in diesen Rücken eingelagert.

● 170 Von Steinberg
2¾ Std.

Wie R 145 bzw. 159 in einer guten Stunde zum Durrahof auf der Südseite der Achenschlucht; nach einer ebenen Straßenschleife bei einer Wegegabel auf der linken Straße weiter, die mäßig steil zu einer Einsattelung, dem „Sagboden“ ansteigt und zuerst eben, dann leicht fallend und schmaler werdend, in einen Bachgraben abfällt. Über den Bach, links, durch einen Graben steil empor und wieder links hinaus, vorbei an idyllischen Hochmooren. Die Lahneralm bleibt links unten; der Pfad steigt südl. an, erreicht oberhalb der Alm das Ende einer Forststraße und steigt im Hochwald weiter bis zum Wimmerjoch an.

● 171 Von Aschau
1¼ Std.

Auf dem bei R 162 beschriebenen AV-Weg 411 bis zum Wimmerhof; rechts einbiegend folgt man entweder einer in einer weiten Kehre ansteigenden Forststraße, bei einer Wegegabel links, vorbei am Boden der Wimmalm, oder geradeaus hoch, entlang dem linken Wiesenzaun auf dem alten bez. Pfad recht steil zum Wimmerjoch.

● **172** **Wildmoossattel,** 1250 m

Zwischen dem östl. des Wimmerjochs sich erhebenden Tristkopf und der letzten Erhebung des Kamms, dem Ascherhörndl, ist der breite Wildmoossattel mit schönen Wiesen und einem kleinen Teich eingebettet.

● **173** **Von Steinberg**
3¼ Std.

Wie R 145 bzw. 159 über die Achenbrücke und der Straße nach links hoch; bei der scharfen Rechtskurve (Wegtafel) links ab. Ein Fahrweg steigt noch etwas an und verläuft erst eben, dann leicht fallend am Zaun von Mahdwiesen, der „Enter Höll". Dann aber führt der schmale Steig steil in die felsige Schlucht des Weißenbachs hinab, steigt auf der anderen Seite ebenso steil wieder empor, quert noch eine, nicht so steile Schlucht und erreicht im Hochwald eine Forststraße. Dieser folgt man links; sie zieht mit geringen Höhenunterschieden bis zur Ascheralm — links unten — steigt mäßig steil an und erreicht längs der Nordhänge des Tristkopfes allmählich den Sattel.

● **174** **Von Aschau**
¾ Std.

Man folgt zuerst R 145 aufwärts bis zu einer Wegegabel; hier bleibt man rechts und erreicht über Wiesen und durch lichten Wald den Wildmoossattel.

● **175** **Jocher,** etwa 1130 m

Einsattelung am SW-Fuß des Heuberg-Kienberg-Massivs, im Höhenrücken, der zum Voldöppberg führt. Kürzester Übergang (Fußweg) vom Inntal bei Breitenbach ins Brandenberger Tal. Von Bedeutung auch für die Besteigung des Heubergs vom Inntal aus. Wenig begangen.

● **176** **Von Breitenbach am Inn**
2 Std., rot bez., Wanderweg 19.

Von der Kirche in Breitenbach (R 10) auf der Straße nach N an der Kapelle vorbei; 100 m nach einem Wegkreuz auf einem Fahrweg links ab und auf ihm westl. des Baches nach Ramsau. Vor der Häusergruppe links, an der Pension Gschwendtner vorbei zum P. 579 am Waldrand (beschränkter Parkplatz, 30 Min.; die Zeitangaben auf den hier angebrachten Wegweisern sind falsch). Ein kurzer, meist feuchter Ziehweg führt empor bis unter die große Hochspannungsleitung. Hier scharf links (Wegweiser) ab, kurz über Gras (rote Pflöcke) hinauf, dann auf steilem, schattigem Weg der kleinen Hochspannungsleitung folgend an mehreren kleinen Wasserfällen vorbei hinauf. Über den Bach nach links und auf nicht mehr so steilem Waldpfad zu einer kleinen Lichtung. Hier gerade hinauf (Tafel: „Wanderweg 19"; nicht den roten Bez. nach links folgen!) auf eine Forststraße. 60 m auf ihr nach rechts (östl.), dann links (Wegweiser) in wenigen Min. zur kleinen, offenen, von dichtem Wald umgebenen Jocherkapelle mit Marienbild (45 Min.). An der Kapelle rechts vorbei und durch Wald nordwestl. ansteigend, bei einer Verflachung rechts und in Kehren bis zum Waldrand. Am Almzaun links entlang bis zum SW-Rand der Almmulde. Hier rechts (Wegweiser „Plessenberg") zwischen Almzäunen durch zum Fahrweg, der links in den Jochersattel führt (45 Min.). Herrlicher Blick auf die Kitzbüheler Alpen von der Hohen Salve bis zum Wiedersberger Horn.

● 177 **Von Brandenberg**
1 Std., Wanderweg 8, auch mit Pkw erreichbar.

Von der Kirche in Brandenberg (R 49) auf der Straße nach O bis Winkel, wo bei P. 964 links die Straße nach Pinegg abzweigt. Geradeaus weiter (Wegweiser „Ghf. Kink — Oberberg") nach O, nach knapp 1,5 km rechts ab (Wegweiser) auf gutem Fahrweg zum Gasthof Kink. Auf geteertem Weg rechts vorbei zu einem Hof, ab hier fast ebener Schotterweg in den Jochersattel. Beschränkter Parkplatz.

● 178 **Dreibrunnenjoch,** 732 m

Bewaldeter, niedriger Sattel zwischen Pendling im SW und Maistaller Berg im NO, über den der Europ. Fernwanderweg 4 führt. Übergang vom Inntal bei Kufstein nach Vorderthiersee, vor allem wenn man die Fahrstraße über die Marblinger Höhe (R 53) vermeiden will. Von Kufstein: 1½ Std., s. R 508.

● 179 **Von Vorderthiersee**
¾ Std., bez.

Vom Gasthof Breitenhof an der Straße Vorderthiersee — Marblinger Höhe auf der Fahrstraße nach S, bei der Verzweigung links, bis oberhalb der Sprungschanze. Hierher auch vom Kirchenwirt auf einem Fußweg nach SO, am Campingplatz südl. vorbei. Gemeinsam weiter fast eben durch Wald in das Dreibrunnenjoch mit Jochkreuz und Brunnen.

V. Gipfel und Gipfelwege

A. Rofangebirge (Westliche Brandenberger Alpen)

1. Die Gipfel zwischen Unnütz und Guffert

● **180** **Halserspitze,** 1863 m

Die Halserspitze ist der östlichste und höchste Gipfel der vom Plattenеck, 1618 m, nach Osten ziehenden Blauberge, die mit schrofigen Steilwänden gegen das Tegernseer Tal abbrechen. Sie gehört zwar nicht mehr zum Rofangebirge, ist aber gewissermaßen der Hausberg der Ludwig-Aschenbrenner-Hütte (R 65), die am SO-Hang der Halserspitze liegt. Der Gipfel ist von dieser Hütte ohne Schwierigkeiten zu erreichen. Einer der landschaftlich schönsten Hüttenzugänge führt unter dem Südkamm der Blauberge entlang (vgl. R 67 und R 68).

● **181** **Natterwand,** 1618 m

Einsamer, in bisherigen Führern noch nie beschriebener Gipfel zwischen Blaubergkamm im N und Ampelsbach im S; schöne Aussicht auf Guffert, Rofan und Karwendel. Nach S bewaldet, nach N in Schrofen zum sog. „Sattel" abbrechend. Lohnende Wanderung bei Kombination von R 182 mit Abstieg R 183 A. (R. v. Werden)

● **182** **Von Achental über die Festlalm**
Nicht bez., 2½ Std.

Von Achental (R 43) auf der Straße nach Steinberg bis etwa 150 m östl. des Kilometersteins 3 (¾ Std.; Parkmöglichkeit; hierher auch von Steinberg auf R 70 in 1½ Std.). Auf der Forststraße in nordöstl. Richtung empor zum fast verfallenen Festlalm-Niederleger, 1203 m. Von hier auf zunächst wenig ausgeprägten Steigspuren den Waldrücken nordwestl. aufwärts, weiter oben rechts haltend in die Mulde des ehemaligen Hochlegers der Festlalm. Nun etwas mühsam nach NO durch Wald auf den Gratrücken der Natterwand und auf ihm nach O zum höchsten Punkt. (R. v. Werden)

● **183 A** **Abstieg über den Rotmöserkopf** zur Steinberger Straße
Nicht bez.; bis zur Straße 1½ Std.

Vom Gipfel auf dem nach W ziehenden Waldgrat bis zu der Stelle, wo man ihn beim Aufstieg erreicht hat. Nun auf ihm jedoch bequem weiter, zuletzt wieder 70 m ansteigend auf den Rotmöserkopf, 1522 m, mit kleiner Lichtung. Durch Wald nach NW abwärts, bis man in etwa 1300 m Höhe auf eine Forststraße trifft, die links in wenigen Min. in den Sattel zwischen Rotmöserkopf und Mahmooskopf, 1336 m, führt. Der Mahmooskopf ist von hier in 6 Min. zu erreichen; überraschender Blick auf Achensee und Karwendel. Vom Sattel leitet die Forststraße nach SO in die Waldmulde zwischen Rotmöserkopf und Roßstand, 1267 m. In gleicher Richtung weiter auf schlechter werdendem Ziehweg, an einer Quelle vorbei zum Beginn der Forststraße an der Straße Achental — Steinberg. (R. v. Werden)

● **184** **Schneidjoch,** 1810 m, Abb. Seite 115

Zwischen Halserspitze (R 180) im N und dem Guffertmassiv (R 189) im S verläuft ein von W nach O, nur im Gipfelbereich und nach N von etwas Fels durchsetzter, im allgemeinen bewaldeter Höhenzug; er erreicht im W im Schneidjoch seine höchste Erhebung. Die beiden Gipfel des Schneidjochs sind durch einen etwa 1700 m hohen Sattel getrennt.

● **185** **Von der Ludwig-Aschenbrenner-Hütte bzw. der Ißalm**
Je 1 Std.

Der Weg von der Ißalm zur Ludwig-Aschenbrenner-Hütte ist bei R 71 beschrieben; von beiden Ausgangspunkten folgt man südl. bzw. nördl. diesem Weg in den schmalen Sattel; westl. dann auf Pfadspuren empor zum höchsten Punkt.

● **186** **Abendstein,** 1596 m; **Raggstadt-Joch,** 1545 m

Der Abendstein ist die mittlere, das Raggstadt-Joch die östlichste erwähnenswerte Erhebung des vom Schneidjoch (R 184) östl. ziehenden und ins Tal der Brandenberger Ache abfallenden Höhenzuges.

● **187** **Von der Ludwig-Aschenbrenner-Hütte**
1 Std. bzw. 1¾ Std.

Der Weg vom Kaiserhaus (R 72) zur Hütte führt im letzten Drittel über den Abendstein. Das Raggstadt-Joch liegt weiter östl., 10 Min. oberhalb der Raggstadtalm.

● **188** **Vom Kaiserhaus**
2¾ Std. bzw. 3½ Std.

Der Weg zur Ludwig-Aschenbrenner-Hütte (R 72) führt über die Raggstadtalm; hier rechts auf dem grasigen Rücken abbiegend erreicht man rasch das Raggstadt-Joch (2¾ Std.). Vom Raggstadt-Joch folgt man weiter R 72 zum Abendstein (weitere 40 Min.).

Stubachalmen vor dem Schneidjoch am Guffert-Nordhang. Foto: W. Bahnmüller

● 189 Guffert, 2196 m

Der Guffert ist ein einzelstehendes Felsmassiv, die nördliche Begrenzung des Gebirges, nördl. von Steinberg. Als kühne Felspyramide mit einem nach Westen abfallenden Grat einer der lohnendsten Aussichtsberge des ganzen Gebietes. Gipfelkreuz.

● 190 Von Steinberg durch den Bärenwald

Im Gipfelbereich Drahtseilsicherungen; Trittsicherheit erforderlich. Bez., 3¼ Std.

Anstieg: Von der Kirche in Steinberg (R 46) auf der Straße zum Feuerwehrhaus; hier (Wegtafel) nördl. über den Bach zum Waldrand (Wegtafel). Mäßig steil im Hochwald empor; nach etwa 1¼ Std. stößt man auf eine Lawinenschneise, fast direkt in Fallinie des Gipfels. Hier rechts, in steilen engen Kehren, meist durch Latschen, unter einem Felskopf vorbei zu einem Sattel, wo es nach rechts zur einzigen Wasserstelle, der Schmiedt-Quelle (10 Min.), abgeht. Geradeaus hoch zu einer Wegegabel; links über Schutt und Schrofen, dann über die Matten der Hochwies bis dicht unter den Gipfelstock. Jetzt in einigen Serpentinen über Schrofen und Schutt auf den Grat und auf diesem (Drahtseilsicherungen) zum Gipfel.

● 191 Von Steinberg über Luxegg

Bez., 4¼ Std.

Anstieg: Von Steinberg wie bei R 105 zum Mühlegghof. Die Straße nach links überquerend und bald steiler im Hochwald ansteigend, teils in Serpentinen, durch eine Waldmulde, später, in niederem Wald mehr rechts haltend und dann, wo die Latschen beginnen, ein kurzes Stück eben. Nach 100 m schon wieder steil links empor, durch Latschen und Alpenrosenfelder, auf einen von rechts einmündenden Schafsteig, der zunächst etwas abfällt und dann leicht zum Boden der Luxeggalm, 1727 m, ansteigt (2¼ Std.). Am Beginn des Almbodens rechts halten, empor zu dichterem Latschengehölz und links, in Latschengassen steil hinauf, schließlich über Geröll und Schrofen auf ein weites Hochplateau, dessen westliche, etwas höher liegende Begrenzung Guffertstein, 1940 m, heißt. Wegegabel! Hier geradeaus, nördl. über das grasige Plateau, dann durch eine Mulde etwa 150 m hinab in einen Wiesengrund, in dem sich 100 m links die Schmiedt-Quelle befindet. Nun steil über Schrofen und Geröll zu einer Wegegabel, wo R 190 einmündet; weiter wie dort zum Gipfel.

● 192 Von Achenkirch über die Ißalm

Bez., 7 Std.

Anstieg: Nördlich der Kirche in Achenkirch (R 41), bei der Tabaktrafik, zweigt rechts ein sofort ansteigendes Sträßchen ab, der „alte Steinberger Weg"; das Sträßchen geht in eine geschotterte Forststraße über, die bis zur Abzw. links der Maierbergstraße ansteigt. Nun rechts, noch etwas empor, vorbei an der Alm Pulverer Mahd und allmählich wieder abwärts bis zum Ghs. Obere Bergalm, an der Fahrstraße Steinberg — Achenkirch. Nun weiter wie bei R 71 bis auf den Rücken oberhalb der Ißalm, 1413 m. Man steigt rechts hinunter, gegen die rechts liegende Hütte zu, und stößt auf einen von der Alm nach rechts dahinziehenden bez. Pfad, der erst langsam, dann ein Stück auch sehr steil ansteigt und wieder zur verfallenen Breitlahneralm, 1470 m, abfällt. Die ganze Strecke wandert man unter den steilen Guffertwänden dahin. Jetzt bei Bez. rechts aufwärts, bald recht steil, durch Latschen und Alpenrosenfelder, schließlich über Geröll, auf das weite Hochplateau am Guffertstein. Weiter wie R 191.

● **193** **Von der Ludwig-Aschenbrenner-Hütte durch die Nordflanke**
Erstbegehung des „alten Weges" durch F. Pflaum, 1900.
I (einige Stellen) sowie stellenweise Stifte und Drahtseile. Trittsicherheit erforderlich. 1¾ Std.

Zugang: Von der Hütte auf R 71 zur Ißalm, 1413 m, 1¼ Std. Hierher auch von der verfallenen Breitlahneralm s. R 192.

Führe: Nun nicht hinab zur Alm, sondern auf dem niedrigen, bewaldeten Rücken geradeaus weiter direkt auf die Nordwand zu. Ziel ist eine weithin sichtbare Höhle; dort über eine 10 m hohe Wandstufe (Sicherungen) hinauf in eine schräg links emporziehende Rinne. Diese erweitert sich zu einem Kessel; in kurzen Serpentinen erreicht man den Tremelkopf, eine nördl. Vorlagerung des Gipfelstockes. Nun steil hoch, über Gras und Schrofen, bis unter den Gipfelstock, wo man auf R 190 trifft. Weiter wie dort.

● **194** **Nordwand, direkter Weg**
Stimple und Schönbrunner, 1927.
III (überwiegend); keine näheren Einzelheiten bekannt.
3 Std.

Übersicht: Neben dem Westgipfel (R 200) zieht eine Rinne abwärts; sie geht in eine steile, im Latschengürtel herabziehende Wasserrinne über.

Zugang: Wie bei R 193 auf den bewaldeten Rücken, ein Stück nach rechts auf dem Weg zur Stubaalm, und dann über die eben erwähnte Wasserinne im Latschengürtel zum E; dazu überquert man die vom Westgipfel herabziehende Rinne.

Führe: Über Schrofen links aufwärts in Richtung des Gipfels zu einer Höhle unter einem breiten, schwarzen Abbruch. Hier Quergang nach rechts, dann über eine Rinne schräg links hinan. Auf geröllbedeckten Platten wieder Quergang nach links in eine Rinne und in dieser empor bis unter eine sperrende Wandstufe. Auf breitem Bande etwa 1 SL nach rechts, dann geradeauf bis unter den schwarzgestreiften, glatten Abbruch der ersten Terrasse. Nach einem Quergang hart unter dem Abbruch nach rechts erklettert man nach kurzem Abstieg eine graspolsterbedeckte Rampe. Über eine schräge Platte absteigend, verfolgt man nun 5 m weit ein steigendes, sehr schmales Band (H). Auf griffiger Platte 3 m empor zum nächsten Band, das nach rechts zur ersten Terrasse führt (Sicherungsstand). Nun die steile 4—5 m breite Terrasse hinan, bis sie flacher wird. In der Fallinie des Gipfels über Schrofen und leichten Fels bis zu einem Grasfleck und über Stufen und Schuttbänder geradeauf bis dicht unter den Gipfel, welcher durch eine kaminartige Rinne erreicht wird.

● 195 Südkante

H. Dülfer, H. Fiechtl, 20. 10. 1911.

V (1. Kantenaufschwung) und IV (2. Kantenaufschwung), im oberen Teil wesentlich leichter. Erforderliche H vorhanden. Prachtvolle, luftige Kletterei an festem Fels. Häufig begangen. Etwa 250 mH. 2 Std. Abb. Seite 119.

Zugang: Von Steinberg wie R 190 zum Guffert in der Latschenregion bis unterhalb eines vorgelagerten Felskopfes, wo der Weiterweg zur Südkante ganz übersehbar ist. Dort auf ebener Steigspur links ab zum Geröllkessel, in welchen zwei Rinnen münden. Aus ihm über die linke Rinne zum Einstiegsband beim Schartl, oberhalb des untersten Wandabbruchs. 2 Std.

Führe: Vom erwähnten Bande hinter dem Schartl neben der Südkante entweder geradeauf und über eine kurze, senkrechte Stufe bei einem Wulst zum ersten Absatz, oder leichter, vom Einstiegsband erst schräg links aufwärts, dann rechts haltend zum ersten Schichtband hinauf. Nun über eine kurze, überhängende Verschneidung in eine Rinne und über Stemmkamin auf das nächste Schichtband hinauf, über dem sich die Südkante fast senkrecht aufschwingt. Hart rechts der Kante über einen Riß auf eine glatte, geräumige Felskanzel. An glatter Wand (H) erst 3 m gerade auf und über den Riß zur Linken zu einem Überhang (2 H), nach dessen Überkletterung man mäßig schwierigen Fels gewinnt. Über eine Scharte zum zweiten schmalen Kantenaufschwung. Hier über einen Riß und eine senkrechte Wandstelle zum letzten Tritt an der Kante (H). An glatter Platte kurzer Quergang nach links und über den Überhang zur Rechten auf den letzten Absatz (Ende der eigentlichen Kante). Weiter geradeauf ohne Schwierigkeiten zum Gipfel.

Guffert mit Südkante, R 195. Foto: H. Konnerth

● **196 a Große Umgehungsvariante zur Südkante (R 195)**
Erstbegeher unbekannt.
II (überwiegend). Vermeidet die Schwierigkeiten der Originalführe. Häufig begangen.

Variante: Diese häufig benützte Umgehung führt vom ersten Schichtband der Südkantenführe (zu ihm wie R 195) unschwierig über Schutt nach links und entlang der Westflanke der Guffert-Südkante geradeauf, schließlich in mäßig schwieriger Kletterei zur Scharte zwischen dem ersten und zweiten Kantenaufschwung. Weiter wie R 195 zum Gipfel.

● **196 b Umgehung des 1. Kantenaufschwungs von R 195**
E. Schmid, Emilie Bauer, 1960.
IV, kurze Umgehungsvariante der ↗.

Variante: Am zweiten Schichtband (zu ihm wie R 195) dort, wo sich die Südkante senkrecht erhebt, einige Meter nach links und über einen Riß (IV) auf geneigtem Fels oberhalb des Aufschwungs zur Kante hinauf.

● **197 Ostwand**
S. Mayr, E. Schmid, 1959.
1 Stelle **V** (im oberen Wandteil), sonst III— und II. 1¼ Std.

Zugang: Wie bei R 195, 2 Std.
Führe: Die ungegliederte, unten nicht steile Wand wird in Wandmitte fast der ganzen Breite nach von einem überhängenden Wulst durchzo-

gen. Ungefähr in der Gipfelfallinie ist dort eine kleine schwarze Höhle und knapp darüber rechts eine winzige Verschneidung, welche die einzige Durchstiegsmöglichkeit bietet. In anregender Wandkletterei zur Höhle unter den Überhängen, die man von links her über eine kurze, senkrechte Wandstufe erreicht. Durch die überhängende Verschneidung (H) und in steiler Wandkletterei auf ein Band empor, darüber nach links in eine Schrofenrinne und durch sie unschwer zum Gipfel.

● **198—199** frei für Ergänzungen

● **200** **Guffert-Westgipfel,** 2180 m

Der Gipfelaufbau des Hauptgipfels fällt nach W in eine Scharte ab, aus der sich der langgezogene schmale Rücken des Westgipfels aufbaut. Westl. des höchsten Punktes dieses Gipfels bricht der etwa 1,5 km lange, gestufte Westgrat ab.

● **201** **Westgrat**

Für diese Felsfahrt liegen zwei verschiedene Routenbeschreibungen vor.

● **201 a** **Demmelführe**

A. Demmel, M. Hecher, 1911.
II. Keine weiteren Einzelheiten bekannt. 1½ Std.

Zugang: Von Steinberg (R 46) folgt man der Fahrstraße nach Achenkirch (R 70), etwa 35—40 Min., bis zur Einmündung einer Forststraße (Neubergstraße) von rechts her. Nun rechts ab und weglos, recht steil durch die bewaldete Rinne zw. Steigwand (rechts) und Grünkopf hinan. So erreicht man in der Latschenregion einen alten, eben verlaufenden Jagdsteig; an dieser Stelle genau nördl., in Fallinie des westl. Gratausläufers, direkt zum E. Insges. 2 Std.
Führe: Über einen etwa 20 m hohen Abbruch, dann, 10 m unterhalb des Grates, nach links zu einem auffallenden Latschenband und von dort wieder zum Grat hinauf. Über einen Abbruch hinab und durch Rinnen auf den flachrückigen Westgipfel.

● **201 b** **Höflerführe**

H. Höfler und Gef., 1978.
IV— (zwei Stellen), teilweise III, überwiegend I und Gehgelände. 4 ZH. Etwa 500 mH; Gratlänge (lt. Erstbegeher) über 2 km. Lange, nicht zu unterschätzende Grattour. Zeit für Zweierseilschaft 3—5 Std.

Zugang: Wie bei R 201 a; 2 Std.
Führe: Durch eine seichte Rinne (III—) 12 m empor zu Schrofen.

Links des Grates hinauf zu einem kleinen senkrechten Aufschwung. Unmittelbar über ihn empor (III—) und leicht zum nächsten Grataufschwung, der durch eine glatte Wand gekennzeichnet ist. Unschwierig auf ein schmales Band und auf diesem mit Reibung (II; H) nach links in leichtes Gelände. Ohne Schwierigkeiten weiter zu einem großen, mit ungangbarer Wand abbrechenden Aufschwung. Links der Wand befindet sich eine begrünte Nische. Unschwierig in diese, dann an kleinen Haltepunkten links heraus (IV—; 2 H) und weiter nach links queren (II) zu Latschen. Nun etwa 150 Höhenmeter unschwierig, meist links des Grates, teilweise über ihn, zu einem größeren Aufschwung, der von links nach rechts aufwärts (anfangs IV—; H) überklettert wird. Unschwierig auf dem Grat weiter. Der nächste, abweisend wirkende Aufschwung wird durch einen erst zuletzt sichtbaren Riß erklettert (15 m; III). Danach meist unschwierig, teils über den nun waagrecht verlaufenden Grat, teils auf der Nordseite querend, zum Westgipfel.

(H. Höfler)

● **201 c** **Westgrat-Abstieg**
J. und Angelika Schmidt, M. Schachtner, 1975.
II (eine Stelle), sonst meist Gehgelände. Keine Zeitangabe.

Abstieg: Vom Westgipfel westl. auf den Westgrat, über einen Abbruch hinab (II), bis dann nach etwa 100 m ein ausgeprägter Grat südl. abzweigt, der weiter unten als bewaldeter Rücken (Steigwand) bis ins Tal führt. Diesem Grat 40 m folgen; dann links 20 m durch eine Rinne hinab zu überdachtem Grasband. Auf diesem nach links zu einer großen Sanduhr und über Schrofen dem erwähnten Rücken zu. Am besten nimmt man rechts die zwischen Steigwand, links, und Grünkopf steil hinabziehende Rinne, die — wie bei Zugang R 201 — auf die Straße Steinberg — Achenkirch (R 70) trifft.

● **202** **Übergang zum Hauptgipfel**
Erstbegeher unbekannt.
IV— (eine kurze Stelle), sonst ohne Schwierigkeiten.
¾—1 Std.

Führe: Etwas westl. des höchsten Punktes des Westgipfels zieht nach S eine grasige Rinne hinab. Durch diese unschwierig etwa 50 m abwärts auf ein breites Grasband. Auf Pfadspuren verfolgt man das Band gegen die Scharte zw. West- und Hauptgipfel. Kurz vor der Scharte eine plattige, etwa 4 m lange Unterbrechung (IV—). Von der Scharte dann unschwierig auf Bändern südl. um den Gipfelaufbau herum, bis man auf die Sicherungen des Normalweges (R 190) trifft. (H. Höfler)

● 203 **Nordwand**
E. Schmid, Gisi Pervoulesko, 1946.
IV und III. 300 mH. 3 Std.

Übersicht: An der breiten Nordwand fallen vier teils senkrechte Felsrippen auf, welche drei Wandsenken einschließen; von links gesehen, vermittelt die erste (nördl.) Senke den Durchstieg.

Zugang: Auf dem Weg von der Stuba- zur Ißalm (R 71) erreicht man nach etwa ¼ Std. ein auffallendes Bachbett, das zu der östlichen der drei Wandsenken hinaufführt. Am Wandfuß der E. 1 Std.

Führe: Auf prächtigem, festem Fels, in genuüreicher Kletterei über die erwähnte Senke unterhalb der ersten Felsrippe gegen die schwarze Höhle, und über zwei kurze, schwierige Wandstufen hinweg, am schon von unten sichtbaren, rechts aufwärts ziehenden Band etwa 40 m hinan. In Riß- und Wandkletterei (III) nun in die südl. der ersten Felsrippe eingeschnittene Schlucht, welche bei einer Höhle betreten wird (IV). Die Schlucht empor bis an ihr Ende, dann links aufwärts und über einen breiten, überhängenden Wulst zur nahen Kuppe des Berges.

● 204 **Direkte Nordwand**
A. Moeller, A. Maier, 1935.
Weitere Angaben liegen nicht vor.

● 205 **Von Nordosten**
G. Brandt, W. Neigert, 19.7.1925
IV und III. 300 mH. 2½—3 Std.

Übersicht: Die Nordwand des Westgipfels wird in ihrem zentralen Teil von zwei auffallenden Felsrippen durchzogen. Die Führe leitet über diese beiden Rippen empor zu einem Plattenband in der Wandmitte und verfolgt dieses nach links zur NO-Kante. Weiter über die Kante zum Gipfel.

Zugang: Wie bei R 203 zum Wandfuß.

Führe: Wie Übersicht (nach Angaben von G. Brandt).

● 206 **Direkte Verschneidung**
A. Moeller, A. Maier, 1935.
Weitere Angaben liegen nicht vor.

● 207 **Nordwestpfeiler**
J. und Angelika Schmidt, M. Schachtner, 1975.
VI— (zwei Stellen), sonst V und IV, im oberen Teil auch III und II. Schöne Freikletterei, fester Fels, gute Standplätze. Mitnahme von etlichen H sowie von 8 KK wird empfohlen. 350 mH. 4½ Std., Skizze Seite 123.

Guffert-Westgipfel 207 Nordwestpfeiler

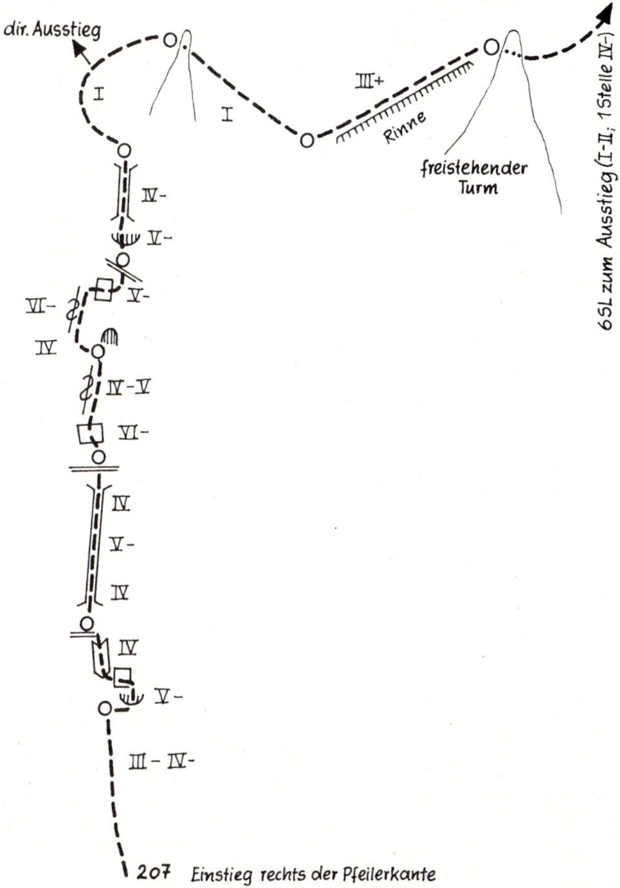

Übersicht: Die Führe verläuft am Westrand der breiten Nordwand des Westgipfels im rechten Wandteil über den zur Linken befindlichen Parallelpfeiler (Felsrippe) des von unten sichtbaren, freistehenden Turms. Vom Pfeilerkopf leitet sie zur Rechten in die Scharte hinter dem Turm und weiter über meist leichten Fels nach 200 m zur Kuppe des Westgipfels.

Zugang: Von der Stubaalm auf dem Weg zur Ißalm (R 71), gleich rechts des ersten tiefen Grabens, über Gras und Schrofen zum E am Fuß des Pfeilers; ca. 1 Std.

Führe: Von rechts über Felsstufen nach 40 m zu Stand unter einem Riß an der Pfeilerkante (40 m; III und IV). Kurz nach rechts, dann 5 m gerade hinauf. An glatter Platte Quergang links in den Riß. Über ihn links aussteigend zu Stand (20 m; V und IV). Weiter durch einen Riß zu Stand auf einem Grasband (40 m; IV). Über eine steile glatte Platte in einen überhängenden Riß. Durch ihn zu Stand in einer Nische (25 m; anfangs VI—, dann IV und V). Luftig links um die Kante und überhängend in einen Riß. Etwa 5 m nach einem Klemmblock Quergang auf einer Leiste nach rechts und durch einen Riß zu Stand (25 m; VI—). Nun über einen Überhang in einen Kamin. Durch ihn zu Stand auf abgesprengter Platte. Kurz hinan und luftig nach links über Schrofen zur Scharte hinter dem Pfeiler (40 m; II). 40 m waagrecht nach rechts (I) und durch eine Rinne in die Scharte hinter dem freistehenden Turm (III). Nach kurzer Rechtsschleife beliebig zum Gipfel (I und II; eine Stelle IV).

● **207a** **Nordwestturm**
Erstbegeher unbekannt.
IV (überwiegend), Fester Fels, 3 Std.

Übersicht: Der schon bei der Anfahrt nach Steinberg oberhalb von Achental sichtbare freistehende Turm ist von dem Nordwestpfeiler (R 206) nach links zu durch eine markante Schlucht getrennt.

Zugang: Von der Stubaalm auf dem Weg zur Ißalm (R 71) gleich im ersten Bachbett östl. der Stubaalm hinauf; oben leicht links halten zu dem auffallenden Turm. Durch einen brüchigen Kamin zum E (alter H); ca. 1 Std.

Führe: Insgesamt 4 SL in schöner Platten- und Rißkletterei zu einem Abschluß empor. Links Richtung Schlucht hinausqueren, dann aufwärts über eine kurze, ausgesetzte ♂ (H). Leicht rechts haltend zum höchsten Punkt des Turmes. Von der Spitze des Turmes rechts absteigen und im Bogen nach links zur Vereinigung mit R 207. Weiter wie dort zum Westgipfel. (K. Zimmer)

● 208 **Südkante (Moeller/Breitmoser-Führe)**
A. Moeller und Breitmoser, 1936
Weitere Angaben liegen nicht vor.

● 209 **Südkante (Hakenjoisführe)**
Hakenjois und Gef., 1972.
VI (eine Stelle), meist V; im oberen Teil wesentlich leichter (nach Angaben des Erstbegehers). Fester Fels. 2 Std.

Zugang: Entweder man folgt wie bei R 195 dem vom Guffertweg (R 190) unterhalb eines markanten Felskopfes links abzweigenden alten Steig und umgeht auf ihm den massigen Gipfelaufbau des Guffert, bis man direkten Blick auf die Westgipfel-Südkante hat, worauf man gerade aufwärts durch Latschen über Schrofen und Geröll zum E bei einer Kante hinaufsteigt, — oder man geht von Steinberg wie R 70 auf der Fahrstraße nach Achenkirch bis zur Einmündung einer Forststraße rechts (vgl. R 201), folgt dieser etwa 8 Min., und verläßt sie weglos nach links, an den östl. Steilhängen der Steigwand empor; jenseits der Latschengrenze hält man über Schutt und Schrofen direkt auf die Westgipfel-Südkante zu.

Führe: Rechts der erwähnten Kante befindet sich ein alter Ringhaken der Erstbegeher Moeller und Breitmoser. Gerade hinauf in einen Riß. Durch kurzen Quergang in den nächsten Riß, weiter an der völlig ungegliederten Flanke der Südkante empor, bis ein Quergang schräg aufwärts (eine Stelle VI; 1 BH) den Übergang zu geneigterem und leichterem Fels ermöglicht. Auf ihm (II) zum abgeflachten Kammrücken des Westgipfels hinauf.

● 210 **Unnütz,** 2078 m (Unutz)

Aus dem Tal des Ampelsbachs, zwischen Köglboden und Achental, baut sich gegen S zu ein massig wirkender, sich mäßig steil aufschwingender Bergrücken auf, oberhalb der Latschengrenze bald schrofig und mit Felsrippen durchsetzt. Der nördlichste Unnützgipfel — Hinter-Unnütz, 2007 m — entsendet in südl. Richtung einen langgezogenen Grat, der über Hoch-Unnütz, 2075 m, im Vorder-Unnütz mit 2078 m den höchsten Gipfel des Massivs erreicht. Nach S fällt der Unnütz dann in die bewaldete Einsattelung des Köglsattels (R 130) ab. In ihrem oberen Teil sind die Ostflanken des Massivs stärker von Felsen durchsetzt und schrofiger als die Westflanken.
Während der Hinter-Unnütz kaum besucht wird, sind der Hoch- und besonders der Vorder-Unnütz beliebte Tourenziele; dazu dürfte die umfassende, nur gegen S durch das Rofangebirge etwas beeinträchtigte Fernsicht beitragen. Vorder- und Hoch-Unnütz wie der Sattel nördl. des letzteren Gipfels haben Gipfelkreuze.

● 211 **Hoch-Unnütz,** 2075 m

Der mittlere Gipfel des Unnütz-Massivs erscheint von W wie auch von O als mäßig aufgewölbter, etwas abgeflachter Buckel. Gipfelkreuz.

● 212 **Von Achenkirch**
3¼ Std.

Anstieg: Der Weg beginnt am Parkplatz der Talstation des Sonnbergliftes. Links auf der rechten von zwei Forststraßen, die nördl. mäßig steigend, sich in einigen Kehren, schließlich in südl. Richtung, zur Zöhreralm, 1334 m, hinaufwindet - oder man zweigt schon nach wenigen 100 m hinter dem Parkplatz von der Forststraße auf eine rechts abbiegende andere Forststraße ab, die in engen Kehren zur Bergstation des Liftes emporzieht, von der aus man auf einem erst in Serpentinen stark steigenden, dann aber nördl., fast eben, führenden Pfad ebenfalls die Alm erreicht. Weiter zuerst in Fallinie des Hinter-Unnütz ziemlich steil durch Latschen und über Matten, später über teils abschüssige Schrofen, in den Sattel zwischen Hinter-Unnütz und Hoch-Unnütz. Kreuz. Auf Pfadspuren kann man links über den Rücken in 10 Min. den Hinter-Unnütz erreichen. Man folgt vom Sattel nach rechts dem noch relativ breiten Grat ansteigend zum Gipfel des Hoch-Unnütz.

● 213 **Übergang Hoch-Unnütz — Vorder-Unnütz**
I (eine Stelle) und Gehgelände. 1 Std.

Vom Hoch-Unnütz steigt man auf dem südl. abfallenden Grat, über Platten und Schrofen, ohne Schwierigkeiten in die beide Gipfel trennende Scharte ab; von hier aus entweder direkt über den Grat selbst (I) hoch, oder (leichter) etwas links des Gipfelaufbaus, um ihn östl. herum, und dann von O her, über Fels und Schrofen, auf den Vorder-Unnütz. Beide Varianten weisen Spuren alter Farbmarkierungen auf.

● 214 **Vorder-Unnütz,** 2078 m

Der südlichste, höchste und meistbesuchte Gipfel des Unnütz-Massivs.

● 215 **Von Achenkirch über die Köglalm**
3¼ Std.

Anstieg: Von Achenkirch (R 41) zuerst in südl. Richtung zum Ortsteil Achensee (R 40); von hier wie bei R 131 hinauf bis zur Köglalm. Am Ostrand des Almbodens bei einer Wegtafel nach N, leicht ansteigend durch den Wald, bis zur Vereinigung mit dem von rechts einmündenden Weg R 217. Nördl. weiter, in mäßiger, gelegentlich auch steiler Steigung, durch Latschen und am Ende über freie, etwas schrofendurchsetzte Matten zum Grat südl. des Gipfels. Hier mündet von rechts R 216. Links, etwas seitlich des Grates, hinauf zum Gipfel.

● 216 Von Steinberg über die Kotalm
3¼ Std.

Anstieg: Von der Kirche aus wie bei R 133a zunächst auf den Gfaßkopfsattel: hier nun, wo die ebene Forststraße beginnt, auf den Weg nach rechts. Er steigt mäßig durch Hochwald, dann über die Matten der Hebing Mahd, schließlich fast eben, an zwei Brunnen vorbei, in den grasigen Kessel der Steinberger Kotalm, 1449 m. Von der oberen linken Hütte links empor durch offenes Gelände, Wald und Latschen zu einem kleinen Sattel (links Scharkopf, rechts Zwölferkopf). Der Weg biegt links stark steigend ein, an den Hängen des Scharwandkopfes, verläuft eine Weile fast eben durch Latschen und beginnt, rechts schwenkend, sehr steil, durch Rinnen und über grasige Schrofen auf den Kamm anzusteigen, der vom Scharwandkopf heraufzieht. Links, an seinem Rande, empor und nach rechts zur Einmündung von R 215.

● 217 Von Steinberg über den Köglsattel
3¾ Std.

Anstieg: Zunächst folgt man einer der beiden bei R 133 beschriebenen Varianten zur Schönjochalm und hinauf zum Köglsattel; kurz vor Erreichen der Satteleinsenkung biegt man jedoch (Wegtafel) scharf rechts ab und gelangt ansteigend auf den von der Köglalm heraufkommenden Steig R 215, dem man bis zum Gipfel folgt.

★ 218 Skitouren und -abfahrten

Das Gebiet des Unnütz ist — mit Ausnahme des von Achenkirch nur bis 1300 m hinaufführenden Sonnbergliftes — noch nicht durch Seilbahnen erschlossen; es gibt keine ausgeholzten, präparierten Pisten.
Die Winterbesteigung von Steinberg bedient sich des Gfaßkopfliftes (Rofanlift II) auf ca. 1250 m Höhe und folgt dann dem Sommerweg R 216 zur Kotalm; oberhalb der Alm hält man sich etwas mehr rechts und versucht so am Hangartkopf (nordöstl.) den Kamm zu gewinnen, auf dem man über den Heimgartenkopf den Gipfel erreicht.
Abfahrten: Der sogenannte Aufstiegsweg bietet sich an, aber auch der Sommerweg R 215 über die steilen Buckel hinab in den Köglsattel (für Geübte). Die Abfahrt für Genießer aber überwindet fast 1000 m Höhendifferenz und beginnt südl. des nach S abfallenden Gipfelkamms, links des felsigen Abbruchs. Hier ist die beste Einfahrt in den Tobel; sobald das Tal des Schwarzenbachs enger zu werden beginnt, ist eine Felsstufe zu überwinden (am besten an ihrer rechten Flanke). Die Abfahrt läuft schließlich in die bei R 133b genannte, sanft abfallende Forststraße nach Steinberg aus.

● 219 **s'Küppei** (s'Kuppal), 1691 m

Südl. des Köglsattels (R 130) zieht ein niedriger Waldgipfelkamm nach S. Der erste Gipfel ist die steile Waldkuppe s'Küppei. Diese Bezeichnung der AV-Karte dürfte nicht ganz zutreffend sein, denn die österreichische Karte verzeichnet „s'Kuppal", und dieser Name taucht schon in sehr frühen Urkunden des 14. und 15. Jh. — als „Chuppal" — auf.

● 220 **Vom Köglsattel**
40 Min.

Anstieg: Aus dem Köglsattel (R 130) verläuft der Weg in Richtung Zirmjoch (R 136) in südöstl. Richtung; wo er zu steigen beginnt, biegt man nach rechts hangaufwärts ab. Mäßig steil gewinnt man, auf Viehspuren, durch Hochwald und über lichte Matten den waldlosen Gipfel.

● 221 **Vom Zirmjoch**
20 Min.

Anstieg: Bei der Wegetafel im Zirmjoch (R 134) wendet man sich genau nördl. dem deutlich sichtbaren Hochstand zu und folgt, mäßig steil, Pfadspuren hinauf zum Gipfel.

2. Die Gipfel nördlich des Hauptkammes

● 222 **Gamswandspitze,** 1937 m

Aus den steilen Karen und grasigen Böden unter den Nordwänden des Rofanhauptkamms ziehen mehrere felsige, schrofendurchsetzte und steilwandige Sporne nach N, ins Tal des Einbergbaches und der Grundache abfallend, und trennen einige Hochtäler voneinander. Der westl. Sporn trennt das Mahrntal von dem Eselskar; in Höhe des Ampmoosbodens erreicht der felsige Sporn seinen höchsten Punkt in der Gamswandspitze, die in alten Karten auch als „Ampmooser Roßkopf" bezeichnet wird.

● 223 **Von der Ampmoosalm**
45 Min.

Anstieg: Bei der südl. Almhütte der Ampmoosalm verläßt man R 144 nach rechts in Richtung Hochiß, steigt dann ein wenig, südl. der Seelein in den Boden ab und wendet sich nordwestl. den grasigen, schrofigen und felsbesetzten Hängen zu, über die man mäßig steil zu dem etwas abgeflachten Gipfel hinaufsteigt.

● 224 **Seileggspitze,** 1981 m

Der mittlere der unter den Nordwänden des Rofans nach N abfallende Sporn trennt das Eselskar von dem Angerkar; südl. endet er in der Seileggspitze, die nach NW und NO recht felsig und steil, nach S und SW mäßiger, grasbedeckt und leicht schrofig abfällt.

● 225 Vom Ampmoosboden
30 Min.

Anstieg: Auf Weg R 144 erreicht man hinter der Ampmoosalm die Abzw. rechts zum Bettlersteig; man folgt hier dem linken Pfad (R 154), durch Latschengassen zu seiner höchsten Stelle nach der erwähnten Abzw., verläßt ihn hier nach links und steigt zwischen Latschen und über steile Matten zu dem breitflächigen Gipfel hinauf.

● 226 **Saukamp,** 1932 m

Der dritte und östlichste der drei bei R 222 erwähnten Sporne ist ebenfalls durchwegs felsdurchsetzt und schrofig, auch sehr steilwandig, und trennt das Angerkar vom Saukar; der Gipfel bildet ein kleines flaches Plateau, das südöstl. steil in die Mulde der Hirschlacke, südwestl. latschenbesetzt und grasig in die Einsattelung östl. der Seileggspitze abfällt. Die flache Gipfelfläche ist als Rastplatz mit guter Aussicht auf die Rofanwände und nach Norden beliebt.

● 227 Vom Weg Ampmoosalm — Marchgatterl
5 Min.

Anstieg: Der Steig erreicht von W kommend, östl. der Seileggspitze und von O her westl der Mulde der Hirschlacke seine höchste Höhe. Südl. direkt gegenüber der Rofanturm und die NO-Kante des Rofanmassivs. An dieser Stelle wendet man sich nördl., durch Latschen und über Almmatten, zum Saukamp.

● 228 **Marchspitze,** 2004 m

Zwischen dem Marchgatterl (R 152) und dem Schauertalsattel (R 158) wird die Senke des Zireinersees nach N von einem Höhenrücken mit steilen, etwas fels- und schrofendurchsetzten Südhängen begrenzt, der westl. in der Marchspitze kulminiert. Ins Saukar sowie ins Schauertal und ebenso in das zwischen beiden liegenden Schindeltal fällt der Rücken schrofig, im mittleren Teil etwas zerklüftet und sich in einzelne kleine Sporne aufteilend ab. Mit knapp über 2000 Höhenmetern und dank ihres vorgelagerten Standorts ist die Marchspitze ein lohnendes Aussichtsziel für Bergwanderer. Gipfelkreuz.

● 229 Vom Marchgatterl
½ Std.

Anstieg: Vom Marchgatterl (R 152) folgt man nördl. dem Weidezaun auf mäßig steil ansteigenden Pfadspuren, wo noch teilweise alte Bez. erkennbar sind. Durch einige Latschengassen, über offene Matten und etwas schrofiges Gelände erreicht man den Gipfel.

★ 230 Skitouren und -abfahrten

Die Marchspitze wird im Winter im allgemeinen vom Berghaus Sonnwendjoch (vgl. R 95★) — über Roßkogel (R 451★), Roßkogelsattel (R 168★) und den Zireinersee (R 156; 160) — aus erreicht; die Besteigung erfolgt ungefähr wie bei R 229. Die Abfahrt ist bereits bei R 157★ angesprochen. Sie verläuft in den Kessel der Hirschlacke, und dann beginnt die „Ampmooser Reiß'n" über Saukamp (R 226) und Seileggspitze (R 224) in den Boden der Ampmoosalm. Abfahrten nach Steinberg, z. B. über die Angernalm (R 153), nur bei absolut sicherer Schneelage und für sehr geübte Tourenfahrer.

● 231 Kreuzeinjoch, 1702 m

Nördl. des Roßkogelsattels (R 161) zieht ein latschenbestandener, breiter, buckliger Kamm nach N; er fällt nach P. 1858 zum Sattel westl. des Kreuzeinalm-Hochlegers ab. Aus dem Sattel erhebt sich ein neuer Kammrücken, grasig und latschenbestanden, dessen höchster Punkt das Kreuzeinjoch ist. Der an sich wenig lohnende Gipfel bietet jedoch eine unvergleichlich markante Nahsicht in die schrofen Abstürze der Nord- und Ostwände der Rofanspitze.

● 232 Vom Kreuzeinalm-Hochleger oder Labeggalm
Je ½ Std.

Anstieg: Nordwestl. des bei R 162 erwähnten Wegweisers oberhalb des Kreuzeinalm-Hochlegers steht ein auffallender Wegweiserpfahl, an dem nach N zu ein Wanderweg des Fremdenverkehrsverbandes Brandenberg beginnt. Er führt anfangs ganz leicht abwärts und steigt dann an den Ostflanken des Kreuzeinjochs bis knapp unter den Gipfelkamm. An der Forststraßenschleife bei der Labeggalm endet dieser Wanderweg, auf dem man mäßig steigend ebenfalls die erwähnte höchste Wegstelle erreicht. Nun in wenigen Min. westl. auf den Gipfelrücken.

★ 233 Skitouren und -abfahrten

Zwar ist das Kreuzeinjoch kein bekannter Skiberg; jedoch liegt es günstig an der Abfahrt vom Roßkogel nach Aschau (R 162), auch als Aufstieg günstig. Leichte Abfahrten Richtung Kreuzeinalm-Hochleger oder Labeggalm, von wo aus die Forststraße (AV-Weg 411) zurückleitet.

3. Die Gipfel des Hauptkammes

● 234 **Kotalmjoch,** 2122 m

Aus der unbedeutenden Kerbe des südl. des Unnütz-Massivs gelegenen Spieljochs, 1608 m, baut sich, anfänglich breit und mit vielen Zirben bestanden, über die Vorkuppe der Bärenfalle, 1772 m, der Hauptkamm auf. Nach dem unbedeutenden, kaum vorspringenden Gamsspitzl, 1908 m, an der Latschengrenze, steigt der Kamm, nunmehr recht schrofig und mit Felsbändern durchsetzt, steil zum nordwestl. Eckpfeiler des Kotalmjochs, P. 2122 empor, wo der Kamm dann etwas ausgeprägter nach SW einbiegt.
Von NW und SO gesehen erscheint das Kotalmjoch als langgestreckter Gratrücken, der von P. 2122 langsam bis P. 2157 (in der AV-Karte sicherlich zu Unrecht als „Stuhljöchl" bezeichnet) ansteigt und dann allmählich in eine unbedeutende Gratkerbe abfällt, die wohl nicht 2056 m Meereshöhe haben dürfte, aber doch zweifelsfrei mit dem in der Waltenbergerschen Karte von 1900 als „Stuhljöchl" bezeichneten Sattel übereinstimmt. Auch nach dem Sprachgebrauch der ganzen Gegend beidseits des Bergrückens ist der Name „Kotalmjoch" für den gesamten Grat von P. 2122 über P. 2157 bis zum Einschnitt gebräuchlich.

● 235 **Vom Kotalmsattel**
1¼ Std.

Anstieg: Vom Kotalmsattel (R 137) folgt man ungefähr 100 m dem Weg R 238 in Richtung zum Streichkopfgatterl. An der Stelle, wo dieser Weg stärker anzusteigen beginnt, wendet man sich scharf links und folgt aufsteigend alten, mit Bez. versehenen Wegspuren durch eine Kesselmulde, dahinter etwas links haltend, und empor zum Stuhljöchl, das man schließlich über steile Matten und Schrofen erreicht. Links auf dem Grat mäßig steil bis zum höchsten Punkt 2157 m und auf dem Rücken nach NW absteigend zum P. 2122, am nördl. Gratabfall.

● 236 **Stuhlböcklkopf,** 2169 m

Vom Grateinschnitt südwestl. des Kotalmjochs (R 234) steigt der Kamm weiter, durchsetzt von Felsstufen und schrofig, zum unbedeutenden Buckel des Stuhlböcklkopfes an; die nach NO abfallenden Steilhänge sind stark von Felsbändern und Schuttreißen durchsetzt.

● 237 **Direkt vom Kotalmsattel**
1¼ Std.

Anstieg: Man erreicht wie bei R 235 beschrieben, die Kerbe im Hauptkamm, wendet sich rechts und ersteigt über quergeschichtete Felsstufen und Schrofen in steilen Serpentinen (Pfadspuren) den Gipfel.

● 238 Vom Kotalmsattel über das Streichkopfgatterl
1¼ Std.

Anstieg: Der vom Achenseehof (R 39) kommende AV-Weg 413 verläuft allgemein westl. und beginnt bald an den SW-Hängen des Dalfazer Jochs stärker zu steigen; er erreicht nach einigen Serpentinen den nach S ziehenden Dalfazer Kamm beim Streichkopfgatterl (Weidezaun); vor dem Gatterl biegt man nördl. ab, umgeht auf Pfadspuren die felsendurchsetzte SW-Flanke des Streichkopfs (R 239), erreicht den Hauptgrat und in wenigen Schritten den Gipfel.

● 239 Streichkopf, 2243 m

Der südwestl. ziehende Hauptkamm erreicht beim Streichkopf einen wichtigen Eckpfeiler; hier schwenkt er stärker östl. ein. Von N beeindruckt der Streichkopf durch seine klobigen Felsbastionen; nach S dehnen sich zwischen Felsen grüne Matten.

● 240 Vom Streichkopfgatterl
Vgl. R 238; 5 Min.

Anstieg: Vom Streichkopfgatterl folgt man dem Weidezaun nördl.; auf Pfadspuren zwischen Felsen und Schrofen und über teilweise steilere Matten empor zum Gipfel.

● 241 Kammüberschreitung Streichkopf — Zirmjoch
Lange Kammüberschreitung; größtenteils nur Pfadspuren. 600 mH. 4½ Std.

Die Kammwanderung bietet sich nach einem Besuch der Hochiß (R 243) für einen abwechslungsreichen Abstieg nach Achenseehof (R 39) oder Steinberg (R 46) an.
Vom Streichkopfgatterl folgt man zuerst R 238 auf den Stuhlböcklkopf, dann nordwestl. R 237 bis in die Kammscharte und von dort R 235 auf den Rücken des Kotalmjochs; am besten hält man sich links des den Kamm streckenweise begleitenden Weidezaunes. Beim nordwestl. Eck des Kammes, P. 2122, sehr steil und mühsam über Schrofen und felsige Stufen hinab, bis man beim Vorsprung des Gamsspitzls die Latschengrenze erreicht. Auch jetzt bleibt man am besten knapp links des Kammes; über Schrofen, immer noch recht steil, auf die zirbenbestandene Kuppe der Bärenfalle hinab und schließlich durch lichten Wald zu dem schmalen Sattel des Spieljochs. Nun folgt man Pfad- und Viehspuren, nördl. und rechts der sanften Waldkuppen der Ochsenköpfe, und erreicht den flachen Sattel des Zirmjochs (R 134). Von hier wie R 136 zum Köglsattel oder wie R 135 nach Steinberg.

● 242 frei für Ergänzungen.

● 243 **Hochiß**, 2299 m

Der vom Streichkopf östl. verlaufende Hauptkamm erreicht im nächsten Gipfel, der Hochiß, seine höchste und markanteste Prägung. Kulminationspunkt des Rofangebirges. Die nach N in die oberen Kare des Mahrntales bis zu 350 m tief, meist senkrecht abstürzenden Wände dieses höchsten Rofangipfels bieten Führen aller Schwierigkeitsgrade. Von N wie von S zeigt sich die Hochiß als massive Gipfelpyramide. Gipfelkreuz. Abb. Seite 135.

● 244 **Vom Kotalmsattel**
AV-Weg 413; 1¼ Std.

Anstieg: Zunächst folgt man dem Weg R 238 bis zum Streichkopfgatterl, 2196 m, jenseits des Zauns am linken Steilhang des Streichkopfs nördl. weiter, hinein ins „rote Klamml" und danach schnell hinauf zum Hauptkamm, östl. des Streichkopfs (hier mündet von rechts R 245 ein). Etwas rechts des felsigen Kamms empor zur Hochiß.

● 245 **Von der Erfurter Hütte**
I (wenige Stellen), überwiegend Gehgelände; rot bez.
Normalweg von der Bergstation der Rofanseilbahn. 1½ Std.

Anstieg: Von der Hütte in nördl. Richtung auf einem bequemen Weg gegen die Ostflanke des Gschöllkopfs ansteigend und weiter aufwärts zu einer Einsenkung zw. Gschöllkopf und den SW-Hängen des Spieljochs. Der Weg führt zunächst fast eben weiter, steigt dann allmählich an (hier zweigt R 254 rechts ab) und leitet unterhalb der Einsattelung des „Gamshals" hindurch nach W. Die Südseite der Hochiß wird ansteigend gequert (stellenweise I, einige Drahtseile) und der Kamm westl. des Gipfels erreicht. Hier mündet R 244 ein. Von hier in wenigen Min. zum höchsten Punkt. (W. Zeis)

● 246 **Ostgrat**
II (überwiegend) und I. Abwechslungsreiche kurze Kletterei an meist festem Fels. 175 mH. ¾ Std.

Zugang: Auf R 245 zum Gamshals, 1 Std.

Führe: Vom Weg R 245 über Gras empor zum Gamshals und zum Beginn des Grates. Nun meist direkt über den teilweise luftigen Grat empor zum höchsten Punkt.

● 247 **Nordwand, alter Weg**
H. Dülfer, H. Fiechtl, 21.10.1911.
IV— (eine Stelle), überwiegend III. Interessante Kletterei an meist festem Fels; häufig begangen. Erforderliche ZH vorhanden. Wandhöhe 350 m. 3 Std.

Zugänge: Von der Erfurter Hütte wie bei R 245 zum Gamshals. Von dort östl., pfadlos, erst links haltend durch eine Rinne hinab, und oberhalb eines Abbruchs die geröllerfüllte Rinne querend, über eine brüchige Rippe ins Spieljochkar (stellenweise II). Nun hart unter den Wänden der Hochiß hinab, dann über den zur Nordwand ziehenden Rücken hinauf zum E. 2 Std.
Von der Bayreuther Hütte wie bei R 155/154 über das Marchgatterl in 2 ¼ Std. zur Ampmoosalm. Von dieser Alm dann südl. hinab zu den kleinen Seelein, pfadlos vorbei an einem dritten Seelein, unter dem begrünten Rücken der Gamswandspitze (R 222) durch und auf dessen südl. Fortsetzung zum Fuß der Wand hinauf, ¾ Std. Insges. 3 Std.

Führe: Von den drei am Fuß der Wand befindlichen Schuttbändern folgt man dem mittleren, breiten bis nahe seinem schmalen, plattigen Ende. Einstieg bei einem Haken. In Wandkletterei zuerst ein paar Meter gerade auf, dann Quergang nach links zum schwarzen, überhängenden Einriß und über dessen Kaminfortsetzung auf einen Vorsprung. Über ein fallendes, etwa 60 m langes Band zu einem 35 m langen Riß, nach dessen Überkletterung man das große 100 m lange Band erreicht, das man nach rechts (einmal unter einem Block durchkriechend) bis knapp vor seinem Ende verfolgt. Nun zwei Möglichkeiten:

a) Weg Dülfer/Fiechtl: Abb. Seite 135.
Über einen Überhang IV—; 🗝 dann etwa 80 m schräg links aufwärts zu einem Band und nach rechts in den ersten Kamin, durch den man den Ostgrat erreicht; auf ihm in wenigen Min. zum Gipfel (III) Oder:

b) Variante Eichhorn/Schwarzenberg (1913, Einzelheiten lt. Führe):
Führe: Über den erwähnten Überhang in eine Verschneidung, die man nach rechts verläßt, um in einer kleingriffigen Rinne emporzusteigen. An ihrem Ende schräg rechts über eine kleine Platte hinab und hinüber in einen Kamin, dem man bis zu seiner Unterbrechung folgt. Von links her auf einer Leiste zum Kamin hin, über einen Überhang, und im Grunde des Kamins bis zu seinem Ende, wo er sich gabelt. Vor dem nischenartigen Abschluß des Kamins Quergang über einen kleinen Vorsprung, dann nach rechts und gerade empor zum Ostgrat; auf ihm zum nahen Gipfel.

● 248 Nordwand, Kögl/Schmid-Führe
K. Kögl, Berger, Prey, E. Schmid, 1940.
V (überwiegend), stellenweise leichter. Sehr lohnende Felsfahrt in festem Fels. Ca. 300 mH. 5 Std., Abb. Seite 135.

Zugang: Wie bei R 247 zum Wandfuß. Zum E quert man jedoch noch weiter nach W.

Hochiß-Nordwand
R 247a Dülfer / Fiechtl-Weg
R 247b Variante Eichhorn / Schwarzenberg
R 248 Kögl / Schmid-Führe
R 248a Ausstiegsvariante zu R 248
R 249 Direkter Weg

Foto: E. Schmid

Führe: Etwas rechts der Gipfelfallinie steht am Fuße der Wand ein hoher Turm. 1 bzw. 2 SL westlich des Turmes ziehen drei Schrägrisse die Wand hinan, die den Einstieg vermitteln. Nun entweder über den ersten (östl.) Riß auf ein breites Band, das man etwa 30 m nach rechts verfolgt. In Wandkletterei 5 m hinan, Quergang nach links in eine senkrechte Verschneidung und darüber hinweg auf eine breite Rampe, die man 30 m westwärts verfolgt. Oder, über den dritten (westl.) befindlichen Riß in eine Geröllrinne, die man bald verläßt. Ostwärts über zwei rißdurchzogene Wandstufen auf die erwähnte, breite Rampe (leichter wie über den ersten Riß). Nun im folgenden, erst schräg links, dann senkrecht führenden Riß auf einen Hakenstand (45 m ab Rampe, teilweise V). Etwa 20 m mittels eines Risses hoch, Quergang nach links und schräg links aufwärts in eine kurze Rißverschneidung, welche auf einen plattigen Pfeiler leitet. Über den Pfeiler zum letzten Tritt (RH). Quergang 8 m (V) nach links auf eine Felskanzel. Von dieser östl. über einen kurzen Abbruch absteigend zu einer mächtigen, abschüssigen Rampe, die bis an ihr Ende gequert wird. Auf einer Leiste unter dem Überhängen zum oberen Rande der Rampe. Quergang nach links über die linke Begrenzung der überhängenden Zone (V) in eine schmale, fast senkrechte Verschneidung und über sie empor zu einem Türmchen (guter Sicherungsplatz). Geradeauf zur folgenden, 50 m hohen Steilrampe, welche oben links verlassen wird. Oberhalb einer abgespaltenen Platte über die Wand, links haltend, in eine Rinne, über sie zum Westgrat und auf ihm zum nahen Gipfel.

● **248a Ausstiegsvariante zu R 248**
H. Müller, A. Wirth, 29.9.1982.
V+ (in 2 SL), überwiegend leichter. Ca. 180 mH. 4 Std.
SH wurden entfernt, 2 ZH in der Ausstiegs-SL und 1 KK im Rißüberhang belassen. Abb. Seite 135.

Führe: Wie R 248 bis zu dem Hakenstand (45 m ab Rampe). Nun Quergang nach rechts über abschüssige Platten (letzter vorgefundener H.) in eine nach links aufwärts ziehende Steilrinne, die durch einen feuchten, stark moosbewachsenen Rißüberhang (ca. 10 m V+) abgeschlossen wird.
Darüber hinweg und anschließend ca. 100 m in leichtem Gelände, zuletzt über ein breites Band und eine Rampe, nach links aufwärts. Nun nicht auf der sich links um ein Eck (Standplatz) anbietenden vermutl. leichteren Rampe links aufwärts weiter, sondern vom Eck kurzer Quergang unter Überhang nach rechts und dann ca. 25 m gerade hinauf (V+) zum Ausstieg an einer kleinen Einbuchtung an der Westschulter ca. 100 m unterhalb des Gipfels. (A. Wirth)

• 249 Nordwand, direkter Weg

F. Kuen, A. Sager, W. Haim, 1967.

V/AI, stellenweise auch leichter. Hakenreichste Kletterei im Rofangebirge. Fast alle Haken, ehemals 90,vorhanden. Ca. 350 mH. 6 Std., Abb. Seite 135.

Zugang: Wie in R 247 über das mittlere der drei schräg rechts in die Wand ziehenden Schuttbänder bis zu seinem Ende. Höchster Punkt eines plattigen Pfeilers (H). Beginn der Hauptschwierigkeiten!

Führe: Von hier einen schwach ausgeprägten Riß empor bis unter ein Dach. Unter diesem Quergang nach rechts, zu gutem Stand (H, V). Von hier einem leicht überhängenden Riß folgend und anschließend über ein nach rechts ziehendes Band (2 H) bis zu seinem Ende. Einen schrägen Riß 10 m aufwärts und Quergang nach rechts (sehr luftig) in eine Nische, guter Stand. Über mehrere überhängende Risse, die eine Art Verschneidung bilden, aufwärts (V+) bis zum Schlingenstand (BH). Vom Stand einem ausgewaschenen Riß folgend, in den Grund eines nassen, vermoosten Kamines. Der Kamin wird in freier Kletterei überwunden, bis man einen Klemmblock erreicht (Biwakplatz der Erstbegeher). Weiter über eine steile Rampe in eine nasse Verschneidung. Durch diese bis auf einen Felskopf (Blockstand). Ende der Hauptschwierigkeiten. Nun einige Meter aufwärts bis in eine rechts ansteigende Rampe. In ihr empor (Stand mit H). Eine SL nach rechts querend bis nahe der Gipfelfallinie. Eine SL aufwärts (III—, IV) zu einem Stand. Nach links zu einem Pfeiler, über diesen hinauf in eine Verschneidung, die man bis an ihr Ende verfolgt. Weiter der Variante Eichhorns, R 247b, folgend (2 SL) zum Ostgrat und über ihn zum Gipfel.

• 250 Südgrat

Erstbegeher unbekannt.

I (einige Stellen), teilweise Gehgelände. Landschaftlich schöner und reizvoller Anstieg, der in Vergessenheit geraten ist. Nicht immer leicht zu finden. 1 Std.

Übersicht: Vom Verbindungsrücken Streichkopf — Hochiß leitet ein sich verbreiternder, felsiger Gratrücken nach S, der im Buchberg ausläuft und die „Lange Gasse“ östl. begrenzt. Der Anstieg folgt diesem Rücken.

Zugang: Von der Erfurter Hütte in westl. Richtung auf Weg R 141 abwärts in einen Almboden. Man verläßt den Weg nach rechts und steigt in das Tal der „Langen Gasse“ empor. Bei den auffälligen roten Gesteinseinlagerungen im Gratrücken zur Rechten klettert man an geeigneter Stelle zu ihm empor. 1 Std.

Führe: auf dem anfänglich breiten Gratrücken in nördl. Richtung aufwärts. Er wird bald schmäler und steiler. In anregender Kletterei weiter aufwärts zu Schrofen vor einem markanten Gratkopf, den man östl. umgeht und über steiles Gras R 245 erreicht. Nun in wenigen Min. zum Gipfel. (W. Zeiss)

● **251 — 252** frei für Ergänzungen

● **253** **Spieljoch,** 2236 m

Der nächste Gipfel des Hauptkammes östl. der Hochiß fällt nach N in zerklüfteten, klobigen Felspartien ab, nach W in steilen Schrofen, nach O plattig und schrofig. Nach S bildet er einen grasigen Rücken.

● **254** **Von der Erfurter Hütte**
Normalweg; leicht, einige Drahtseile; rot bez., 1½ Std.

Anstieg: Zunächst wie bei R 245 bis zur Abzweigung nach rechts (Wegweiser). Von hier steil (einige Drahtseile), in kurzen Serpentinen hinauf zu dem breiten, grasigen Rücken und weiter empor zum höchsten Punkt. Achtung! Nördl. Steilabbruch!

● **255** **Von der Grubascharte**
Bergwanderung, die jedoch Trittsicherheit verlangt. Einige Drahtseilsicherungen. Rot bez. 1¼ Std.

Anstieg: Von der Grubascharte (R 146) führt dieser Weg unterhalb des Bettlersteigsattels in westl. Richtung an den SO-Hängen des Roßkopfs entlang und dann um die vorgeschobene malerische Bastion des Roßkopf-Südgipfels herum; nun nordwestl. steil empor bis dicht unter die Roßkarlscharte, zwischen Roßkopf und Seekarlspitze. Nun ein Stück fast eben, dann durch die südl. abfallenden Schrofen der Seekarlspitze etwas ansteigend bis dicht unter die Seekarlscharte, zwischen der Seekarlspitze und dem Spieljoch. Von hier über den schrofigen O-Hang des Spieljochs (Drahtseile) empor zum höchsten Punkt.
Eine beliebte Höhenwanderung verbindet diesen Weg mit einer Besteigung der Hochiß (R 245) und der Rofanspitze (R 303); insgesamt 5½ — 6 Std. von der Erfurter Hütte.

● **256** **Westgrat**
R. Kaltenbrunner (im Abstieg), 1906; H. Eichhorn, G. Loymon (im Aufstieg), 1911.
III und II. Stellenweise brüchiger, grasdurchsetzter Fels. Wenig begangen. 110 mH. ¾ Std.

Zugang: Wie bei R 245 von der Erfurter Hütte zum Gamhals, 1 Std.

Führe: Vom Gamshals erst etwas südseits des Grates über den ersten Aufschwung, direkt über den zweiten, am dritten südl. ausweichend empor und über die begrünte Gratfortsetzung auf das Spieljoch.

● 257 Nordwand
K. Kögl, E. Schmid, A. Gruber, 1940.
VI+ (eine Stelle), teilweise V und IV mit leichteren Passagen. Kaum H vorhanden. Selten wiederholt. 150 mH. 2 Std.

Übersicht: In der rechten Wandhälfte der gelbroten, kuppelförmig gebauchten Wand befindet sich eine dunkle Schlucht, welche den Durchstieg vermittelt und über eine brüchige, überhängende Zone erreicht werden muß.
Zugang: Von der Erfurter Hütte wie R 245 und R 255 über das Spieljoch zur Seekarlscharte, 2180 m, 1½ Std. und westlich hinab über die Schuttrinne zu den Felsen am Fuß der Wand, ¼ Std., oder von der Ampmoosalm, R 144, südl. pfadlos — unter der Seekarlnordwand durch — im Spieljochkar zum E, 1 Std.
Führe: Vom Kar über gestufte Rinnen zum Schuttband hinauf, das sich am Fuße der überhängenden Wand unter der Schlucht befindet. Einstieg bei den zwei kurzen, seichten Rissen, die zu den dachartigen Überhängen leiten. Mittels der Risse zu den Überhängen hinauf (IV). Fallender Seilzugquergang 3 m nach rechts und über eine schmale, senkrechte Rippe zur Überdachung hinauf (V).
Nun kurzer Quergang nach rechts und gerade auf in die Schlucht (VI+, ♂). Hakenschlagen wegen der außerordentlichen Brüchigkeit unmöglich. Die Schlüsselstelle (3 m) muß in freier Kletterei überwunden werden! Nun die tiefeingeschnittene Schlucht hinan (I), bis zum weitausladenden, höhlenartigen Abschluß. Am Fels zur Linken 10 m oberhalb eines Plattenbandes Quergang nach links und geradeauf an kleingriffiger Wand (III, Muschelkalk) über eine Höhle hinweg zum begrünten Gipfel.

★ 258 Skitouren und -abfahrten

Aufstieg im Winter zunächst auf Weg R 146 bis dorthin, wo der Anstieg zur Grubastiege beginnt; hier links in die breite Rinne hinein und mäßig bis steil hinauf, über die S-Hänge der Seekarlspitze, links haltend, aufs Spieljoch. Abfahrt auf dem Anstiegsweg. Eine zweite Möglichkeit über die Grubascharte (vgl. bei R 269) oder zur Rofanspitze.

● 259—260 frei für Ergänzungen.

● 261 Seekarlspitze, 2261 m

Östl. des Spieljochs steigt die Seekarlspitze aus der gleichnamigen

Scharte wie ein kühnes Horn in die Höhe; sie stürzt nach N mit wuchtigen Felswänden zum Ampmoosboden ab; nach S zu brechen die Flanken des langgezogenen Rückens in Platten, Felsbändern und steilen Schrofen in die Mulde des Seekarlsees und die bei R 258 erwähnte felsige Rinne Richtung Mauritzalm-Hochleger ab. Die Schrofen nach S zu verlaufen sich in dem Rücken zwischen der Erfurter Hütte und der Haidachstellwand. Abb. Seite 145 und 149.

● 262 Von der Seekarl- oder der Roßkarlscharte

Einfachster Weg, teilweise steiles Gras. 20 Minuten.

Anstieg: Von der Seekarlscharte (vgl. R 255), die man östl. des Spieljochs erreicht, führen deutliche Pfadspuren östl., auf dem steilen grasigen Hauptkamm zum Gipfel. Von der Roßkarlscharte folgt man erst ein Stück dem westl. ziehenden Weg R 255, biegt dann scharf rechts ein und steigt über die SW-Hänge zum S-Kamm an zum Gipfel.

● 263 Nordwand, Nieberl / Klammer-Führe

IV+ (eine Stelle), überwiegend IV— und III. Einige H vorhanden. Schöne, anspruchsvolle und ausgesetzte Wandkletterei. 400 mH (bis zum Ausstieg 360 mH). 4 Std. Abb. Seite 145.

Zugang: Von der Erfurter Hütte (R 77) über den Bettlersteigsattel wie bei R 146 und 144 zum Ampmoosboden, 1¾ Std. Von der Bayreuther Hütte (R 86) auf R 155 und 154 dorthin, 2 Std. Nun vom Ampmoosboden unter die Nordwand des Roßkopf und auf Steigspuren dem E am Fuß der Wand zu, ¼ Std.

Führe: Rechts der Gipfelfallinie fällt im unteren Wandteil eine Kaminschlucht auf, die in 100 m Höhe auf eine Terrasse führt. E etwa 25 m östlich der Stelle, wo die Seekarlnordwand am tiefsten herabreicht. Über das kurze Einstiegsband nach rechts in einen Riß. Über diesen, anfangs senkrecht ziehenden Riß und die folgende, glatte Wandstufe (H) in eine schräg links aufwärts ziehende Rißverschneidung; dann in gleicher Richtung über einen überdachten Riß auf einen Absatz und über einen kurzen, senkrechten Riß auf den Kopf einer Plattentafel, 50 m ü. E. Luftiger Quergang 4 m nach links, dann in Wandkletterei schräg rechts aufwärts auf ein Band, das zu einem Hakenstand hinabführt. Über den folgenden zweiten Quergang (IV) in eine Rißverschneidung, die in eine Kaminreihe übergeht, die unter der eingangs erwähnten Kaminschlucht endet. über die drei kurz aufeinanderfolgenden Überhänge des weiten Spreizkamins (letzter Überhang IV+, H), auf die Schutterrasse (der Kamin ist bei Nässe glitschig, Vorsicht!). Nun über den zur Rechten hochziehenden Stemmkamin über einen Überhang auf einen Absatz. Weiter über Schrofen schräg links in eine kaminartige Steilrinne, die nach mehreren Seillängen, über einen Kessel hinweg, auf einen Felskopf leitet. Hier, im obersten Wandteil, vermittelt ein kurzes, steiles Plattenband den Weiterweg über den eindrucksvollen 25-m-Quergang, der ostwärts an steilster Plattenflucht über ein doppeltes Schichtband führt (IV—), wenig Sicherungsmöglichkeit, da keine Haken einschlagbar; Sicherungsblock am Ende des Querganges. Nun über den Schlußriß zur Rechten zum Ausstieg am Westgrat und in etwa 10 Min. zum Gipfel.

● 263 a Ausstiegsvariante zu R 263
E. Schmid, Rosl Dapunt, 1941.
III+.

Führe: In Fortsetzung der ziemlich am Ende von R 263 erwähnten, langen und kaminartigen Steilrinne, oberhalb des Felskessels, ziemlich gerade hinauf und über ein begrüntes Band und die darüber befindliche Rißverschneidung (30 m, III+) zum Westgrat der Seekarlspitze.

● 263 b Variante zur Nieberl / Klammer-Führe unterhalb der Kaminschlucht
IV+ (eine Stelle) und III; Abb. Seite 145.

Führe: Vom E wie in R 263 40 m empor bis unter den erwähnten, überdachten Riß und durch die dort gerade aufwärts ziehende Rißverschneidung zum nahen, überhängenden Wulst. Darunter Quergang (II) nach rechts in den kaminartigen Riß, der direkt zur Kaminschlucht führt. (E in den Riß IV+, dann III.) — Kürzer als die Nieberl-Klammer-Führe, doch nicht so interessant wie jene.

● 264 Nordwand, Trichterweg
H. Fiechtl, E. Schmid, 1923.
V (stellenweise), meist IV, einige Stellen leichter.
Großzügige Route, im unteren Teil oft naß. 420 mH. 4½ Std., Abb. Seite 145, Skizze Seite 143.

Zugang: Wie bei R 263 zum Wandfuß. E in der Fallinie des Gipfels.

Führe: Über einen kurzen, nassen Kamin und das folgende, überdachte Band um die Kante nach links zur glatten Verschneidung. In der Verschneidung über mehrere Überhänge empor (V), und durch Quergang nach rechts auf eine weiße Kanzel, die sich etwa 70 m über dem E befindet. Über morschen Fels schräg links aufwärts zu einem Absatz. Weiter den Wasserlauf des Trichters querend, über ein Bandsystem unter rotgelben Überhängen zur mächtigen Felskanzel am Beginne des großen Nordwand-Schichtenbandes, das unter weitausladenden Überhängen zunächst fast waagrecht, dann stark steigend nach rechts zieht, schließlich nach links biegt und bei einem Sattel endet (bequemer Rastplatz). Nun ostwärts zur nahen, eindrucksvollen Plattenrampe. Die halbtunnelförmig überdachte Rampe bietet ein geologisches Naturwunder: Die Überhänge fußen wie auf einer von Fachleuten erbauten Stützmauer. Bewundernswert ist das seltsame Regelmaß ihrer Quadern und Fugen! Nun über die teils glattgewachsene, teils rauhe Plattenrampe, die den Beginn des oberen, etwa 250 m langen Schichtenbandes darstellt, das gegen Osten bis zu den Schlußkaminen verfolgt wird, hinan. Dort, wo die Rampe ganz schmal wird und sich auflöst, kurzer Abstieg über ein schmales Plattenband in eine Wandsenke, und über deren östl. Begrenzung wieder auf die Fortsetzung des Großen Schichtbandes (III). Nun in anregender Kletterei über eine Unterbrechungsstelle bis knapp vor das Bandende. Hier ziehen die Schlußkamine empor. Über den tiefeingeschnittenen Kamin zur Rechten mit Überhang (IV) zum anschließenden zweiten Kamin, der auf ein begrüntes Band führt. Das Band leitet ostseits über einen engen Riß zum Schartl an der Gipfelwand. Hier am besten mit Steigbaum geradeauf, Quergang nach links und schräg rechts über einen Untergriff-Riß hinauf. Dann kurzer Quergang nach links und schließlich schräg rechts direkt zur Spitze.

Variante (E. Schmid): Vom Ende des großen Schichtbandes auf der Trichterseite über einen Stemmkamin dir. zum Schartl (III +, 50 m).

● 264 a Fluchtmöglichkeit im unteren Wandteil, Abb. Seite 145.

Von der Überquerungsstelle des Wasserlaufs am Großen Trichter am linken, östl. Rand der Schlucht etwa 30 m hinab zu einem H. Dort kurze Abseilstelle auf das lange grüne Band, das an der Roßkopf-Nordwand (vgl. R 293) ostwärts aus der Wand führt.

● 264 b Nordwand, Variante Gasteiger

B. Gasteiger und Gef., 1967.

V +, häufig V und IV, stellenweise leichter.

120 mH. 2 Std.

Die Beschreibung dieser zweifelsfrei interessanten Variante wurde nur aufgrund eines Fotos von E. Schmid erstellt, nachdem keine Beschreibung des Erstbegehers vorliegt. Zur Überwindung der Schlußwand sind theoretisch mehrere, extrem schwere Rißwege möglich, wobei die angegebene Führe die scheinbar beste Lösung bietet, Abb. Seite 145.

Führe: Ab der kleinen Unterbrechungsstelle am oberen Verlauf des großen Schichtenbandes (vgl. R 264) südl. über die verlockend schöne, V-förmige Verschneidung (anfangs III), nach einer SL zum sperrenden breiten und hohen Überhang. Unterhalb desselben über das Band zur Linken, nach etwa 15 m zu einem Riß, nach dessen Überwindung (IV) der sperrende Überhang umgangen ist. Man quert nun etwa 1 SL erst

Seekarlspitze Nordwand

264 „Trichterweg"
264c „Knoxverschneidung"

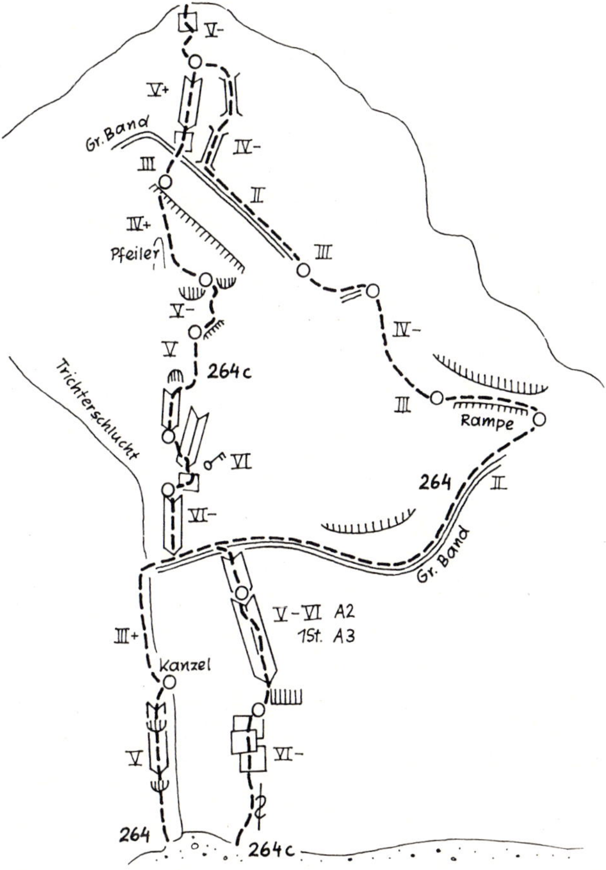

etwas fallend, dann steigend nach rechts (II) auf das lange zur Nieberl / Klammer-Führe (R 263) hinabziehende Schichtenband, das den Weiterweg vermittelt (s. Foto Seekarlspitze Nordwand, westl. Teil mit dem 25-m-Quergang). Von dort direkt über die markante, kaminartige Rißverschneidung (IV und V+) auf einen Absatz, womit man nach rund 30 m den rechten der beiden Schlußrisse erreicht. Durch ihn (IV und V) nach 1 SL zum Ausstieg am Westgrat und in kurzer Zeit zum Gipfel.

● **264 c** **Nordwand „Knoxverschneidung“**

H. Mariacher, H. Grindhammer, 31. 7. 1975.

VI und V (200 m), V+, IV und III (200 m); eine Stelle **A 3** sowie mehrere Stellen A2. Von den Erstbegehern wurden 25 H und 2 HK angebracht, das meiste Material wurde wieder entfernt. Lohnende, extreme Kletterei mit geringem Hakenaufwand und guten Möglichkeiten zum Einsatz von KK. 400 mH. Zeit der Erstbegeher 12 Std., Abb. Seite 145, Skizze Seite 143.

Zugang: Wie bei R 263 zum Wandfuß. E an der rechten Seite der Trichterschlucht, welche zwischen Seekarlspitze und Roßkopf herabzieht, einige Meter links der Kante eines vorspringenden Pfeilers, der nach 40 m knapp links von einem auffallenden Felsdach endet.

Führe: Über einen Riß am Pfeiler in schöner Freikletterei empor, bis sich dieser an glatter Wand verliert und weiter über diese zu kleinem Standplatz (40 m, 1 ZH, 3 SH). Nun Quergang nach rechts zu einem feinen Riß und über diesen zur linken Dachkante, wo die große Verschneidung beginnt. Diese ermöglicht den Durchstieg zum großen Band (KK erforderlich!). Auf dem Band quert man 1 SL links abwärts (I) zum Wasserlauf in der Trichterschlucht, wo die zweite große Verschneidung beginnt. Bis hierher wesentlich kürzer und leichter über den Trichterweg R 264. Durch diese 20 m brüchig zu Stand unter einem rotbrüchigen Überhang (1 ZH, 2 SH). Von hier Quergang an kleinen Tritten und Griffen etwa 15 m nach rechts in die glatte Wand hinaus, dann gerade weiter bis zu einem roten Felsausbruch, von dem man nach einer kurzen Linksquerung wieder den Grund der Verschneidung erreicht. In ihm einige Meter empor, dann neuerlicher Quergang nach links zum Beginn einer weiteren Verschneidung. (Stand, ♂-SL, reine Freikletterei). Weiter in Freikletterei durch die Verschneidung, bis diese in flacherem Fels endet (Stand, 20 m). Quergang nach rechts um die Kante, dann gerade hoch bis zu einem abschüssigen Band. Weiter über eine hier beginnende Rampe, die schräg nach rechts in den Grund einer Verschneidung führt. Über ihre linke Wand gerade hoch bis unter einen breiten, die ganze Wand durchziehenden, wulstartigen Überhang, un-

Seekarlspitze-Nordwand

R 263 Nieberl/Klammer-Führe
R 263 a Ausstiegsvariante
R 263 b Variante unterhalb d. Kaminschlucht
R 264 Trichterweg
R 264 a Fluchtmöglichkeit zu R 264
R 264 b Variante Gasteiger
R 264 c Knoxverschneidung
R 265 Direkter Weg über das Ypsilon
R 266 a Verb. Nieberl/Klammer-Führe mit NW-Band
R 266 b Rebitschführe
R 266 d Nieberl/Klammer-Führe, Verb. NW-Band
R 266 e Variante zur Rebitschführe

Foto: Winkler

ter dem man rechts durch einen Riß herausquert auf grasigen Fels. Über ein schmales, begrüntes Band wieder nach links zu einem Pfeiler. Über diesen und die anschließende Wand auf das Ende der großen Verschneidung der Schmid / Rampl-Variante (bei R 266 b) und leicht auf die nahe, grasige Schulter unter der Gipfelwand. Diese erklettert man über eine 50 m hohe Verschneidung (V). Vom Ende der Verschneidung um einen vorstehenden Turm links herum zum Beginn einer flachen Verschneidung, welche zu einer kleinen Scharte führt. Von der Scharte über die anfangs glatte Gipfelwand gemeinsam mit dem Trichterweg nach 20 m auf den begrünten Gipfel. (H. Mariacher)

● **265** **Nordwand, direkter Weg über das Ypsilon**
H. Fiechtl, E. Schmid, 1923.
VI— / A1, frei VI, (Gabelriß), sonst V und IV.
Weiterweg ab Schichtband: V+ und IV, über die Rebitschführe R 266 b; V— (Schlußriß), sonst IV— und III über den Trichterweg R 264. Eindrucksvolle, prachtvolle Kletterei in festem Fels; in letzter Zeit häufig begangen.
420 mH. 6—7 Std., Abb. Seite 145.

Zugang: Wie R 263 zum Wandfuß.

Führe: Am Beginn der Führe bieten sich zwei Möglichkeiten:
a) Originalweg Fiechtl / Schmid: E beim rißdurchzogenen Wandvorsprung in der Fallinie des unteren Rißendes vom Ypsilon. An der rechten Begrenzung des Vorsprungs etwa 4 m empor, bei einem Köpfl etwa 15 m waagrecht nach rechts, und über kleingriffigen, splittrigen Fels (III+) zum Wulst knapp unter dem überdachten Band. Auf einer Leiste kurz nach links und über den Wulstüberhang (IV, ein hoher Griff) auf das genannte Band (H; 30 m über E). Von seinem Ostende, hart an der Dachbegrenzung links oben (H), über einen Überhang zur Linken zum Ypsilon.
b) Variante Schneider / Stops (1968): E wie unter a) beim rißdurchzogenen Wandvorsprung. Über einen Überhang und das folgende Rißsystem nach 35 m zu dachartigen Überhängen. Dort Querung links aufwärts und über eine kurze glatte Verschneidung (V) direkt zum Ypsilon. Nun gemeinsam: Am zuerst senkrecht hinaufziehenden Riß (V—; mehrere H) aufwärts, bis er schräg rechts zu einem Standplatz führt, 15 m ab Band. Erste ☍. Entweder direkt am Riß über eine grifflose schmale und glatte Stufe (VI) oder leichter, diese rechts umgehend (V; 2 H) zur Rißfortsetzung hinauf. Wo der schräg verlaufende Riß wieder senkrecht wird, in genußvoller Kletterei (mehrere ZH) über einen Überhang auf reibeisenrauhem Fels zur Rißunterbrechung unterhalb der Gabelung des Ypsilons. Zweite ☍, die nach kurzer Querung nach rechts über

ein glattes Wandl (VI—) führt. Diese ♂ wird neuerdings durch Überkletterung der überhängenden Rißfortsetzung vermieden (V; H), worauf man durch einen Schluff die Rißgabelung erreicht. Guter Sicherungsstand, 53 m ab Band. Nun östl. über die schräge, plattige Steilrampe (IV) in genußvoller Kletterei nach 1 SL zu ihrem Ende. Hier am Fuße des folgenden Wandgürtels auf schmalem Bande etwa 12 m nach rechts, dann links aufwärts und über eine kurze glatte Verschneidung (V—) auf das breite Nordwandband. Bis hierher 3—3½ Std.
Nun zwei Möglichkeiten: Entweder über den Trichterweg (R 264) zum Gipfel, oder direkter über die Rebitschführe (R 266 b) zur Schlußwand.

● 266 **Nordwand-Verbindungswege:** Abb. Seite 145.

● 266 a **Verbindung der Terrasse der Nieberl / Klammer-Führe mit dem Nordwandband**
K. Kögl, P. Dapunt, E. Schmid, 1940.
V—. Diese in letzter Zeit häufig begangene Führe vermittelt in reizvoller Kletterei eine ideale Verbindung zum Trichterweg mit direktem Ausstieg. 1 Std.

Führe: Von der Terrasse von rechts her über ein kurzes, schmales Plattenband in den senkrecht ziehenden Riß, der zum Stand führt. Nun in Wandkletterei etwa 5 m gerade hinan, kurzer Quergang nach links (H), und geradeauf zum schmalen Schichtband unter Überhängen. Quergang nach links zur Rißverschneidung, die bereits von der Terrasse aus sichtbar ist und den Weiterweg vermittelt. Hier über den Überhang (2 H, V—) auf eine Felskanzel hinauf. Über die kleine Wandstufe dahinter in eine Rinne und über eine weitere Stufe auf einen Felsrücken. Nun südöstl. über die Wandsenke hinweg und über eine kurze, plattige Verschneidung zum großen Band der Nordwand.

● 266 b **Rebitschführe,** Durchstieg zum zweiten (oberen) Schlußkamin
M. und F. Rebitsch, 1932.
V + / A1 und IV. 2½—3 Std.

Führe: Auf dem breiten Schuttband oberhalb des Ypsilons unter Überhängen etwa 2 SL weiter, bis an der Nordwand links eine Verschneidung den Aufstieg zu einer schon vom Ampmoosboden auffallenden Felskanzel vermittelt. Kurz die Verschneidung hoch und über den Riß zur Linken zur abgespaltenen Kanzel. Jenseits der Kanzel quert man auf ein Köpfl hinüber und verfolgt das schwach fallende, schmale Felsband dahinter bis zu seinem Ende (H, ausgesetzter Quergang), dann schräg links zu einer Höhle hinauf. Über den Höhlenüberhang

(V+ / A1) hinweg in eine Schrofenrinne und Wandsenke, die man links aufwärts verfolgt, bis rechts ein hoher, kaminartiger Einriß geradeauf führt. Über diesen Riß mit mehreren Überhängen (V+, V) direkt zum Nordwandband hinauf. Hier kreuzt man die Route R 264. Anschließend über die darüber befindliche große seichte Verschneidung — zur Rechten des unteren Schlußkamins — 1 SL aufwärts und waagrecht nach links in den oberen Schlußkamin. Weiter wie bei R 264 zum Gipfel.

● **266 c Variante Schmid / Rampl**
E. Schmid, W. Rampl, 1939.
III und II.

Man folgt der breiten, rinnenartigen Wandsenke bis an ihr Ende und erreicht von links die Schlußkamine.

● **266 d Nieberl / Klammer-Führe, Verbindung Nordwandband**

Führe: Wie bei R 263 am Nieberl / Klammer-Weg in der oberen Wandhälfte zum Kessel. Hier östl. über den Rand des Kessels unweit zur großen Kehre des Nordwandbandes (II), womit der Trichterweg erreicht und ein direkter Ausstieg zum Gipfel gewonnen wird. (Siehe auch R 264).

● **266 e Variante zur Rebitschführe (R 266 b)**
H. Konnerth, R. Vogl, 25.9.1982.
V (mehrmals in 2 SL), am Beginn und Ende deutlich leichter (III, II). 120 m Kletterlänge bis zur Rampe, 1½ Std. 1 SH geschlagen und entfernt.

Führe: Von der Höhle von R 266 b waagrechte Querung um die breite, runde Kante (45 m, III+ und II). Schräg links hinauf bis vor breiten Kamin, an der Kante einige m hinauf, nach links über den Kamin spreizen und links einer markanten, überdachten Rißverschneidung zu Stand in etwas gestuftem Gelände (40 m, V und IV). Mit Linksschleife in die Verschneidung und unter dem abschließenden Überhang nach rechts auf Absatz (25 m, V— und IV). Über Platte schräg rechts aufwärts auf die breite Rampe (IV—; mit der breiten Wandsenke der Schmid-Variante in R 266 b identisch) und hinauf bis zu ihrem Ende (ca. 80 m, II und I). Rechts in einer runden Einbuchtung durch einen engen Kamin (IV—) auf grasiges, gestuftes Gelände und auf Band nach rechts zum Beginn des Ausstiegskamins von R 264. (H. Konnerth)

Seekarlspitze und Roßköpfe vom Anstieg zur Hochiß. Foto: W. Bahnmüller

● 267 **Ostwand**
E. Gretschmann, G. Hamberger, 1920.
III (überwiegend). 1 Std.

Zugang: Von der Erfurter Hütte wie bei R 245 / 255 zur Roßkarlscharte, 1½ Std., von der Bayreuther Hütte wie bei R 355 / 359 über das Vordere Sonnwendjoch, 2½ Std. E in der Trichterschlucht zwischen Seekarlspitze und Roßkopf-Nordostgipfel, nordwestl. der Roßkarlscharte.

Führe: Von der Roßkarlscharte über eine Schrofenrinne in den Trichter hinab bis zum E oberhalb der Verklemmung des Trichters. 20 Min. (II). Über Schrofen zu einem die Wand durchziehenden, schrägen Absatz, und über diesen zu glatten Platten! Nun durch zwei gerade, je 40 m hohe Kamine empor, bei der Gabelung des oberen nach rechts in die Wand und direkt auf die Seekarlspitze.

● 268 **Ostwand, Bänderweg**
P. Holl, F. Dalamasl, 1960.
IV und III. Landschaftlich sehr schöne Bergfahrt, nach Aussage der Erstbegeher „verblüffend unschwierig". 1¼ Std.

Zugang: Wie R 267 und über die Roßkarlscharte, die Trichterschlucht hinab, zum Einstieg einige Meter links des unteren Endes der beiden Ostwandkamine, 15 Min. unterhalb der Scharte (II).

Führe: Über eine Platte empor an den Beginn eines von großen Überhängen überdachten Bandes. Dieses immer nach links verfolgend (bei der Unterbrechungsstelle H) bis an den Beginn einer kaminartigen Rinne. Die Kaminrinne empor zum nächsten Band. Nun eine Rampe 80 m schräg rechts hinan, bis sie nach einem Sattel (Kreuzungsstelle mit den langen Ostwandkaminen, die vom Einstiegsbereich heraufziehen) an einer Kante endet. Nun über ein Band zur Rechten hinter der Kante absteigend nach rechts, bis nach 40 m der Auslauf einer Schlucht, die oben von einem riesigen Klemmblock dachartig gesperrt wird, erreicht ist. Nun im Grunde der Schlucht bis unter den Klemmblock. Dieser wird rechts in der Plattenwand umgangen und durch das oberhalb befindliche Rinnensystem der Gipfel erreicht.

★ 269 Skitouren und -abfahrten

Beim Aufstieg — aus dem Gebiet der Erfurter Hütte — folgt man entweder der bei R 258 beschriebenen Route durch die langgezogene Felsrinne vor der Grubastiege — oder man ersteigt die Grubastiege (R 146) und gewinnt die Höhe des Weges R 255 geradeaus ansteigend, oder nordwestl. durch die zweite oder dritte Rinne des schrofigen, plattigen

SO-Abfalls. Abfahrten entweder auf dem letztgenannten Aufstiegsweg oder über die bei R 258 genannte Spieljochabfahrt.

● **270—272** frei für Ergänzungen

● 273 **Roßköpfe,** 2200—2257 m

Östl. der Roßkarlscharte ist der massige Felsblock der Roßköpfe in den Hauptkamm derart eingelagert, daß einer der Gipfel erheblich nach S hin ausschert und die vom Kessel der Grubalake aus so malerische und wuchtige Felsbastion bildet. Nordost- und Ostgipfel fallen mit unterschiedlich hohen, aber sehr steilen Wänden zum Ampmoosboden hin ab. Auf der AV-Karte findet sich nur die Bezeichnung „Roßkopf" und die Höhenangabe des Südgipfels mit 2246 m.

● 274 **Roßkopf-Nordgipfel,** 2257 m

Östl. der Roßkarlscharte erhebt sich der Nordgipfel sehr kompakt, felsig und steil in der Linie des Hauptkamms; von N gesehen erscheint er als der rechte zweier Gipfel. Seine begrünte Ostschulter endet im Ostgipfel.

● **275** **Westgrat**
Erstbegeher unbekannt.
II und stellenweise steiles Gras. 20 Min.

Zugang: Wie bei R 255 zur Roßkarlscharte.

Führe: Von der Roßkarlscharte auf Steigspuren neben dem Südwestgrat über eine Felsstufe und Gras empor. Am Fuße des obersten Gratabsatzes nach rechts, durch eine Rinne wieder auf den Grat, und rechts zum Gipfel.

● **276** **Ostgrat und Gratüberschreitung zum Südgipfel**
Erstbegeher unbekannt.
II und stellenweise steiles Gras. 35 Min.

Zugang: Wie R 146 zum Bettlersteigsattel.

Führe: Vom Bettlersteigsattel wie bei R 291 zu einer breiten Kuppe empor und, unweit des Ostgipfels, geradeaus hinüber zum Nordgipfel; dann über eine kurze Felsstufe südl. am Grat hinunter und an schmaler, fast ebener Gratschneide zum großen Zacken, vor dem man östl. einige Meter absteigt. Nach kurzem Quergang auf den Grat zurück; beim plattigen Gratabbruch westl. hinab auf ein waagrechtes Band, dann über einen kleinen Kamin wieder zum Grat und auf den Südgipfel.

● **277** frei für Ergänzungen

● 278 Roßkopf-Südgipfel, 2246 m

Südlich des Nordgipfels springt der wuchtige Block des Südgipfels massiv aus dem Hauptkamm nach S vor; die Verbindung zum Nordgipfel besteht aus einem sehr schmalen Grat; die SO- und O-Flanke sind von steilem Gras bedeckt und felsdurchsetzt.

● 279 Von der Grubascharte
Erstbegeher unbekannt.
II und I, stellenweise steiles Gras. ¾ Std.

Zugang: Wie bei R 146 zur Grubascharte.

Führe: Von der Grubascharte dem Höhenweg R 255 westl. 3 Min. folgend, dann an den grünen Osthängen hinauf zu gelbrotem Fels in der Fallinie des Gipfels. Nun links aufwärts zum nördl. Ende des mittleren der drei die Ostflanke durchziehenden Absätze. Hier durch eine steile Grasrinne zum Südrand des Gipfelblockes, auf den Grat und zum Gipfel.

● 280 Vom Höhenweg auf der Ostflanke über die Scharte
Erstbegeher unbekannt.
II und I, steiles Gras. Leichtester Anstieg auf den Südgipfel. 35 Min.

Zugang: Wie bei R 146 zur Grubascharte.

Führe: Man folgt dem Höhenweg R 255 noch einige Meter weiter nach W als bei R 279, wendet sich dann rechts und erreicht im Zickzack über die grünen Stufen der Ostflanke die Höhe der Scharte beim Vorgipfel; über den Grat zum Gipfel.

● 281 Südwand
H. Fiechtl, K. Stieve, 1908.
IV (stellenweise) und leichter. Erforderliche H vorhanden. Beliebte und häufig begangene Kletterei; im unteren Teil ziemlich brüchig. Ca. 150 mH. 1¼ Std., Abb. S. 153, Skizze S. 157.

Zugang: Von der Grubascharte (R 146) am Höhenweg R 255 nach W in wenigen Min. zum Fuß der Wand. E dort, wo die Roßkopf-Südostwand an die Südwand anschließt (am Wandfuß, ein paar Meter rechts, eine Höhle).

Führe: Über eine kurze, senkrechte Felsstufe und ein abgespaltenes Köpfl ziemlich geradeauf zur großen, schwarzen Höhle, die vom Einstieg aus sichtbar ist. Über den linken Rand der Höhle hinweg und schräg rechts auf ein Band, das man nach rechts bis nahe seinem Ende verfolgt. Nun an der steil aufstrebenden Südwand zuerst gerade, dann

Roßkopf-Südwand
R 281 Südwand, Fiechtl-Weg
R 282 Südwestkante (Neulandkante)
R 283 Südostwand
R 286 Führe Schwarze Wand
R 287 Wandrand-SW-Verschneidung
V Variante

Foto: E. Schmid

schräg links über einen Überhang (IV) und eine plattige Verschneidung zum zweiten Band (H). Guter Sicherungsstand. Hier entweder am Bande etwa 4 m nach links und unmittelbar in die große Verschneidung, oder besser (Variante E. Schmid): vom rechten Ende des Bandes zu den Überhängen hinauf, und darunter mittels Quergang auf einer Leiste über eine Unterbrechungsstelle hinweg nach links zur Verschneidung. Nun im kaminartigen Grund der Verschneidung über einen Absatz und einen überhängenden Riß in eine Schrofenrinne; über diese auf das Schartl an der Südschulter und am Grat zum Gipfel.

● **282** **Südwestkante („Neulandkante")**
J. Schmidt, F. Götzfried, 1974.
IV + (überwiegend) mit Stellen IV und III. Empfehlenswerte, luftige Kletterei. Erforderliche H vorhanden. Ca. 150 mH. 1½ Std., Abb. Seite 153.

Zugang: Von der Grubascharte (R 146) auf dem Höhenweg R 255 bis etwa 50 m hinter dem verfallenen Zaun und über begrünte Schrofen zum E am Fuß der Kante.

Führe: Der erste Aufschwung der Kante wird links über Schrofengelände umgangen, worauf man zur Rechten die Kante gewinnt (H). Nun stets auf dieser sehr luftig bis zu SH (IV + ; 35 m). Von hier nach rechts in eine Verschneidung, über sie und durch eine Rinne auf die Kante hinauf (H). Nun immer auf dieser sehr ausgesetzt bis zu SH (IV + ; 35 m). Vom Stand nach rechts in eine Verschneidung, die in prächtiger Kletterei hochgespreizt wird, bis sie überhängt. Nach links auf ein Band hinaus und sofort wieder durch einen Kamin nach oben bis zu einem Ringhaken. (40 m, IV), fester Fels. Gerade empor auf den Grat (10 m, III) und weiter über ihn wie R 281 zum Südgipfel.

● **283** **Südostwand**
E. Schmid, K. Müller, 1923.
V + / A 3 (je eine Stelle), sonst V und IV, teilweise auch leichter. Sehr luftige, von Höhlen unterbrochene Rißkletterei. Selten begangen. Mitnahme von einigen H und KK empfohlen. Ca. 150 mH. 2 Std., Abb. Seite 153.

Übersicht: Vom Wege fällt in etwa 40 m Wandhöhe ein mächtiger Überhang auf, der balkonartig aus der Wand ragt. Über seinem linken Teil durchzieht die Wand ein von Überhängen und Höhlen unterbrochener Riß, der den Durchstieg vermittelt.

Zugang: Von der Grubascharte (R 146) auf dem Höhenweg R 255 in 5 Min. unter die Wand.

Führe: Vom Weg zum nahen E, dort, wo der unterste Wandgürtel eine seichte Einbuchtung zeigt. Hier die Verschneidung etwa 10 m gerade empor, dann schräg links um eine Rippe herum, dann über eine brüchige mannshohe Stufe (V / A3) wieder ziemlich gerade aufwärts und schließlich über einen Plattenriß auf ein schmales Plattenband in Höhe des eingangs erwähnten Balkons (hier läßt sich einige Meter links der Südwandweg erreichen). Nun 7 m Quergang nach rechts auf den Balkon, gerade empor, und links zur ersten Höhle. Hier rechts über die überhängende Wand 5 m aufwärts und in den Riß (V). In reizvoller Kletterei durch den folgenden Plattenriß zur zweiten Höhle hinan, über den abschließenden Überhang hinweg (V+) und über plattigen Fels zu einer Nische. Nun durch die folgende Verschneidung (III) bis zu deren Ende. Über den Überhang hinweg zu einem Loch empor (links H), und mittels Quergang nach links (V) über den Plattenrand der folgenden, schräg rechts aufwärts ziehenden Rinne, die ganz durchklettert wird. Über die Wand nördl. durch einen Einriß etwa 7 m empor zur Gratrippe und über die Südschulter am Grat zum Roßkopf-Südgipfel.

● **284** **Westwand, alter Weg**
G. Leuchs, G. Heilmann, F. Schön, 1899.
II (überwiegend), teilweise leichter.
Ca. 150 mH. 1 Std.

Zugang: Von der Grubascharte wie R 255 am Höhenweg unter der Roßkopf-Südwand durch (etwa 20 Min.) und über Grashänge und begrünte Bänder in der Fallinie des Nordgipfels empor.

Führe: Auf dem obersten Band nach rechts zur kurzen Westwand. Über eine Felsstufe auf ein steiles, 20 m langes Band, an dessen Ende ein kurzer Kamin durchklettert wird, und nach links auf den Roßkopf-Südgipfel.

● **285** **Westwand, neuer Weg**
H. Eichhorn, F. Schmidhofer, E. Wilhelm, 1911.
III. Ca. 150 mH. 1 Std.

Zugang: Von der Grubascharte (R 146) auf dem Höhenweg R 255 unter die Westwand, 20 Min.

Führe: Über begrünten Fels zur auffallenden Höhle empor, die rechts von der Fallinie des Gipfels oberhalb des Bandes sichtbar ist, das die Westflanke ganz durchzieht. In der Seitenwand links der Höhle durch den Kamin auf einen Absatz, zum Grat hinauf und auf ihm zum Gipfel.

● **285 a** **Westwand-Variante zu R 285**
E. und F. Schmid, 1922.
III.

Variante: Durch den unmittelbar neben der Höhle von R 285 befindlichen Riß auf den Südostgrat und über ihn zum Gipfel.

● 286 Führe „Schwarze Wand“
L. Rieser, M. Eder, 17.1.1982
VI—, überwiegend V und IV. 150 mH. 1½ Std., Abb. Seite 153, Skizze Seite 157.

Zugang: Wie bei R 281 zum Wandfuß.
Führe: E in Mitte zwischen E zur Wandrandverschneidung (R 287) und Fiechtlweg (R 281). Gerade über den überhängenden Wandgürtel etwa 10 m zwischen Dächern hindurch hinauf (IV +) und auf leichterem Gelände (II) nach 50 m zu Stand am Beginn der auffallenden schwarzen Wand; oder kürzer und wesentlich leichter, von links her über grasdurchsetztes Schrofengelände zum Fuß der schwarzen Wand. Nun in herrlicher Kletterei an Erosionslöchern in der schwarzen Plattenwand, leicht links haltend, 45 m gerade empor (IV +, V +) und nach 5 m zum Stand der Fiechtl-Führe (2 H), die hier auf einem Band von rechts herüberleitet. Nun auf dem Fiechtlweg ein paar Meter in der Rißverschneidung hoch (H) und nach rechts auf den weißen Pfeiler. Über diesen 20 m empor (IV) zu einer glatten Wandstelle. Über diese 10 m hinweg (V—) zum Beginn des hier ansetzenden Ausstiegsrisses. In ihm 15 m teils überhängend und sehr brüchig (VI—, 1 KK) in leichteres Gelände und am Grat in Kürze zum Gipfel.

● 287 Wandrand-SW-Verschneidung
L. Rieser, M. Eder, 17.1.1982
VI—, überwiegend IV, stellenweise leichter. Ernste Rißkletterei an festem, nur stellenweise brüchigem Fels; auch für Winterbegehung geeignet. 150 mH. 1 Std., Abb. S. 153, Skizze S. 157.

Übersicht: Die Südwand wird am linken Rand — der SW-Kante — durch ein Verschneidungssystem begrenzt, in dessen Rissen die Führe verläuft.

Zugang: Wie bei R 281 zum Wandfuß.
Führe: E im linken Bereich des untersten, überhängenden Wandgürtels. 10 m über diesen hinweg (III +) und in leichterem Gelände 50 m gerade empor zum Beginn der auffallenden Verschneidung am linken Wandrand. In ihr über den ersten Überhang (IV) hinauf, bis der Riß nach 30 m schmutzig und brüchig wird. Hier Quergang in die linke, glatte Verschneidungswand, welche von einem senkrechten Fingerriß durchzogen ist. An diesem 6 m (VI—) gerade hinauf und wieder nach rechts in den Verschneidungsgrund zu loser Schuppe. Nun 5 m empor, und entweder mittels brüchigen Quergangs unter einem Überhang nach

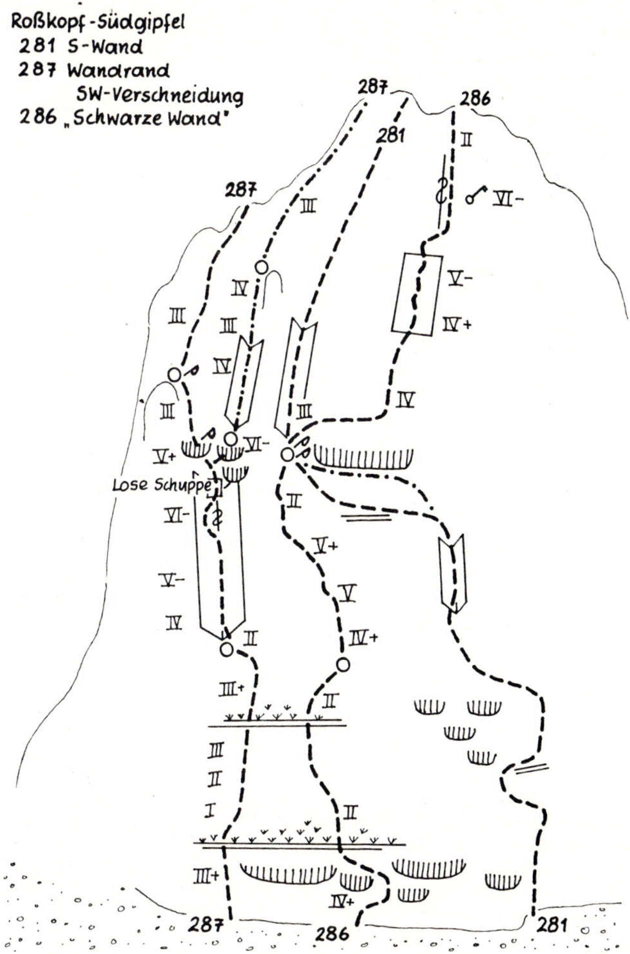

Roßkopf-Südgipfel
281 S-Wand
287 Wandrand SW-Verschneidung
286 „Schwarze Wand"
287
286
281
II
VI-
III
287
IV
III
V-
IV+
IV
III
IV
III
V+
VI-
Lose Schuppe
VI-
II
V+
V-
V
IV
II
IV+
III+
II
III
II
I
II
III+
IV+
287
286
281

links hinaus (V+) zur Neulandkante (R 282), oder nach rechts über einen großen Überhang und ein Dach (VI—) in die folgende Verschneidung (50 m; Stand). Über die Verschneidung nach 30 m zum Stand am Kopf des Pfeilers (III) und weiter zum Gipfel.

• 288 Roßkopf-Ostgipfel, 2200 m

Die begrünte Ostschulter des Nordgipfels (R 274) bildet an ihrem östlichen Ende den als eigenständige Erhebung unbedeutenden Ostgipfel. Er fällt, knapp östlich der Nordwand des Nordostgipfels (R 293), nach NO mit markanter Wand, nach O steil zum nahen Bettlersteigsattel ab. Vom Bettlersteigsattel (R 143) bzw. von der Grubascharte (R 146) ist der Ostgipfel leicht, wie bei R 291 vermerkt, über die begrünte Südflanke in 10 Min. zu erreichen.

• 289 Nordostwand „Knoxweg"

R. Deseke, H. Mariacher, H. Rieder, E. Bartel, 1975.
V+, nur selten leichter. Interessante, abwechslungsreiche Kletterei. Alle 7 SH wurden von den Erstbegehern belassen. Der direkte Ausstieg wurde von H. Mariacher und L. Blattl anläßlich der 2. Begehung 1975 gefunden.
230 mH. 4—5 Std.

Zugang: Von der Erfurter Hütte wie bei R 146 zum Bettlersteigsattel und wie R 144 halbwegs hinab Richtung Ampmoosboden, westl. unter einem Felssporn herum über Schutt zum E — oder vom Marchgatterl auf R 154 Richtung Ampmoosboden und wie R 144 den Bettlersteig hinauf, diesen nach 25 Min. aber rechts verlassend und bald über Geröll pfadlos zum E hinauf.

E am Beginn der NO-Flanke des Nordostgipfels (R 292) bei einer auffallenden großen Höhle in Fallinie des Gipfels.

Führe: Über eine flache Rampe schräg links aufwärts bis zum Beginn einer schwach ausgeprägten Verschneidung (Stand, H, 40 m). Weiter in der Verschneidung bis unter einen Überhang. Hier kurze Querung nach links zu einer Kante, um diese herum und immer links von dieser senkrecht empor auf grasdurchsetzten Fels. Auf diesem nach links zu einem schrägen Riß, an dessen Beginn sich ein großer vorstehender Felsblock befindet. Um den Block herum und durch den dahinter beginnenden breiten Riß schräg rechts aufwärts zu einem kleinen Absatz. Weiter durch zwei kurze senkrechte Risse, zuletzt einen kleinen Überhang überspreizend auf einen kleinen Grasabsatz. Nun über eine anfangs glatte, gelbrote Wand schräg nach rechts zu einer Kante und um diese herum zu einem senkrechten glatten Riß, durch den man eine steile, grasdurchsetzte Rampe erreicht (♂, wenn man den vorhandenen SH im

Riß nicht zur Fortbewegung verwendet). Über die Rampe schräg rechts auf das große Grasband unter der Gipfelwand. Auf diesem so weit nach rechts, bis man sich in der Fallinie vom rechten Ende des großen Gipfelüberhangs befindet. Nun entweder auf einer kleinen Felsleiste schräg rechts aufwärts zu einem abgesprengten Block, auf diesen hinauf und weiter in dieser Richtung auf ein kleines Felsband, das nach rechts in den grasigen Westhang führt, über den man bequem nach 20 m den Gipfel erreicht. Direkter Ausstieg: Schwieriger und lohnender von der Leiste gerade weiter, bis man nach 20 m durch einen kurzen Linksquergang einen handbreiten, senkrechten Riß erreicht, der direkt unter den großen doppelten Gipfelüberhang leitet. Unter dem ersten, kleineren Überhang quert man hangelnd 8 m nach links zu einem schmalen Kriechband, über das man unter dem zweiten, großen und dachartigen Überhang hindurchkriechend direkt den Gipfel erreichen kann. (H. Mariacher)

• 290 **Roßkopf-Nordostgipfel,** 2220 m

Der Nordostgipfel ist dem Nordgipfel und der Linie des Hauptkamms ein wenig nordöstl. vorgelagert; er bricht in den Ampmoosboden mit den höchsten Wänden des Massivs der Roßköpfe ab.

• 291 Vom Bettlersteigsattel

½ Std. Steiles Gras, einzelne Steigspuren.

Anstieg: Vom Bettlersteigsattel (R 143), leicht links haltend, auf Steigspuren über die begrünte Südflanke, nahe am Kamm, hinauf zur grasigen Ostschulter des Nordgipfels, dem Ostgipfel, und etwas rechts, über den grasbewachsenen Kamm, hinüber auf den felsigen Nordostgipfel.

• 292 Nordostflanke

J., A. und Josefine Nieberl, 1909.

III (stellenweise) und II. Ca. 300 mH. 1½ Std., Abb. Seite 163.

Zugang: Von der Erfurter Hütte wie R 146 / 144, von der Bayreuther Hütte wie R 154 / 155 über das Marchgatterl zum Ampmoosboden, jeweils etwa 2 Std.

Führe: Vom Ampmoosboden über das breite, oben steil und schmal werdende begrünte Schrofenband hinauf in eine Schlucht, die zur Felskuppe des Gipfels führt und von rechts her auf den Roßkopf-Nordostgipfel.

• 293 Nordwand — Rißweg

E. Schmid, S. Moser, 1926.

VI— / A2 (zwei Stellen, frei VI), stellenweise V +, meist V und IV, teils leichter. Extreme Kletterfahrt, wenig begangen. Etwa 10 H vorhanden. Bei Regen Schlußriß zur Gipfelschlucht wasserführend. 320 mH, 7 Std., Abb. S. 163, Skizze S. 161.

Übersicht: Am Fuß der Steilwand befindet sich ein 80 bis 120 m hoher Vorbau, von dem eine von unten als Riß erscheinende Steilrampe schräg links aufwärts zieht, die bei einem hohen, wulstartigen Überhang endet. Der fast senkrechte Riß darüber vermittelt den Durchstieg zur Gipfelschlucht.

Zugang: Wie bei R 292 zum Wandfuß.

Führe: E von links her an der Stelle, wo die Schrofen unter der Ostflanke des Vorbaues am höchsten zur Wand hinaufreichen. In der Verschneidung der Flanke erst durch einen kurzen, senkrechten Riß über kleingriffigen Fels und eine abgesprengte Platte in den überhängenden Kamin auf ein Schartl am östl. Kopf des Vorbaues (40 m ü. E, V—). Fallender Quergang auf das Hauptmassiv des Vorbaues. Durch Risse und Kamine zur eingangs erwähnten Steilrampe. Über diese, an einer Höhle vorbei, nach 30 m zum hohen, wulstartigen Überhang (IV). In Reibungskletterei (V) über die folgende, glatte Rippe unter dem Überhang hindurch zur glatten, überhängenden Verschneidung mit fingerbreitem Riß. In dieser 6 m empor und Quergang nach rechts um die Rippe zum Stand oberhalb des wulstartigen Überhanges (V). An der senkrecht ziehenden Verschneidung über zwei Überhänge zu einer bemoosten Nische am Fuß eines schon von unten sichtbaren Rißdreiecks. Nun über zwei Überhänge (VI— / A2, frei VI) zur Schlüsselstelle, einem die Verschneidung sperrenden Doppelüberhang. Nach Überkletterung des hängebäuchigen Gebildes (VI—) an senkrechter Wand links aufwärts in eine Höhle (V), Rast- und Sicherungsplatz. Hierher auch direkt vom Doppelüberhang über die Rißverschneidung hinauf (V; 3 H). Nun kurzer Quergang nach rechts in die Verschneidung zurück und dort durch den langen, kaminartigen Riß (IV), nach 8 m über einen brüchigen Überhang (V) und schließlich durch den engen, anfangs überhängenden Schlußkamin (H, IV+) zur Gipfelschlucht (70 m ab Höhle). Durch sie leicht zum begrünten Gipfel.

● 294 Nordwand „Goldrausch-Führe"

L. Rieser, H. Eder, 1982, ab Pfeilerkopf, L. Rieser, W. Müller, 1983

VIII— (eine Stelle lt. Erstbegeher), VII+, VII, VI und V, stellenweise leichter. Schwierigste Freikletterei im Rofan-

Roßkopf-Nordostgipfel
293 N-Wand

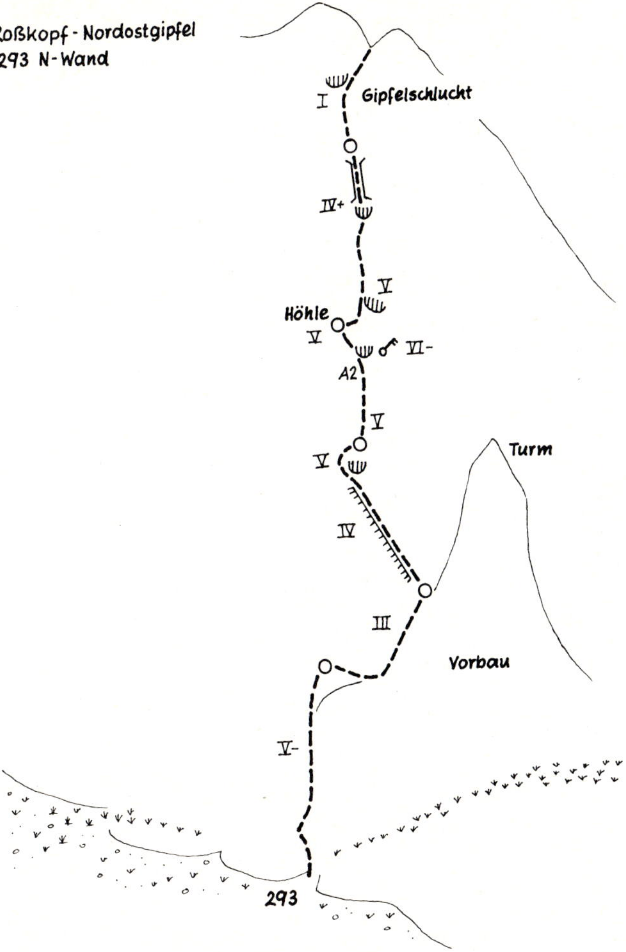

gebirge. Gesamte Höhe 360 m. 3 H vorhanden. 6 KK, 250-m-Seile und 7 Friends empfohlen. Standhaken belassen. 7—8 Std.

Vorbemerkung, Teil I: Die steile und glattwandige Nordwand des Roßkopfes wird in ihrem linken Wandteil von einem senkrechten, braunen Riß durchzogen, welcher die Wand in zwei Hälften teilt. Die Bezwingung des Risses durch E. Schmid und S. Moser im Jahr 1926 galt zwei Jahrzehnte lang als schwierigste Felsfahrt im Rofan. Eine Erkletterung des rechten, längeren und breiteren Wandteiles mit seiner glattwandigen Plattenflucht war bisher unversucht geblieben. Die nun eröffnete und nachfolgend beschriebene Führe ist eine moderne Plattenkletterei in besonders festem Fels. Die Schlüsselstelle (VIII—) im unteren Wandteil befindet sich etwa 8 bis 9 m über dem letzten Sicherungshaken.

Vorbemerkung, Teil II: Der Anstieg bewegt sich über die markante, plattige Rißverschneidung oberhalb des Pfeilerkopfes, zur Rechten des gelben Wandfleckes. Diese Verschneidung kann wegen der Glätte der Wand erst durch eine große Umgehung mit hoher Abseilstelle erreicht werden. Die der Verschneidung folgenden Risse ermöglichen, gleichlaufend zum in der Nähe befindlichen Nordwestpfeiler, den Weg zum Gipfel, wobei bei einer Scharte ein bequemer Ausstieg in die Westwand möglich ist.

Zugang: Wie bei R 292 zum Wandfuß.

Führe, Teil I: E knapp rechts der Fallinie des Vorgipfels bei einer markanten, langen Verschneidung. In dieser 45 m gerade empor (III+) zu einem kleinen Band. Weiter im Riß über 2 Überhänge nach 30 m (IV—) zu einem großen Band und über geschweifte Risse 8 m gerade hinauf zu Stand auf Pfeilerkopf. Nun über einen kleinen Überhang 10 m Quergang an griffiger Platte (IV+) und auf ihr 8 m gerade hinauf zu einem abschüssigen, 10 m breiten Plattenband. Auf ihm (II) 15 m nach rechts zu den dort ansetzenden Rissen. In rauhem, wasserzerfressenen Fels über Überhänge (V) dem überhängenden Riß folgend (VI) und über den abschließenden Überhang (VI+) nach 50 m zu einem Stand. Nun durch einen mäßig steilen Riß nach rechts, bis ein schräger Überhang den Weiterweg sperrt. Dieser wird mittels eines Hakens überwunden (VI), worauf man über die folgende Rißspur (VII—) nach 10 Meter bis unter ein Dach gelangt. Unter diesem quert man über Platten (V) bis zum hier ansetzenden Piazriß. Diesen 20 m hinauf (V+) und 2 m nach rechts auf einen brüchigen Pfeilerkopf (H). Nun über die kompakte Plattenwand, etwas rechts haltend, mittels Erosionslöchern, die immer spärlicher werden und schließlich ganz aufhören, 10 m gerade empor

Roßkopf-Nordostgipfel
R 292 Nordostflanke
R 293 Nordwand

Foto: E. Schmid

(7 m V und VII—, 3 m VIII—) zur Rampe, welche schräg links aufwärts führt. Stand. Nun auf der Rampe (II) und durch die folgende Rißverschneidung (IV—) nach 30 m zum Stand am Pfeilerkopf.

Führe, Teil II: Vom Pfeilerkopf etwa 5 m gerade empor bis knapp unter das Schrägdach. Quergang nach links über den Wasserstreifen (V). Über die folgende schmale, schräg links hinaufziehende, spitzwinkelige Verschneidung und den abschließenden Überhang (VII). Hierauf rechts in der Platte zu Stand (2 SH). Nun über die Wolfi-Platte (VII), leicht links haltend, empor, bis man nach etwa 5 m über ein wasserzerfressenes, 2 m hohes, schwarzes Wandl (VI+) eine Rißspur erreicht, welche nach rechts zum linken oberen Rand des auffallenden Daches leitet, unter dem sich der markante, weißlich-gelbe, schildförmige Wandfleck befindet (VI). Nun nicht die schwarze Wasserrinnenverschneidung empor, sondern mittels der beiden vorhandenen Haken mit Schlinge mittels Seil-Quergang schräg rechts nach etwa 40 m zum Riß unterhalb der markanten Plattenrißverschneidung (1 ZH) hinab, welche bereits von unten sichtbar ist. Nach Gewinnung des anfangs sehr brüchigen Rißansatzes etwa 7 m unterhalb des Rißdaches über die hier beginnende Rißverschneidung nach 4 m zum Stand unter dem Dach. Der folgende Hand/Faust-Piazriß, welcher 20 m bis zum Ende verfolgt wird, bietet herrliche Kletterei (V). Vom Rißende (1 ZH) über einen luftigen 2-m-Linksquergang (mit den Füßen über den brüchigen, an der Wand klebenden gelben Felsschuppen) in einen feinen, leicht überhängenden Fingerriß, dem man 5 m bis zu seinem Ende folgt (VII). Über einen weiteren 2-m-Linksquergang (VII+) zum Ende eines breiteren Parallelrisses, durch den man nach 2 m das angepeilte Rißdach an seinem linken Rand gewinnt (VI+); guter Stand. Der von hier schräg rechts hinaufziehenden Rißspur (V) folgend, nach 6 m in eine große Verschneidung (IV). In ihr nach 30 m auf eine Schulter, nach der man in den links beginnenden geneigten Rissen Stand findet. Im folgenden Rißsystem, welches sich oben zu einem kurzen Kamin erweitert, nach 40 m (III) zu einem Stand. Eine große Verschneidung wird in ihrer linken Plattenwand (IV) erklettert (nach 35 m Stand); knapp links der erreichten Überhänge über eine Kante (IV—) nach 10 m auf einen Absatz. In den links ziehenden Schrofen (III) 20 m auf einen Pfeilerkopf, und durch die Gipfelwand über einen Riß (IV—) zum Ausstieg.

Abstieg: Über den Roßkopf-N- oder den O-Gipfel.

● **295** **Westwand vom Ampmoosboden**
E. Schmid, J. Huber, F. Pfeifer, 1924. Vom Bettlersteigsattel aus: H. Eichhorn, E. Gretschmann, W. Fischer, 1920.

V / A3 (eine Stelle), überwiegend IV, selten leichter.
Ca. 350 mH vom Trichtereinstieg. Insges. 4½ Std.

Zugang: Wie bei R 292. Dann den Trichterweg der Seekarlspitze-Nordwand (R 264) hinauf bis in Höhe des großen Nordwandbandes; 2½ Std.

Führe: Nun in der Trichterschlucht stets links aufwärts. Eine etwa 8 m hohe, kantige Rippe führt im Trichter zu einer morschen, rund 10 m hohen Stufe, die an ihrer linken Verschneidung mittels H überklettert werden muß (V / A3). Nun an der Trichterkehle über zwei kurze Stufen hinweg aufwärts. Etwa 1½ SL oberhalb dieser brüchigen Stufe verläßt man den Trichter und betritt eine massige, östl. ansteigende Plattenrampe, die unschwierig zu einem auffallenden Wandkessel überleitet. Hier rechts durch eine Rinne zu einem Schartl, dann weiter in gleicher Richtung um die Kante und schräg rechts empor auf ein schmales Band. Über den darüber ansetzenden Einriß hinweg, und links in einer Rinne empor, die zum Gipfelsockel führt. Nun um die Westkante auf den begrünten Scheitel.

● 296 Rofanspitze, 2259 m

Aus der schmalen Kerbe des Bettlersteigsattels steigt die Westflanke des massigen Rofanstockes schrofig, grasig und felsdurchsetzt empor. Der durchwegs grasbewachsene Gipfelrücken erreicht zuerst den Westgipfel und schwingt sich dann zum Hauptgipfel empor, um östlich davon sich langsam zum Schafsteigsattel hin abzuflachen; der Rücken ist fast 1½ km lang. Nach N fällt er vom Kamm aus erst in steilen Grasbändern, dann in senkrechten Felswänden in den Ampmoosboden und zum Kessel der Hirschlake ab, bis er südwestl. des Marchgatterls, knapp östl. des vorgelagerten Rofanturms, scharf nach S umbiegt. Die Ostseite fällt erst in steilen Felswänden, dann in Schrofen, steilen Grashängen und Felsbändern ab.

● 297 Rofanspitze-Westgipfel, 2221 m

Der Westgipfel, der erste Kulminationspunkt des Gipfelrückens östl. des Bettlersteigsattels, erscheint von N wie von S nur als unbedeutender Kammbuckel.

● 298 Vom Bettlersteigsattel
¼ Std. Pfadspuren.

Anstieg: Vom Sattel (R 143) genau östl., auf Steigspuren sofort steil empor zu einer Graskuppe, dann noch etwas steiler zum Kammrücken empor und zum höchsten Punkt.

● 299 **Nordwestwand**
H. Eichhorn, A. Bonacossa, R. Botsford, 1912.
V, stellenweise auch leichter. Selten begangen.
Ca. 300 mH. 3 Std.

Übersicht: Der untere Teil der Wand wird von rechts unten nach links oben von einer Steilrampe durchzogen, die im oberen Teil in der Falllinie des Gipfels in einem auffallend dunklen Kamin endet.
Zugang: Von der Erfurter Hütte wie R 146 / 144 in 1¼ Std., von der Bayreuther Hütte wie R 155 / 154 in 2¼ Std. auf dem Bettlersteig bis zu der Stelle, wo er den Fuß der Wand trifft. Hier E.
Führe: Vom E über die Rampe empor zu ihrer Kante zur Linken; rechts davon eine flache Verschneidung, die nur wenige Meter verfolgt wird. Nun links zu einem Riß, welcher sich oben zum Kamin erweitert; von dessen Ende 15 m waagrecht nach links auf schmalem Band bis zu einer Schrofenrinne, die geradeauf zu einem dunklen Überhang leitet. Unter diesem durch nach rechts zu glatten Platten. Hier zwischen diesen und dem Überhang hinauf nach rechts zum Schlußkamin, der ganz durchklettert wird und auf versandete, brüchige Schrofen leitet. Über diese 100 m hoch zum Gipfel.

● **300—301** frei für Ergänzungen.

● **302** **Rofanspitze-Hauptgipfel,** 2259 m

Etwa 750 m östl. des Westgipfels erreicht der sanft östl. ansteigende Kammrücken in einer felsdurchsetzten kleinen Kuppe seine höchste Erhebung. Gipfelkreuz. Abb. Seite 173.

● **303** **Von der Grubascharte**
20 Min., rot bez., deutlicher Weg.

Anstieg: Von der Grubascharte (R 146) folgt man zunächst R 148 ohne Steigung in Richtung Schafsteigsattel, biegt jedoch bald links ab und steigt auf deutlichen Serpentinen über die steilen Grashänge zum Kamm empor und auf diesem östl. zum Gipfel.

● **304** **Vom Westgipfel**
15 Min., rot bez., Pfadspur. Stellenweise ausgesetzt.

Übergang: Vom Westgipfel geht man auf dem anfangs sehr schmalen und ausgesetzten Grat oder unmittelbar dicht unterhalb zum Hauptgipfel hinüber.

● **305** **Von der Schermsteinalm**
1¼ Std.

Anstieg: Von der Schermsteinalm (R 80 / 87) über die Melkerstiege steil hinauf bis zu den verfallenen Almhütten „Am Lemperer"; ab hier hält man sich deutlich links und steigt über steile Matten — links ist der Grubasee zu sehen — aufwärts, bis man auf Weg R 148, von der Grubascharte zum Schafsteigsattel, trifft. Unweit dieser Stelle ist die bei R 303 erwähnte Abzweigung; wie dort beschrieben zum Gipfel hinauf.

● 306 Vom Schafsteigsattel
¼ Std.

Anstieg: Vom Schafsteigsattel (R 147) auf dem zunächst in nördl., dann in westl. Richtung führenden Kamm hinauf und über Gras und Schrofen etwas steiler zum Gipfel.

● 307 Nordwestwand, Sepp-Nieberl-Schlucht
J. Nieberl (allein), 1911.
IV und III, selten leichter. Empfehlenswerte Kletterei.
Häufig begangen. Höhenunterschied ca. 250 m. 1½ Std.

Übersicht: Die 200—250 m hohen Nordwestabstürze werden im unteren Teil von einem großen, grasigen Schichtband durchzogen, über dem sich die Wand scheinbar in drei mächtigen Türmen erhebt.

Zugang: Von der Bayreuther Hütte: Über das Marchgatterl wie R 155 / 150 bis 6 Min. oberhalb des Gatters, dann rechts ab und am Rande der zur Hirschlacke abfallenden Wand über Rasen hinan und schließlich auf Steigspuren knapp unter dem Rofanturm durch zum E zwischen dem zweiten und dritten Turm. 1 Std. 20 Min. Von der Erfurter Hütte: Über den Schafsteigsattel am Zireinerschafsteig wie R 148 / 150 bis der Steig knapp unter der Rofanspitze-Ostwand gegen das Marchgatterl rechts abbiegt. Nun unter der Ostwand und der Rofanspitze-Nordostkante — hier etwas absteigend — um den Rofanturm herum zum E hinauf. 2 Std.

Führe: Wie oben zum großen Schichtband. Der Anstieg führt in der Schlucht zwischen dem zweiten und dritten Turm empor. Von links her über steiles Geschröf in den Grund der Schlucht. Die sperrende, blockerfüllte Stufe wird rechts über den überhängenden Riß (IV) überwunden. Oberhalb der Stufe, an der linken Begrenzungswand der Schlucht, über einen Riß zu einer Schrofenrinne; nun entweder durch diese in anregender Kletterei geradeauf und schließlich durch ein Felsfenster auf den Nordostkamm; oder unter mächtigem Überhang auf einem Band nach rechts bis an sein Ende. Nun rechts auf ein Köpfl hinauf und gerade empor zu einer Nische am Fuß eines Kamins. In ihm durch ein Loch in die Höhe, oben links in den Parallelkamin und über ihn auf den dritten (westl.) Turm. Weiter am Nordostkamm rechts zum Rofanspitze-Hauptgipfel.

Variante: Vom Bandende direkt über einen kurzen Kaminschluff zum Nordostkamm.

● 308 Nordwestwand, Erster (Östlicher) Turm

● 308 a Nordwestverschneidung (Buhl-Dach)

H. Buhl, R. Schindl, 1947.

VI (einige Stellen), meist VI— und V+, selten leichter. Eine der schönsten und schwierigsten Felsfahrten im Rofangebirge; von Extremkletterern häufig wiederholt. Einige H vorhanden. 130 mH. 4 Std., Abb. Seite 183.

Übersicht: In Höhe des Rofanturmes fällt südwärts in der gegenüberstehenden Rofan-Nordwestwand ein riesiges, weitausladendes Dach (eines der größten im Rofan) auf. Dieses Dach schließt oben in 90 m Wandhöhe eine große Verschneidung ab. Die im Grunde der Verschneidung ziehenden Risse vermitteln den Durchstieg.

Zugang: Wie bei R 307.

Führe: E etwa 10 m rechts (südl.) des Rofanturmes (R 324). Über begrünten Fels und einen Riß unter das erste, die Verschneidung abschließende Dachl (20 m ü. E). Unter ihm rechts oder links heraus in den Riß darüber (VI—). In ihm über mehrere Überhänge etwa 40 m hinauf, bis zum überhängenden, braunen Fels (H, V+). Nun zwei Wege: Entweder im Riß mit Überhang (VI, V+, V) direkt zum großen Dach empor, oder fallenden Quergang nach links (8 m) in den Parallelriß. In ihm über einen Überhang und eine auffallende Rißverschneidung nach 20 m zu gutem Standplatz (VI—). Nun im Grunde der Verschneidung 10 m unter ein gelbes Dach (V). Von hier auf Leisten nach rechts auf eine graue Platte. Über diese zum großen, eingangs erwähnten Dach (VI). Erste ♂.

Variante: Über den von den Leisten senkrecht hinanziehenden Riß direkt bis zum Riesendach. Mit Hilfe der dort rechts befindlichen H und Seilschlingen kann der Quergang zur Höhle erleichtert werden. Unter dem Dach Quergang 10 m nach rechts in eine versteckte Höhle (VI), wo guter Sicherungsplatz (H). Von der Höhle über einen glatten Überhang 1½ m hinauf. Von hier, erst etwas links haltend, dann geradeauf zum H (zweite ♂), wo sich früher ein Zapfl befand. Nun steigender Quergang 3 m nach links über eine glatte, griffige Platte sehr luftig nach 10 m zu Stand (15 m, VI). Nun über gestuften Fels nach 20 m zum Grat und rechts über den begrünten Rücken zur Rofanspitze.

● **308 b Nordwestkamin (Eichhornkamin)**
H. Eichhorn (allein), 1914.
V, Höhenunterschied 130 m. 2 Std., Abb. Seite 183.

Zugang: Wie bei R 307.

Führe: Vom großen Schichtband führt der Anstieg durch den engen, moosigen Kamin zwischen dem ersten und zweiten Turm empor. Weit oben über einen Überhang (V) in den linken Ast des Kamins hinüber und zum Nordostkamm hinauf. Über ihn rechts zum Rofan-Hauptgipfel.

● **308 c Nordwestdiagonale**
H. Mariacher, V. Kruckenhauser, 14. 9. 1975.
VI (wenige Stellen), überwiegend V. Lohnende und interessante Kletterei an meist festem Fels. Die Durchsteigung des Sockels (Kleine Mauer genannt) ist auch in Verbindung mit anderen Führen durch die Nordwestwand der Rofanspitze bzw. des Rofanturmes sehr zu empfehlen, da diese dadurch wesentlich länger und anspruchsvoller werden. 260 mH. 3—4 Std., Abb. Seite 183.

Zugang: Wie bei R 148 / 150 über das Marchgatterl in 2 Std. Über Blockwerk und Schutt zum E. Dieser ist in der Fallinie des Rofanturms, 20 m links eines auffallenden, breiten Kamins unter einer 15 m hohen Verschneidung, in deren Grund sich ein schmaler Riß mit einigen Klemmblöcken befindet. Hierher ab Marchalm, knapp westl. unterhalb des Marchgatterls, in 10 Min.

Führe: Über eine anfangs glatte Wand in die Verschneidung. Diese verfolgt man bis zu ihrem Ende und quert dann nach rechts zu einem guten Standplatz. Nun waagrecht nach links unter einen kleinen Überhang, den man an seiner schwächsten Stelle überklettert. Über flacheres Gelände schräg links aufwärts zu einer kleinen Verschneidung. 10 m waagrecht nach rechts und über einen scharfkantigen Riß auf einen Absatz, von dessen rechtem Ende man über ein Kriechband einen anfangs engen Kamin erreicht. Durch diesen auf das große Grasband. Hier besteht Ausstiegsmöglichkeit am Fuß des Rofanturms.

Den Weiterweg vermittelt eine 50 m hohe Verschneidung, unweit rechts parallel zum Buhl-Dach (R 308 a), die unter gelben Überhängen endet. (In der Verschneidung und dem überhängenden Riß in ihrer Verlängerung stecken von früheren Versuchen anderer Kletterer viele unnötige H). Man folgt der Verschneidung bis zu ihrem Ende (V), hier nun nicht den H folgend durch den überhängenden Riß, sondern in herrlicher Kletterei einen schräg rechts aufwärts ziehenden Riß, der auf ein begrüntes Band führt. Auf diesem quert man so lange nach rechts, bis es, immer schmäler werdend, am Fuß einer gelbroten, teilweise überhängenden Verschneidung endet. In dieser zuerst 2 m empor, dann Quergang nach links in die glatte Wand und an kleinen Tritten und Griffen etwa 15 m gerade hinauf zu Stand auf einem kleinen Graspolster im Grund der Verschneidung (VI; ⚷; kein ZH). Nun immer im Grund der Verschneidung, ein Felsdach frei überspreizend (VI—), auf den Grat.

(H. Mariacher)

● 309 Nordwestwand, Zweiter (Mittlerer) Turm

● 309 a Kögl / Schmid / Naschberger-Führe

K. Kögl, E. Schmid, J. Naschberger, 1943.

IV und III (überwiegend). 1½ Std.

Zugang: Wie R 307.

Führe: Vom großen Schichtband wie R 307 die Sepp-Nieberl-Schlucht etwa 40 m hinauf und am Zweiten Turm in Wandkletterei schräg links aufwärts in den schon von unten sichtbaren kaminartigen Spalt. In ihm gerade hinauf und über eine Folge von Rissen stets links der Gipfelfalllinie auf den Zweiten Turm.

● 309 b „Pfeilerriß“

H. Mariacher, H. Hölzl, 1974.

VI— / A 1 und V. Schöne Felsfahrt, ideale Direttissima. Ca. 140 mH. Erforderliche H und HK vorhanden. 2 Std.

Zugang: Wie R 307 zum Großen Schichtband an der Rofan-Nordwestwand, auf dem der Pfeiler fußt. Vom Schichtband über begrünte Schrofen zum fast senkrecht (knapp nördl. der Pfeilerkante) hochziehenden Riß, der den Durchstieg vermittelt.

Führe: Im Riß etwa 35 m empor zu Schlingenstand (V, VI / A 1). Weiter 30 m geradeauf zu bemoostem Standplatz (V +). Nun direkt am tiefeingeschnittenen, handbreiten Riß (VI) empor (2 Holzkeile, einer davon am Standplatz) zu Stand auf begrüntem Absatz unter einem dreieckigen Dach. Quergang 3 m nach links über brüchiges Gestein zur Fortsetzung des Risses im Grunde einer Verschneidung. In ihr etwa 30 m empor, zuletzt über einen Überhang (V) zu gutem Stand auf einer grasigen Terrasse und 3 m links der Kante auf einen Absatz; auf ihm etwa 6 m nach links und in schöner Kletterei erst durch eine Verschneidung, dann über Wandstellen direkt auf den Gipfel.

● 310 Nordwestwand, Dritter (Westlicher) Turm

● 310 a Pfeiler-Nordwand, gerader Durchstieg („Angelikaweg“)

J. Schmidt, Angelika Winter, 1973.

IV + (eine Stelle), überwiegend IV und III. Etwa 150 mH. 2 Std.

Übersicht: Der Dritte (Westl.) Turm fällt mit markantem Pfeiler gegen das erwähnte Schichtband ab, wobei an der nordseits gelegenen, rißdurchzogenen Wand des Pfeilers der nächst der Pfeilerkante hochziehende Kamin den Durchstieg vermittelt.

Zugang: Wie R 307 auf das begrünte Schichtenband der Nordwestwand.

Führe: E etwa 10 m links des nördlichsten Sporns des Schrofenvorbaues, rechts von einem kurzen, kaminartigen Spalt (H). Zunächst über brüchige Schrofen leicht rechts haltend 35 m empor (III und IV) und geradeauf bis unter einen Überhang. Über ihn hinweg (sehr brüchig; IV+; ♂) zu H und bald zu einem Hakenstand (IV). Kurz nach rechts in eine Rinne, die nach wenigen Metern zum Stemmkamin an der Pfeilerwand — etwa 7 m links der Pfeilerkante — führt. Durch den Kamin auf den Kopf des Pfeilers (40 M; III; 1 Stelle IV; Wandbuch). Die letzten 10 m lassen sich schöner — sehr luftig und kleingriffig — auch direkt auf der Pfeilerkante erklettern (III und IV). Nun zwei Wege: Entweder schräg links in den auffallenden Riß, der oben nach rechts verlassen wird und anschließend durch den folgenden Riß zum Nieberlweg (R 307) führt, oder gerade empor über die glatte Platte direkt zum obersten Riß (35 m IV). Ausstieg wie R 307 oder deren Variante.

● **310 b Eichhorn / Nützel-Führe**
H. Eichhorn, G. Nützel, 1919.
IV (überwiegend). Selten begangene Führe.
Ca. 150 mH. 2 Std.

Zugang: Wie R 307 auf das große Schichtenband.

Führe: Auf dem großen Schichtband nach rechts zu dem steilen Schrofenkegel, der mit kurzem Überhang abbricht und von links her erklettert wird. Nun nach rechts in eine steile Verschneidung und über einen Überhang zu Schrofen; über diese zu einem Kriechband, das nach rechts leitet. Durch einen kurzen Riß und einen zweiten, der die Spitze des Schrofenkegels durchzieht, 6 m empor, dann in dessen Fortsetzung zuerst rechts haltend, dann nach links querend, zu einer Rinne. Über Schrofen nach rechts zu einer kurzen Steilwand, die über einen Riß überklettert wird und in eine große Schlucht leitet. Nach 10 m wird diese durch eine steile Wand unterbrochen, welche rechts durch einen Riß erklettert wird. Aus dem Geröllkessel rechts heraus, und schließlich nach links in einen Kamin hinüber, der oben rechts auf schmalem Grasband verlassen wird. Auf dem Band 30 m nach rechts, dann über ein kurzes Wandl zu Gras und Schrofen und auf den Nordostkamm hinauf. Über ihn auf den Rofanspitze-Hauptgipfel.

● 310 c Nordwestwand, „Katzendach"
H. Mariacher, H. Hölzl, 1975.
VII (eine Stelle), überwiegend V+. 150 mH. 3 Std.

Zugang: Wie R 307. Der E befindet sich am großen begrünten Schichtenband der NW-Wand, etwa 1 SL rechts (westl.) der Führe R 310 b in der Fallinie eines Daches (Katzendach).

Führe: Über einen schräg links aufwärts ziehenden Riß auf einen Absatz. 20 m gerade empor, dann 20 m waagrecht nach rechts über gelben Fels zu Stand unterhalb eines großen doppelten Dachüberhanges. Über eine graue glatte Wand bis unter das Dach, 8 m nach links bis an seine schwächste Stelle, die man frei überklettert, (✓; VII), kleingriffig und anstrengend. Unter dem zweiten Dach quert man an guten Griffen nach rechts heraus und hält sich dann links, immer einer Verschneidung folgend, zuletzt über einen Überhang zum Grat.

● 311 Nordwand, alter Weg
H. Eichhorn, P. Naderer, S. Dafner, 1913.
V+ / A2 (eine Stelle), meist V, stellenweise leichter.
Ca. 110 mH, 2 Std.

Zugang: Vom Marchgatterl teils am Zireiner Schafsteig (R 150) und, diesen nach 5 Min. verlassend, direkt zur Rofan-Nordostkante hinan. Dort, erst etwas absteigend, hart an der Nordwand durch einen Schluff und eine Schuttrinne zum E am großen Spalt, welcher den Rofanstock vom Rofanturm trennt. 20 Min. ab Marchgatterl.

Führe: Im weiten, tiefen Spalt durch einen Schluff im Spaltengrunde auf einen Absatz. Hier, direkt an der Nordwand, über einen Riß zu Stand. Nun in der großen Verschneidung der Nordwand über eine Folge von Rissen und Wandstellen bis in die Höhe des Turmes; über eine steile, glatte Platte (V), dann über geneigteren Fels; schließlich durch einen 20 m hohen Riß mit Überhang (V+ / A2) zum weiten Grasabsatz, der zum Schafsteig abfällt. Nun über Gras und Schrofen in einen schluchtartigen Einschnitt, welcher unter den Überhängen links verlassen wird. Über den Nordostkamm weiter zum Rofanspitze-Hauptgipfel.

Rofanspitze-Ostwand mit Rofanturm

R 313 Nordostkante
R 314 Schmid/Müller-Führe
R 314a Ostwandvariante
R 315 Ostwandkamin
R 316 Rebitsch/Spiegl-Riß
R 317 Habeler-Riß
R 318 Gwiggner/Mariacher-Riß
R 320 Boulder-Riß
R 329 Direkter Weg
R 337 Schokoladetafel, Kaminweg
R 338 Schokoladetafel, Rißweg

Foto: E. Schmid

338
337
316
329
314 a
314
315
313
318
320
317

● 312 Nordwand, neuer Weg
M. Rebitsch, R. Berger, 1947.
V+ (überwiegend), selten leichter, rasante Kletterei.
Ca. 110 mH, 3 Std.

Zugang: Wie bei R 311.

Führe: E 20 m westl. der Rofan-Nordostkante oberhalb des Schluffes beim markanten Felszapfen (R 311). Über dessen rechten Riß und die anschließende, rißartige Verschneidung auf einen Felskopf. Von links nach rechts in eine Verschneidung unter einen großen Überhang. Über diesen und durch die folgende Verschneidung unter ein Dach. Hangelquergang nach rechts und Quergang bis zu einem senkrechten Riß. Durch diesen auf die grasigen Schrofenhänge und über den Nordostkamm zum Rofan-Hauptgipfel.

● 313 Nordostkante
H. Eichhorn, E. Gretschmann, 1920.
V (überwiegend), selten leichter. Diese Führe ist mit der alten Route Eichhorns nicht identisch und verläuft wesentlich direkter. Schöne Kletterfahrt.
Ca. 110 mH, 2½ Std., Abb. Seite 173.

Zugang: Wie bei R 311.

Führe: Hart westl. der senkrechten Kante klettert man über einen überhängenden Riß und den darauffolgenden hohen Stemmkamin unmittelbar auf ein Schartl hinan. In dem feinen, brüchigen Riß darüber, hart östl. der Kante, aufwärts und schräg links über ein glattes Wandl hinweg zum Latschenband. Von hier über den senkrecht ziehenden Riß wie R 314 zum Gipfel.

● 313 a Direkte Nordostkante (Variante zu R 313)
M. Rebitsch, R. Olbrich, 1933.
Keine weiteren Einzelheiten bekannt.

Variante: Diese direkte Erkletterung der Kante führte vom nachgenannten Schartl unmittelbar an der Kante zum Latschenband. Von dort vor dem 8-m-Riß (am rechten Rand der Latschen) über die Wand zum letzten Band. Weiter wie R 173 a zum Gipfel.

● 314 Ostwand, Schmid / Müller-Führe
E. Schmid, K. Müller, 1923.
IV / A 0 (eine Passage), überwiegend IV und III. Alle erforderlichen ZH (12) und SH (4) vorhanden. Kurze, jedoch recht lohnende Kletterei an überwiegend festem Fels. Ausgesetzt. Nicht steinschlaggefährdet. Kletterlänge 135 m. 1½ Std., Abb. S. 173, Skizze S. 175.

Zugang: Wie bei R 311.

Rofanspitze-Hauptgipfel
314 Ostwand

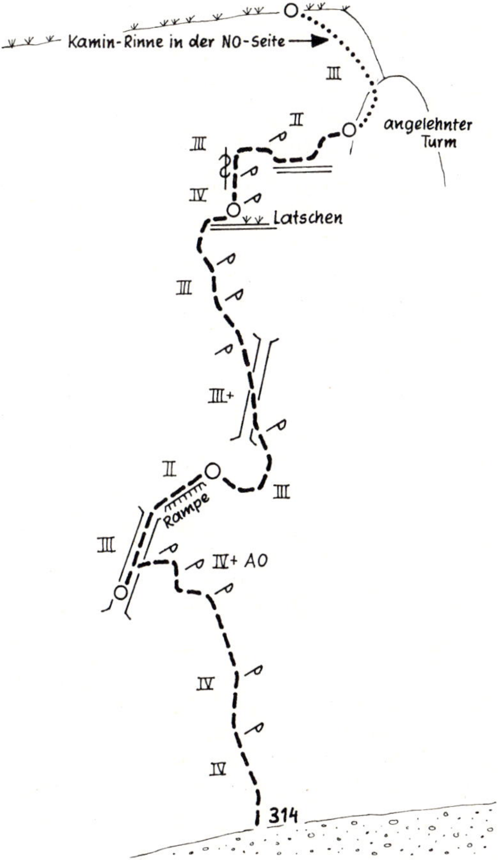

Führe: Etwa 7 m links der Nordostkante zieht schräg links ein feiner Riß durch die fast senkrechte, glatte Wand hinan, welcher oben auf ein ansteigendes Schuttband leitet. Im Riß 30 m empor (IV—), und dort, wo er waagrecht verläuft, 5 m Quergang — anfangs hangelnd — nach links (IV / A0) in einen nach unten abbrechenden Kamin, der auf ein ansteigendes Schuttband führt. Variante: Vom kurzen, waagrechten Riß (Spalt) direkt über den teils überhängenden Riß zum Schuttband oberhalb des Kamins (V—). Auf dem Band schließlich über ein Köpfl absteigend in eine Wandsenke nahe der Nordostkante. Hier links über einen engen, überhängenden Spalt in den folgenden Kamin, welcher bis zum zweiten Klemmblock überklettert wird. Nun Spreizschritt nach links und an senkrechter Wand gerade empor zu Stand. Von hier kurzer Quergang nach links (H) in eine begrünte Verschneidung und über sie auf das schon von unten sichtbare Latschenband. Hart links der Latschen durch den Riß 8 m zum nächsten Band hinauf, auf diesem nach rechts und durch ein Loch auf die Felskanzel darüber. Hier über ein über 2 m hohes Wandl zum weiten Grasabsatz (Ende der eigentlichen, 120 m hohen Wand). Weiter wie R 170 zum Gipfel.

● **314 a Ostwandvariante**
P. Dapunt, E. Schmid, 1940.
V— (überwiegend), Abb. Seite 173.

Variante: Man verläßt den Ostwandweg schon 2 bis 3 m über dem E und quert 1—2 m höher vom senkrecht ziehenden Riß aus etwa 4 m nach rechts zum letzten Tritt. Über die glatte Kante zur Rechten (H) und ziemlich geradeauf, bis man, nach etwa 30 m rechts querend (H), an senkrechter, teils brüchiger Wand über einen Riß empor die am Ostwandweg (R 314) erwähnte Wandsenke erreicht.

● **315 Ostwandkamin**
H. Eichhorn (allein), 1912.
IV— (überwiegend). Schöne Kaminkletterei an rauhem und festem Fels. Ca. 110 mH, 1 Std., Abb. Seite 173.

Zugang: Wie R 311 und über steile Schrofen unter den Kamin.
Führe: Über steile, begrünte Schrofen von rechts her zum senkrechten, tiefeingeschnittenen Kamin. Hierbei vorerst über den kurzen, überhängenden Riß zur Linken zum Kamin empor. Nun durch den engen Kamin, möglichst an seiner Außenseite kletternd, zum Ausstieg auf den weiten Grasabsatz und über den Nordostkamm zum Gipfel.

● **316 Ostwand, Rebitsch / Spiegl-Riß**
M. Rebitsch, S. Spiegl, 1947.
VI, selten leichter. Extreme, luftige Rißkletterei.
Ca. 110 mH. 2½ Std., Abb. Seite 173, Skizze Seite 177.

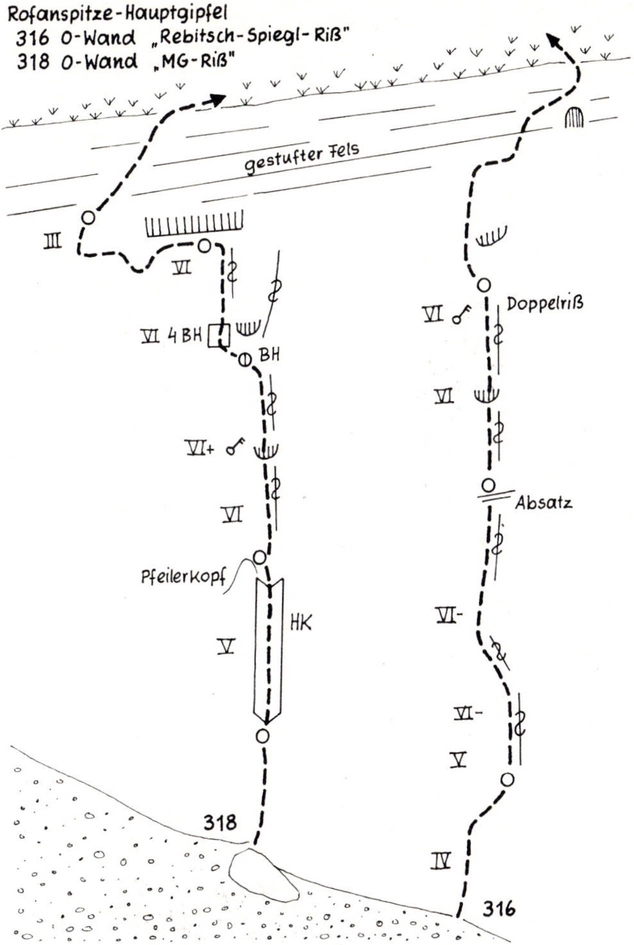
Rofanspitze-Hauptgipfel
316 O-Wand „Rebitsch-Spiegl-Riß"
318 O-Wand „MG-Riß"
gestufter Fels
III
VI
VI 4 BH
BH
VI+
VI
Pfeilerkopf
HK
V
318
Doppelriß
VI
VI
Absatz
VI-
VI-
V
IV
316

Übersicht: Der Rebitsch / Spiegl-Riß ist der 25 m südl. des Ostwandkamins (R 315) herabziehende Riß.

Zugang: Wie bei R 311 und über steile Schrofen zum E.

Führe: Über einen kurzen Riß von links her zum Hauptriß (Standhaken). Im Riß etwa 40 m hinauf zum großen Überhang. Nach dessen Überkletterung oben links über einen sehr luftigen, nach oben handbreit auslaufenden Einriß (VI, HK) auf den weiten Grasabsatz und über den Nordostkamm zum Rofanspitze-Hauptgipfel.

● 317 Ostwand, Habeler-Riß
P. Habeler, H. J. Stops, 1962.
V (überwiegend). Ca. 100 mH, 1½ Std., Abb. Seite 173.

Übersicht: Riß 40 m südl. des Rebitsch / Spiegl-Risses (R 316), der dritte Riß südl. des Ostwandkamins.

Zugang: Wie bei R 311 und über steile Schrofen zum E.

Führe: Vom E oberhalb des Zireiner Schafsteiges über den Riß bis zum gelben Überhang. Kurzer Quergang nach links und auf ein Köpfl hinauf. Den Ausstiegsriß in Reibungskletterei auf ein Grasband und über den weiten Grasabsatz über den Nordostkamm zum Rofanspitze-Hauptgipfel.

● 318 Ostwand, MG-Riß (Egon-Maier-Gedächtnis-Weg)
H. Mariacher, S. Gwiggner, 1973.
VI+ (eine Stelle), überwiegend VI und V. Extreme Kletterei. Die meisten ZH und SH sind vorhanden; Mitnahme einiger KK erforderlich. Ca. 110 mH. 3 Std., Abb. S. 173, Skizze S. 177.

Übersicht: Markanter Riß zwischen Habeler-Riß (R 317) und Rebitsch / Spiegl-Riß (R 316) mit breitem Dachabschluß.

Zugang: Wie R 316 in der Fallinie des Risses am Fuß einer auffallenden, glattwandigen, etwa 20 m hohen Pfeilerverschneidung.

Führe: Im Grunde der Verschneidung empor (V; 1 HK) auf den Pfeilerkopf (H) und zum überhängenden Riß. Durch den Riß (eine Stelle VI+, VI und V; KK nötig) zu Schlingenstand bei der Rißgabelung (mehrere H, 1 BH). Über den kurzen, schräg links ziehenden Riß und die folgende glatte, grifflose Wand (4 BH) hinweg und in Wand- und Rißkletterei (VI, 3 H) bis unter den schon von unten auffallenden, weitausladenden dachartigen Überhang. Quergang unter ihm 6 m nach links (VI) zu vorgebauter Rippe (VI), etwas absteigend um diese herum und links aufwärts auf ein Grasband. Von dort über eine kurze Wandstelle zu den begrünten Hängen des Gipfelrückens.

Rofanspitze-Hauptgipfel
320 O-Wand „Boulder-Riß"

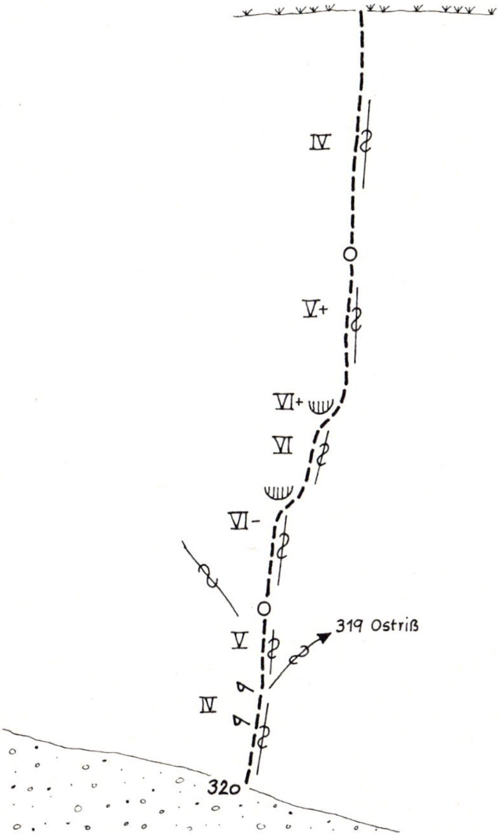

● 319 Ostwand, Ostriß

P. und T. Rubisoier, B. Jenewein, 27. 6. 1976.

IV + (Einstieg), meist V. Einige KK erforderlich. 1 Std.

Übersicht: Es handelt sich um den südlichsten Riß, links des Habeler-Risses (R 317).

Zugang: Wie bei R 317.

Führe: Einige Meter auf ein Köpfl hoch, dann Quergang 2 m nach rechts. Nun über die Platte leicht links haltend empor (V) und wieder zurück in den Riß. Etwa 10 m in ihm empor bis zu einem kleinen Absatz und Quergang nach rechts in den Parallelriß. Durch diesen 20 m empor zu Stand. Von hier über wesentlich leichteres Gelände zum Schafsteig (R 150) und über den Schafsteigsattel zum Hauptgipfel.

(B. Jenewein)

● 320 Ostwand, Boulder-Riß

L. Rieser, R. Schiestl, 1979

V und IV—. 2 SH vorhanden. 75 mH. ½ Std., Abb. S. 173, Skizze S. 179.

Übersicht: Links des Habeler-Risses (R 317) zieht ein steiler Piazriß leicht schräg rechts zum großen Grasband hinauf.

Zugang: Wie R 317.

Führe: E gleich dem Rubisoier-Riß (R 319) direkt beim Zireiner Schafsteig. Durch den Einstiegsriß (IV +, 2 H), bis dieser nach wenigen Metern nach rechts abzweigt. Hier am Boulder-Riß gerade hinauf. Stets dem Riß folgend, überklettert man 2 Überhänge und erreicht nach 50 m einen Stand. Nun über die restlichen 25 m (IV) auf das breite Grasband unweit des Zireiner Schafsteiges.

● 321 Nordwandsockel, Kleine Mauer

H. Mariacher, R. Schiestl, L. Rieser, B. Schwarzenlander, 1977

VI und V. Schöne Kletterei an äußerst rauhem Fels; Faust- und Schulterrisse im oberen Teil. 90 mH. ¾ Std., Skizze S. 181.

Übersicht: Die östliche Verlängerung des Wandsockels unter dem Rofanturm bietet steile, hellgraue Platten, die ganz links von einem senkrechten Riß durchzogen sind, der den Anstieg vermittelt.

Führe: E knapp links der Fallinie des Risses. Über rauhen, wasserzerfressenen, schwarzen Fels direkt nach rechts in den Riß (V) und in diesem (IV, V—) 45 m gerade hinauf zu Stand unter einem Rißüberhang. Nun über diesen (VI) hinweg und den Rissen folgend nach 45 m (V und VI) zu Stand. Noch 10 m gerade ampor zum Grasrücken.

Rofanspitze-Hauptgipfel
Nordwandsockel
321 „Kleine Mauer"

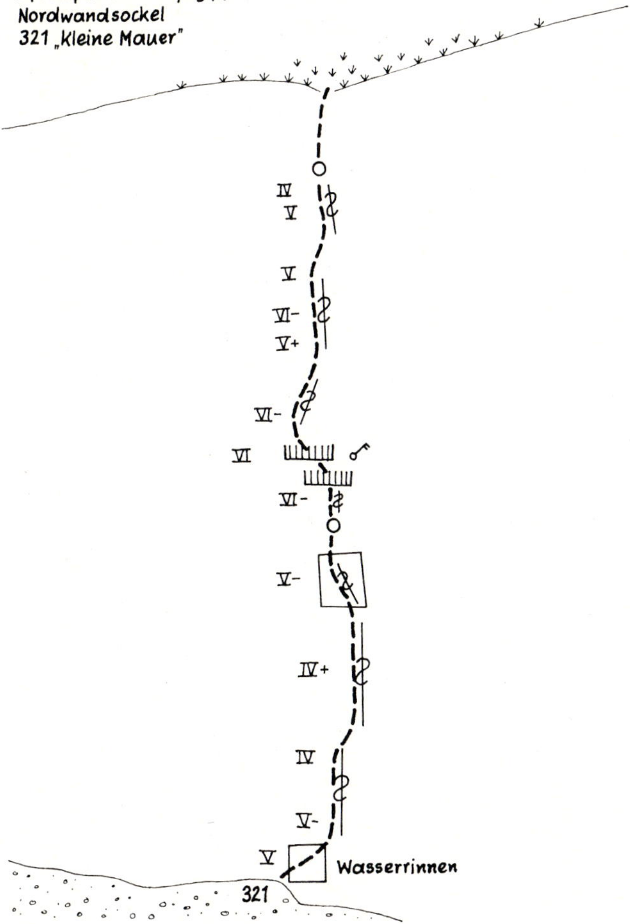

★ **322 Skitouren und -abfahrten**

Der Standardaufstieg zur Rofanspitze folgt den Routen R 258 bzw. R 259 von der Erfurter Hütte bis unterhalb des Roßkopf-Südgipfels oder bis zur Grubascharte. Von dort auf dem Sommerweg, R 303, die linksseitigen Hänge aufsteigend querend, auf den Gipfel. Da Abstiege über den Bettlersteig- oder Schafsteigsattel nach N oder NO meist an der unsicheren Schneelage (Wächten; Lawinengefahr) scheitern, bleibt nur die Abfahrt am Aufstiegsweg zurück zur Erfurter Hütte und hinab nach Maurach. Eine besonders genußvolle, große Erfahrung voraussetzende Abfahrt aber führt über 1700 Höhenmeter in südl. Richtung hinab nach Wiesing. Man hält sich vom Gipfel ziemlich genau südl. und fährt über Buckelhänge von links in den sich öffnenden Tobel hinein; dabei ist die Felsstufe der Melkerstiege dicht oberhalb der Schermsteinalm zu überwinden. Von hier weiter, an der Wiesinger Skihütte und am Iß-Köpfl vorbei, bis zur Alpiglalm, von wo man die in Kehren abwärts ziehende Forststraße benützt. Die ebenfalls genußvolle Höhenwanderung über Schafsteigsattel und Sagzahn zum Vorderen Sonnwendjoch enthält den drahtseilversicherten Steig durch die Sagzahnwand. Abfahrt vom Vorderen Sonnwendjoch zur Bayreuther Hütte ist nur bei ganz sicherer Schneelage (Wächtenbildung!) möglich.

● **323** frei für Ergänzungen.

● **324** **Rofanturm,** 2110 m (Abb. Seite 173, 183)

An der NO-Kante des Rofanstocks, etwa dort, wo der Kamm nach S abbiegt, erhebt sich der steile, schlanke Rofanturm, früher auch Eichhornturm genannt. Turmhöhe 100 m; der Turm bietet eine Serie reizvoller Klettereien. Erste Ersteigung durch H. Eichhorn und G. Schmidt, 1914. Abstieg durch Abseilen, s. R 333 A.

● **325** **Westwand, Schmidweg**

E. Schmid, H. Hörtnagl, 1925.

IV+ (eine Stelle), überwiegend IV und III. Diese Führe, auch Spiral- oder Quergangsweg genannt, zählt zu den schönsten und interessantesten Klettereien des Rofangebirges. Erforderliche H vorhanden. Ca. 100 mH.

1½—2 Std. Abstieg s. R 333 A, Abb. Seite 183.

Rofanturm mit Rofanspitze-Nordwestwand

R 308a Nordwestverschneidung (Buhl/Dach)
R 308b Nordwestkamin (Eichhornkamin)
R 308c Nordwestdiagonale
R 325 Westwand, Schmidweg
R 326 Westwandverschneidung
R 327 Westkante
R 328 Nordwand

Foto: E. Schmid

327
325
308 a
308 b
325
326
328
308 c

Zugang: Wie bei R 311 zum großen Schichtband und pfadlos um den Fuß des Rofanturms herum.

Führe: Vom Schichtband im tiefen, zwischen Nordwestwand und Turm befindlichen Einschnitt über eine Rinne in den Kamin, zuerst an seiner Außenseite kletternd empor und über einen Überhang und einen Schluff auf ein Geröllband. Hier, am Kaminende, spaltet sich der Turm vom Rofanstock. 6—8 m oben wird der breite Spalt von riesigen Klemmblöcken gesperrt, die eine Gewölbedecke bilden. Nun vom Band über eine abgespaltene Felsrippe bis zur Decke hinauf. Hier Hangelquergang 1 m westl. mit Hilfe eines waagrechten Risses, und, über einen abgespaltenen Block kriechend, in das „Heiliggeistloch". Aus dem Loch ins Freie und geradeauf über zwei Überhänge zur freien Abspaltung des Turmes vom Rofanstock. Hier zieht ein luftiges, waagrechtes Band in die Westwand hinein, das man über eine Unterbrechungsstelle bis zu seinem Ende verfolgt (H). (Bis hierher E. Schmid (1925) im Alleingang). Nun nordwestl. auf den Kopf einer abgespaltenen Platte hinab und schräg links aufwärts zum Abseilring (2 H) am unteren Ende eines feinen Risses. Hier Quergang in die Nordwand des Turmes: Abseilfahrt, etwas links haltend, 15 m auf eine Leiste an glatter Wand, waagrechter Seilzugquergang 2 m an die senkrechte Kante der Nordwandverschneidung (dahinter H) und schräg links (IV+) in den Grund der Verschneidung zu einer Nische (22 m ab AH). Nun geradeauf in einen Riß und unter den rotgelben Überhängen auf einer Leiste (H) nach links zu Stand- und Sicherungsplatz (H). Weiter auf begrüntem Fels über einen Absatz direkt zum kaminartigen Spalt empor und über ihn auf eine Kanzel. Hier waagrechter Quergang nach links in die Ostwand des Turmes, über einen kurzen, begrünten Riß auf den Sockel unter der Gipfelplatte und am Grat zur Rechten auf den Rofanturm.

● 326 Westwandverschneidung

E. Schmid, H. Hörtnagl, 1925.

V— und IV. Einzelheiten laut Führe. 1 Std., Abb. S. 183.

Zugang: Wie bei R 325.

Führe: Gleichlaufend zum Schmidkamin zieht durch die Westwand eine kaminartige Verschneidung empor. In dieser unter Benützung des eingeschnittenen Kamins zum ersten, überhängenden Abschluß. Nun links über die Kante hinan (V—) zum nahen Stand unter dem Abseilhaken der Westwandführe. Weiter wie bei R 325.

● 327 Westkante

H. Buhl, W. Girardi, 1946.

VI—. Extreme Variante zur R 325. 2 Std., Abb. Seite 183.

Zugang: Wie bei R 325 über die Westwand zur Abseilstelle am großen Quergang.

Führe: Vor dieser Abseilstelle am waagrechten Bandende (H) zuerst über einen Riß geradeauf und schräg rechts an die Westkante. Nun direkt über die Kante, anfangs etwas brüchig, dann im festen Fels empor. Schließlich über einen glatten Riß und den folgenden Überhang auf den Scheitel des Turmes.

● 328 Nordwand
K. Kögl, A. Gruber, 1939.
VI und V. 2½ Std., Abb. Seite 183.

Zugang: Wie bei R 325.

Führe: Im Riß der großen Nordwandverschneidung über einen Überhang empor bis unter den weitausladenden Überhang. Hier Quergang nach links zu gutem Stand (40 m ü. E). Nun zum Spalt hinauf und in ihm über den Überhang (VI), dann geradeauf zur Nische. Weiter wie R 325 am Westwandweg zum Gipfel.

● 328 a Direkter Ausstieg zu R 328
M. Rebitsch, S. Spiegl, 1947.
VI; Einzelheiten laut Führe.

Führe: Der direkte Ausstieg zur Plattform unterhalb des Gipfels über die Nordwand führt in ¾ Turmhöhe direkt über den überhängenden, brüchigen Riß an der rotgelben Verschneidung zur Plattform am Westwandweg und von dort schräg rechts zur Gipfelplatte.

● 329 Ostwand, direkter Weg
E. Schmid, K. Müller, 1923.
VI (Ostwandspalt), sonst IV. Einige H vorhanden. 1—1½ Std., Abb. S. 173.

Zugang: Wie bei R 325 und von links her zum Spalt hinauf.

Führe: Über den engen, überhängenden Spalt 6 m auf einen Absatz empor (VI). Hier Quergang nach links in die Wand hinaus: Zuerst etwas absteigend ein paar Tritte nach links und über begrünten, fast senkrechten Fels auf ein kurzes Band empor — oder nur kurz (etwa 2½ m) im Spalt empor, dann links in der glatten Ostwand (mehrere H und Seilschlingen) geradeauf zum erwähnten Band (IV—). Nun links um die Kante herum, dann geradeauf und über brüchigen Fels auf ein Köpfl gegenüber dem großen Klemmblock in der Abspaltung zwischen Rofanturm und Rofan-Nordwand. Nun über einen Riß und begrünten Fels gerade empor zu einem Stand (H). Von da zum hier oben wieder ansetzenden Spalt und über ihn, bis er überhängend wird. Dort Spreizschritt nach rechts und über die nahe, abschließende Rippe hinweg in den Nordwandspalt hinüber. Weiter über den kaminartigen Spalt wie R 325 zum Gipfel.

● 330 Variante über den Ostschluchtkamin
E. Schmid, M. Rudolph, K. Müller 1923.
IV und III. 1 Std.

Zugang: Wie bei R 311 in die Ostschlucht.

Führe: In der Schlucht über den ersten Absatz in den tiefeingeschnittenen Kamin. In ihm stemmend, einmal unter ein Loch durch, nach 20 m auf einen Geröllabsatz. 2 Klemmblöcke vermitteln den Weiterweg. In der Fallinie des hinteren Blockes hinan und mit zwei Spreizschritten auf den vorderen Block am Außenrande des Kamins. Hier 2—3 m Quergang auf das erwähnte, begrünte Köpfl des Ostwandweges.

● 331 Südwand
H. Buhl, R. Schindl, 1947.
VI+ (eine Stelle) und V. Einige HK erforderlich. 3 Std.

Zugang: Wie bei R 325.

Führe: Die eigentliche, freistehende Südwand des Rofanturms fällt 26 m tief zur Scharte zwischen Turm und Rofan-Nordwand ab. Über die Ostschlucht zwischen beiden zum waagrechten Geröllband unter den beiden Klemmblöcken und wenige Meter ansteigend durch die unterste Abspaltung zwischen Turm und Nordwand hindurch zum Westwandkamin (Schmidkamin). Weiter wie R 325 über das Heiliggeistloch zur freien Abspaltung des Turmes von der Rofan-Nordwand. Hier an der Südwand des Turmes einige Meter geradeauf und über den schrägen Riß an der glatten Wand bis unter den großen Überhang (V), welcher über den schmalen Steilriß zur Rechten (Holzkeile nötig, VI+) überwunden wird und sodann geradeauf kletternd auf einen Standplatz führt; hier noch 3 m hinan zur plattigen Nische der Abseilstelle unterhalb der Gipfelplatte (H). Nun kurzer Quergang nach rechts in die Ostwand und über das Nordgratschartl auf den Rofanturm.

● 332 Überschreitung Rofanspitze-Nordwand — Rofanturm
H. Eichhorn, G. Schmidt, 1914, anläßlich der ersten Ersteigung des Rofanturms.
IV. Selten wiederholt, nur in Verbindung mit R 311 zu empfehlen. 2½ Std.

Zugang: Wie bei R 311.

Führe: Von der Nordwand (R 311) entweder durch einen 2 m tiefen und etwa 1½ m weiten Sprung am Spaltenende zwischen Rofanstock und Turm auf eine südöstl. des Gipfelsockels befindliche Plattform —

oder von dem H hinter dem Nordwandzacken gegenüber der Gipfelplatte des Turms ein paar Meter in den Spalt abseilend, durch Pendeln zum Abseilring an der Südwand des Turms hinüber und rechts zum Gipfel.

● **333 A Abstieg vom Rofanturm**
E. Schmid, K. Müller, 1923.
III, zwei oder dreimal abseilen. Erforderliche AH vorhanden. Etwa 1 Std.

Abstieg: Zunächst zwei Möglichkeiten. Vom AH an der Gipfelplatte direkt durch rund 30 m hohe Abseilfahrt zur Abspaltung des Turmes vom Rofanstock, oder kürzer: Vom begrünten Sockel knapp unter der Gipfelplatte von Osten her über ein fallendes Band und abgesprengte Platten zur schmalen Felsnische an der Südwand, wo sich der Abseilring befindet. 23 m bis auf den obersten Grund des Spaltes hinab und über Schutt südwestl., hart an der Rofanwand, durch ein Loch hinab zum nächsten H. Hier den Schmidkamin hinunter durch ein- bis zweimaliges Abseilen und zum Ausstieg.

● **334—335** frei für Ergänzungen.

● **336** **Schokoladetafel,** 2165 m

Die im Rofan-Hauptkamm zwischen Rofanspitze und Sagzahn liegende, unbedeutende Erhebung fällt nach O als glatte und eigenartig geschweifte Felswand ab.

● **337 Kaminweg**
E. Schmid, S. Moser, 1926.
III+. Beliebte Übungskletterei. Einzelheiten laut Führe. ½ Std., Abb. S. 173.

Zugang: Wie R 155 / 150 oder 148 / 150 bis zur Stelle, wo der Zireiner Schafsteig an seiner südlichsten Kehre scharf rechts zum Sattel emporzieht (35 Min. vom Marchgatterl). Hier links über eine kleine Felsstufe und Schrofen zum Fuß der eigenartig geschweiften Wandtafel, die von zwei Rissen durchzogen wird. Der rechte, in Kantennähe befindliche Riß dient als Anstieg.

Führe: Vom tiefsten Punkt der Wand erst schräg rechts aufwärts und nach 30 m zum Stand neben der Kante. Im darüber befindlichen Riß zum Ausstieg.

● **338 Rißweg**
E. Schmid, S. Haim, 1945.
V—. Einzelheiten laut Führe. 1 Std., Abb. Seite 173.

Zugang: Wie bei R 337.

Führe: Wie in R 337 zum Stand (30 m ü. E) und unschwieriger Quergang zum unteren Ende des Parallelrisses zur Linken. Über den glatten Riß (H) und seinen überhängenden Abschluß zum Ausstieg.

● **339** frei für Ergänzungen.

● **340** **Sagzahn**, 2228 m

Von O als kühner Felszacken zu sehen, hebt sich der Sagzahn südl. der Schokoladetafel aus dem immer noch genau nach S ziehenden Hauptkamm als markanter Gipfel heraus. Seine Wände brechen nach O teils glatt, teils zerklüftet ab. Von S her, auf dem Kammweg, fällt der Sagzahn dagegen nur als bucklige Erhebung auf. Abb. Seite 193.

● **341** **Vom Schafsteigsattel**
Bergwanderung über die Westwand; 90 m langer, drahtseilgesicherter Steig. 70 mH, 40 Min.

Anstieg: Man hält sich vom Schafsteigsattel (R 147) genau nach S, verläßt bald den westl. abbiegenden, breiteren Weg und steigt auf dem allmählich ansteigenden Kamm gegen den Felsaufbau des Sagzahns an. Nun entweder über den Klettersteig, der mit Drahtseilen und Stiften gesichert ist, zum Gipfel — oder vor dem Felsaufbau rechts abwärts, und in weitem Bogen den Felsaufbau südl. umgehend, bis man auf einem alten Schafsteig zu dem Sattel südl. des Gipfels hinaufsteigen kann. (Nicht leicht zu finden; Orientierung nach links oben an der Einsattelung im Kamm!). Nun auf dem Kamm nach links zum Gipfel.

● **342** **Vom Vorderen Sonnwendjoch**
Bergwanderung, deutliche Wegspuren. 20 Min.

Anstieg: Vom Vorderen Sonnwendjoch, (R 353) auf dem nur leicht abfallenden breiten Kammrücken in nordwestl. Richtung zu dem bei R 341 erwähnten Sattel und von dort über den Kamm zum Gipfel.

● **343** **Von Südosten über das Bockkarband**
III (bis zum Bandsystem), im oberen Teil II und leichter. Selten begangen. Ca. 380 mH, 2½ Std.

Übersicht: An der Sagzahn-Südostflanke zieht ein breites, allmählich schmäler werdendes, abwärts geneigtes, begrüntes Band in den nördl. Bereich der Ostwand des Vorderen Sonnwendjoches hinein. Dieses Band vermittelt den Anstieg und muß zunächst erreicht werden.
Zugang: Von der Bayreuther Hütte auf bez. Weg wie R 155 bis zur Kehre unterhalb der Zireineralm (20 Min.). Nun pfadlos kurz südwestl. (bald Trittspuren) in wenigen Min. in eine Hochmulde. Über ihren rechten, oberen Rand hinweg aufwärts in das blockbesetzte Kar und direkt über steile Schrofen und Schutt zum E. 1 Std.

Sagzahn-Südostwand
R 344 Südostwand
R 344a Variante zu R 344

Foto: E. Schmid

Führe: Links (südl.) der mauerglatten Ostwände des Sagzahns zieht eine kurze Schlucht zu einer Felskanzel hinauf. E links dieser Schlucht über ein kleines, waagrechtes Band. Über dieses Band und durch die Schlucht auf die Felskanzel. Von hier über das unterste, rechts aufwärts ziehende Grasband bis zu seinem Ende. Hier geradeauf über grasdurchsetzte Schrofen und über ein weiteres Band auf das große Band hinauf. Auf diesem aufwärts in das Bockkar, weiter zum Sagzahn-Ostgrat und über ihn auf begrünten Schrofen zum Gipfel.

● 344 Südostwand (Südostkante)
E. Schneider, P. Hardegg, 1927.
V (wenige Stellen), überwiegend IV, ab Grasgelände II und I. Schöne, interessante Kletterei. Ca. 350 mH, 3 Std., Abb. S. 189.

Übersicht: Der Sagzahn fällt an seiner Südostflanke unten mit steiler, glatter Wand ab, die von zwei Rissen durchzogen wird, die den Durchstieg vermitteln.

Zugang: von der Bayreuther Hütte R 150 / 343 zu den Sonnwendjochwänden und darunter rechts über ein breites Schrofenband zum E oberhalb einer Wandstufe. E am unteren Ende des linken, kaminartig verlaufenden Risses.

Führe: Über gestuften Fels erst schräg rechts an eine glatte Kante und von dort mit weitem Spreizschritt nach links, einen Überhang umkletternd, in den kaminartigen Einriß, welcher bis kurz nach seiner überhängenden Engstelle verfolgt wird (IV). Rechts oben, an überhängender Wand, ziehen zwei Risse herab, von denen der rechte den Durchstieg vermittelt. In Wandkletterei zum linken Riß hinan, Quergang mit weitem Spreizschritt in den rechten und über den überhängenden 8-m-Riß (V) auf ein Band. Nun über den Überhang der darauf folgenden Verschneidung links hinweg in eine grasige Steilrinne und über zwei Stufen zum Bockkar; schließlich über die steile, begrünte Südostflanke zum Gipfel des Sagzahns.

● 344 a Direkter Weg, Variante zu R 344
S. Spiegl, S. Haim, 1947.
V+ bis zum 8-m-Riß. Insges. 3 Std., Abb. Seite 189.

Variante: E unweit rechts des Normalweges über einen abgespaltenen Vorbau. Im darüber befindlichen, anfangs engen und glatten Riß über zwei Überhänge hinweg zum 8-m-Riß. Weiter wie bei R 344.

● 345 Ostwand, Pfeilerverschneidung
E. Schmid, E. Moser, 1926.
V (untere Wandhälfte), im oberen Teil IV. Klettertechnisch

interessante, abwechslungsreiche Führe, in der 1. SL teils begrünt und mitunter naß. 350 mH, 5 Std., Abb. Seite 193.

Übersicht: Der untere senkrechte Wandgürtel der Ostwand ist von der oberen Wandhälfte durch ein langes Schichtband getrennt. der Sagzahn-Ostgrat fällt unten, gegen Südosten, mit einem senkrechten Pfeiler ab. Dieser bildet nordseits mit dem unteren Wandgürtel eine mächtige Verschneidung, die den Durchstieg vermittelt.

Zugang: Wie R 70 / 196 zum breiten Schrofenband, dem man bis an sein Ende folgt. E knapp rechts eines abgespaltenen Vorbaues am linken Rande der Pfeilerverschneidung.

Führe: Über eine kurze Wandstufe hinweg in einen engen, überhängenden Kamin, der aber nur 2—3 m verfolgt wird. In der dort abzweigenden, kurzen Verschneidung unter Benützung seines Risses schräg rechts zu einem Köpfl (V). Nun in Wandkletterei mittels eines feinen Risses über steile, grasdurchsetzte Platten (H, A2) zu einer begrünten Nische (35 m ü. E). Nach Erkletterung des folgenden, rotgelben Risses waagrechter Quergang auf überdachtem Band nach links (V) in eine Verschneidung und über die linke Kante ihres überhängenden Abschlusses auf eine Kanzel. Nun in den Grund der mächtigen Verschneidung. Dort (am besten rücklings) über eine glattgewaschene Rippe empor. Quergang in die senkrechte Pfeilerwand auf schmalem, abschüssigem Band 6 m nach links und, auf dem Kopf einer hohen, abgesprengten Platte reitend, wieder nach rechts in den Grund der Verschneidung zurück (HK). Nun im erst engen, dann stemmkaminbreiten Riß zur großen, schwarzen Höhle empor. Quergang auf breitem Band nach links und in der allmählich an Steilheit verlierenden Pfeilerwand auf ein Schartl am Kopf des Pfeilers (40 m ab Höhle). Südl. 2 m absteigend, dann auf ein grünes Band, welches zu einem kurzen, senkrechten Riß führt. Über diesen (hier evtl. ausweichen über grüne Schrofen ins Bockkar möglich) und rechts (nordwestl.) auf grünen Bändern am Rande der senkrechten Wände des unteren Wandgürtels unter einer Wand durch zum Ostgrat hinan.

Hier, am Fuße des Ostgrates, E in die obere Wandhälfte der Ostwand bei einem Grasband. Dieses Band leitet von dem eingangs erwähnten, langen Schichtband zuerst fast waagrecht, dann steil ansteigend in die Wand hinein und wird bei einer abgesprengten Platte durch einen links emporziehenden Riß verlassen. Weiter nach rechts zu einer Wandsenke und unter Überhängen auf 30 m langem Kriechband nach rechts zu einem schräg links ansteigenden Grasband, das in die Gipfelschlucht leitet. Dort auf plattiger Steilrampe hinan, um den sperrenden Überhang rechts herum und im darüber befindlichen Schlußriß zum Sagzahn.

● 346 **Sagzahnpfeiler (Adi-Gastl-Weg)**
S. Schneider, H. J. Stops, 1967; erste Winterbegehung P. Rubisoier, B. Jenewein, 29. 2. 1976.
VI / A2 (wenige Stellen), meist V+ und V. Empfehlenswerte Felsfahrt in gutem Fels. 350 mH, 6 Std., Abb. Seite 193.

Zugang: Wie R 345; der E befindet sich am Fuß des Pfeilers in der Falllinie der über 100 m oberhalb sich befindenden Höhle. 1 Std.

Führe: Über zwei kurz übereinanderliegende, dachartige Überhänge (V+; H), zum Querriß unmittelbar darüber. Hier plattiger Quergang nach links und über den folgenden, feinen Hakenriß zu einem Stand, 20 m ü. E. Im Grunde der darüber ansetzenden Verschneidung über einen Überhang zum nächsten Stand. Nun immer über die Rißverschneidung, die nach senkrechtem Verlauf schwach rechts zieht, über mehrere Überhänge empor (VI / A2 und V) und schließlich über grasdurchsetzten Fels zur erwähnten Höhle. Über und neben dem linken Rande der Höhle auf gutgriffigem Fels auf den Kopf des Pfeilers und vom Schartl dahinter wie R 345 am grünen Ausstiegsband ins Bockkar und zum Gipfel.

Wer vom Ausstiegsband und dem kurzen Riß darüber auf kürzestem Wege zum Sagzahn will, steigt über zwei niedere Wandstufen hinweg ins Bockkar und über die Schrofen der Sagzahn-Ostflanke zum Gipfel.

● 347 **Ostwand, Dachverschneidung**
H. Buhl, F. Stadler, 1947.
VI (Dach-SL), meist V+, stellenweise, besonders im oberen Teil leichter. Einige H vorhanden. Selten wiederholt.
300 mH, 6—7 Std., Abb. Seite 193.

Zugang: am besten von der Zireineralm (R 70) zunächst entlang des Wasserleitungsweges (Steigspuren) in die grüne Hochmulde des Zireinerkares und dann direkt über Blockwerk und Geröll zur Sagzahnostwand empor, E etwas links der Gipfelfallinie des Sagzahns, am Fuße der auffallenden Verschneidung mit dem im unteren Teile befindlichen, großen Dach. 1 Std.

Führe: Über den Riß hinauf zu gutem Stand hinter einem abgesprengten Zacken. Am folgenden Riß (H; HK) unmittelbar unter das große Dach. Quergang nach rechts in den das Dach begrenzenden Riß. Nun

Sagzahn-Ostwand
R 345 Pfeilerverschneidung
R 346 Sagzahnpfeiler
R 347 Ostwand (Dachverschneidung)
R 348 Direkter Weg
R 349 Kögl/Gruber-Führe
R 350 Nordgrat
R 351 Südostführe

Foto: E. Schmid

345
350
349
345
348
347
351
346
345

gerade hinauf (H) zu kleinem Stand; weiter unter das nächste Dach und rechts haltend darüber hinweg nach 25 m zu gutem Stand. Hierauf, der Verschneidung folgend, nach 2 SL auf das lange Ostwandband. Nun über eine Rißverschneidung einige Meter geradeauf, dann rechts haltend zu einem freistehenden Block. Weiter rechts steht ein zweiter. Zu ihm hinüber und geradeauf über die braune Zone hinweg zu dem großen, rechts aufwärts ziehenden Schichtband, welches bis zu seinem Ende in der Fallinie des Gipfels verfolgt wird. Nun über gestuften, begrünten Fels schräg links aufwärts in eine Verschneidung, wobei unterhalb des auffallenden, waagrechten Grasbandes unter der Gipfelschlucht der Pfeilerverschneidungsweg R 345 erreicht wird. Auf ihm direkt zum Sagzahn.
Nach H. Buhl vollzieht sich der Weiterweg vom zweiten Block wie folgt: Von diesem Block gerade hoch zu einem schrägen, nach links führenden Riß. Diesen verfolgend und über eine kurze steile Wandstelle auf die Gras- und Schrofenhänge, die rechts zum Gipfel ziehen.

● 348 Ostwand, Direkter Weg

M. Rebitsch, S. Spiegl, 1947.

VI— (überwiegend), selten leichter. Einige H vorhanden. Schöne, extreme Kletterei an festem Fels. 300 mH, 5 Std., Abb. Seite 193.

Zugang: Wie R 347. E etwa 50 m rechts der Dachverschneidungsführe, fast in der Fallinie des Gipfels.

Führe: In der Fallinie des Gipfels führt von rechts her ein kurzes, fast waagrechtes Band in die Wand hinein, das zu einem senkrechten Riß führt. Über diesen Riß sowie in seiner glattwandigen kaminartigen Fortsetzung etwa 40 m empor (VI—), bis er unter einem Köpfl handbreit, gelb und überhängend wird (⚷-SL; HK). Quergang 2 m nach links (H) und senkrecht hinauf. Mittels der abgesprengten Platte 1 m aufwärts zu gutem Stand (RH). Am Beginn der großen ungegliederten Verschneidung 1 m hinaus an die zweite Begrenzungskante und meist an ihr hinauf zum langen grünen Schichtband über dem unteren, senkrechten Wandgürtel. Bis hierher meist VI—. Etwa 1 SL am Band nach rechts und ziemlich gerade hinauf (VI—) zur Pfeilerverschneidung (R 345), die etwa in der Fallinie der Gipfelschlucht erreicht wird. Weiter wie R 345 direkt zum Gipfel.

● 349 Ostwand, Kögl / Gruber-Führe

Kögl, Gruber, 1939.

VI und V+ (einige Stellen), V— und IV, im oberen Teil leichter. Eigenartige Felsfahrt. Etwa 250 mH, 4 Std., Abb. S. 193.

Zugang: Wie R 347, jedoch auf dem Schichtband noch weiter rechts ansteigend. Der E ist rechts der Gipfelfallinie, wo die begrünten Schrofen am höchsten hinaufreichen und der untere Wandgürtel der Ostwand am schmalsten ist.

Führe: An der rechten Umrandung eines turmartigen Wandvorsprungs, dessen Scheitel herausragende Platten krönen, in Wand- und Rißkletterei über rauhen Fels auf den Turm (IV). Kurzer Quergang nach links und über einen Riß (V+) auf ein Band, dessen Fortsetzung nach Südosten hin über ein fallendes Doppelband (IV) an senkrechter Wand auf einen schmalen, kanzelartigen Vorsprung (V—) leitet. Über ihn, an griffarmer, sehr steiler Wand zum schiefen Riß empor (VI). Nach dessen Überkletterung fallender Quergang nach links und über den schwarzen, rauhen Kamin zum grünen Schichtband hinauf. Nun über die folgende Wandstufe auf das nächste Band und über die Rißverschneidung zur Rechten schräg links in eine Wandsenke (oberhalb eine auffallend weiße Wand). Nun südöstl. über grasige Wandstufen schräg links aufwärts zum Pfeilerverschneidungsweg (R 345) und auf ihm über die Gipfelschlucht zum Sagzahn.

● **350** **Nordgrat**
H. Eichhorn, 1912.
III. 70 mH, 20 Min., Abb. Seite 193.

Zugang: Wie bei R 341 zum Felsaufbau des Sagzahns.

Führe: Vom nordwestl. gelegenen Sattel des Sagzahns durch den an der Nordflanke des Sagzahns eingeschnittenen Kamin zum Gratzacken hinauf und über Schrofen zur Scharte. Über drei mannshohe Platten empor, dann kurzer Quergang nach links und geradeauf zum Kamm; auf ihm zum Sagzahn.

● **351** **Südostführe, Führe „Ärmelkanal"**
M. Kern, G. Vergeiner, 30.10.1982
V+ (eine Stelle), V— und IV—, im oberen Teil leichter.
Sehr schöne Freikletterei in festem Fels, ideal in Verbindung mit einer Besteigung der Köglwand. Achtung! Nur nach längerer Trockenheit und nur bei sicherer Witterung ratsam, da der Riß wasserführend ist. 3 SH vorhanden; einige KK erforderlich. 100 mH bis zum Bockkarband. 1½ Std., Abb. S. 193.

Übersicht: Die glatte SO-Wand des Sagzahns wird etwa 70 bis 80 m südlich der SO-Kante von einem einzigen, senkrechten Riß durchzogen, welcher den Durchstieg vermittelt.

Zugang: Wie bei R 344.

Führe: Am Fuß der Wand, auf dem obersten Band, von rechts her so weit nach links, bis man in der Fallinie einer großen gelben Platte steht, und sich eine kleine Höhle befindet. E dort, wo das Gras am höchsten hinaufreicht. Über morschen Fels 2 m links hinauf zu einem Riß. Über ihn 2 m hoch, dann Quergang über Reibungsplatte nach links bis zum überhängenden Riß bei einer Schuppe. Über ihn hinweg (♂, V+), und im folgenden Riß (V—) zu einem Hakenstand, 35 m über E. Dem Riß folgend unter einem Überhang nach rechts, und über Reibungsplatten (IV—) in leichteren Fels (35—40 m ab Hakenstand). Nun am besten dem Riß folgend (IV— und III—; mehrere Möglichkeiten) nach etwa 25 m zum großen Band am Bockkar. Nun wie bei R 343 zum Sagzahn, oder über die Köglwand (R 358) zum Nordgipfel des Vorderen Sonnwendjochs.

● **352** frei für Ergänzungen.

● **353** **Vorderes Sonnwendjoch,** 2224 m

Der nach S gerichtete kürzere Teil des Rofan-Hauptkamms endet mit dem breiten Gipfelrücken des Vorderen Sonnwendjochs. Es fällt gegen O mit senkrechten, zerklüfteten Felswänden, nach S zur Waldgrenze oberhalb des Inntales und nach W in den Kessel zwischen Alpigl- und Schermsteinalm mit steilen, oft felsdurchzogenen Schrofen und grünen Steilmatten ab. Äußerst lohnende Fernsicht: Inntal, Rofangebirge, Zentralalpen von den Hohen Tauern bis zu den Stubaiern, Karwendel. Das Gipfelkreuz geht auf ein 1823 von dem berühmten Kramsacher Alpinisten Peter Carl Thurwieser errichtetes altes Holzkreuz zurück. Vom Sagzahn zum Vorderen Sonnwendjoch s. R 342.

● **354** **Von der Schermsteinalm**
Bergwanderung, deutliche Wegspuren. 365 mH, 1½ Std.

Anstieg: Von der Schermsteinalm (R 80) auf Weg R 80 ein kurzes Stück nach S, dann aber links auf einen Pfad, der über den vom Gipfelplateau herabziehenden Rücken südwestl. emporleitet, teilweise in kurzen Serpentinen aufwärts. Am Gipfelaufbau schwenkt der Steig nach O und erreicht in Kehren eine begrünte Schulter. Von dieser scharf links und über den schrofigen Südostgrat auf den Gipfel.

● **355** **Von der Bayreuther Hütte**
Bergwanderung, bez. Steig. 625 mH, 1½ Std.

Anstieg: Von der Bayreuther Hütte (R 86), den Steig zur Zireinalm rechts lassend, folgt man einem bez. Steig in nordwestl. Richtung, der den Berglkopf südwestl. umgeht und einen kleinen Sattel erreicht. Von hier über die ziemlich steilen, meist grasigen Südosthänge empor zu der begrünten Schulter des Sonnwendjochsattels, 2134 m, und weiter über den schrofigen Südostgrat zum Gipfel.

● 356 **Ostwand, alter Weg**
H. Eichhorn, W. Gloel, 1912.
III (überwiegend), stellenweise leichter. Selten wiederholt. In der oberen Wandhälfte durch Gemswechsel steinschlaggefährdet. Etwa 330 mH, 2 Std., Abb. Seite 199.

Zugang: Von der Bayreuther Hütte am bez. Weg zum Sonnwendjoch (R 355) etwa 5 Min. aufwärts, dann auf spärlichen Steigspuren rechts ab und vor einem Felssporn (dem Ostausläufer des Sonnwendjoches) erst etwas absteigend um diesen herum; dann über Blockwerk und Schutt zum Fuß der Wand. 1 Std.

Führe: E knapp links der in Fallinie des Gipfels herabziehenden Schlucht, bei einem Kamin. Über diesen Kamin, sowie über Wandstufen und einen weiteren Kamin zum ersten Absatz (links ein riesiger Block und eine Quelle, rechts eine gelbschwarz gefärbte Wand). Zwischen beiden durch und in anregender Kletterei zum zweiten Absatz. Auf ihm 25 m nach rechts, dann geradeauf, schließlich zur Rechten um einen Felssporn zum dritten Wandabsatz empor und über dessen Gras- und Schrofengürtel auf das Vordere Sonnwendjoch.

● 357 **Ostwand, neuer Weg**
K. Kögl, E. Schmid, Rosl Dapunt, A. Gruber, 1941.
III und II. Steinschlaggefahr wie bei R 356.
Etwa 330 mH, 2 Std., Abb. Seite 193.

Zugang: Wie bei R 356. E rechts der in der Fallinie des Gipfels herabziehenden Schlucht beim großen Rißdelta, zur Rechten einer senkrechten, rotgelben Wand. 1 Std.

Führe: Über den linken der beiden Risse oder über die gestufte Wand zwischen den beiden auf den ersten Wandabsatz (140 m ü. E). Nun schräg links aufwärts in die schluchtartige Wandsenke und in deren Mitte über Rinnen und Rippen (II) zum dritten Wandabsatz; weiter über ihn geradeauf zum Gipfel.

● 357 a **Mayr / Schmid-Führe, Variante zu R 357**
Mayr, Schmid, 1960.
IV (eine Stelle) und III. 2½ Std., Abb. Seite 199.

Variante: Wie beim Neuen Weg (R 357) zum ersten Wandabsatz. In Fortsetzung und Richtung des genannten linken Risses geradeauf zu der schon vom E sichtbaren schwarzen Höhle, welche rechts umgangen wird. In der Verschneidung oberhalb der Höhle zum nächsten Schichtband hinauf und über eine Rißverschneidung mit schwarzem, brüchigem Überhang (IV) zu begrünten Schrofen. Über die Rippe zur Linken auf den dritten Absatz und darüber zum Gipfel.

● 358 Köglwand

K. Kögl, Rosl Dapunt, E. Schmid, 1941.

IV+ (1 Stelle) und III, im oberen Teil leichter. Mächtiger Wandpfeiler an der Sonnwendjoch-Ostwand.

Etwa 330 mH, 3 Std.

Benannt zum Andenken an den erfolgreichen Rofankletterer Karl Kögl.

Zugang: wie R 343 und am Bockkarbandweg zum Sagzahn bis zum langen, großen Band. Hier links ab und über begrünte Stufen zum Fuße der von einem Riß durchzogenen Wand unter einer Schlucht.

Führe: E von links her in den Riß und in ihm aufwärts. An seinem Ende in Wandkletterei (IV+) auf den waagrechten Bandabsatz und über den folgenden Kamin (III) in schöner Kletterei zum Scheitel der Wand. Nun rechts über den grünen Rücken und Schrofenstufen auf den Sonnwendjoch-Nordgipfel.

● 359 Hauptkamm-Wanderung vom Vorderen Sonnwendjoch zur Hochiß

Genußreiche Höhenwanderung mit unvergleichlichen Ausblicken. An einigen Stellen Drahtseilsicherungen. Überwiegend rot bez. 4½ Std.

Zugang: Von der Bayreuther Hütte wie R 355 auf das Vordere Sonnwendjoch. 1½ Std.

Übergang: Vom Vorderen Sonnwendjoch über den Kammrücken wie R 342 zum Sagzahn und wie bei R 341 durch die Westwand (Drahtseile) absteigend und über den Gratrücken zum Schafsteigsattel, von dort auf R 306 zum Hauptgipfel der Rofanspitze. Bis hierher etwa 1½ Std. Von der Rofanspitze auf R 303 hinab zur Grubascharte und westl. auf dem Höhenweg R 255 unterhalb des Roßkopfs und der Seekarlscharte hindurch empor (Drahtseile) zum Spieljoch. Von hier wie bei R 254 absteigend (Drahtseile) und auf R 245 durch die Südseite (Drahtseile) zum Gipfel der Hochiß.

Abstieg zur Erfurter Hütte s. R 245.

Bei gleichem Zeitaufwand ist diese Höhenwanderung auch in umgekehrter Reihenfolge durchführbar.

● 360 frei für Ergänzungen.

Sonnwendjoch-Ostwand

R 356 Alter Weg

R 357 Neuer Weg

R 357a Mayr/Schmid-Führe

Foto: E. Schmid

356
357
357a
357

4. Die Randgipfel der Hochfläche

● 361 Dalfazer Wände (Abb. Seite 201)

Vom Streichkopf (R 239) aus zieht ein mächtiger, felsdurchsetzter Bergkamm nach S; der Kamm steigt jenseits der Einsattelung des Streichkopfgatterls an und erreicht im Dalfazer Joch, 2233 m, (R 362) seine höchste Erhebung. Die Dalfazer Wände, auch Dalfazer Kamm, benannt nach den massiven, gegliederten Felswänden gegen O in die Mulde der „Langen Gasse“, ziehen nun mit verschiedenen Gipfeln etwa 1,5 km südlich weiter und erreichen in dem steilen Felszahn der Rotspitze, 2067 m, (R 376) ihren letzten bedeutenden Gipfel. Von der Erfurter Hütte aus bieten die Dalfazer Wände mit ihren zerklüfteten und verschieden hohen, vielfarbigen Wänden einen malerischen Anblick; aber auch von W ist der Kammrücken unverkennbar, auch wenn er mehr von grünen steilen Matten und Schrofen durchsetzt ist. Durch die Rotspitze ist der Anblick von S her besonders eindrucksvoll.

● 362 Dalfazer Joch, 2233 m

Der höchste Gipfel der Dalfazer Wände weist ein langgezogenes, grasiges Gipfelplateau auf, das von N und S mäßig ansteigt. Gipfelzeichen.

● 363 Vom Streichkopfgatterl
Bergwanderung. 20 Min.

Anstieg: Vom Streichkopfgatterl (R 238) wendet man sich genau nach Süden; ein kleiner Steig führt teils auf, teils etwas neben dem Kamm empor, zuletzt über Platten und Schrofen zum Gipfel.

● 364 Ostwand
H. Eichhorn, Th. Riemann, 1913.
III und II. Selten begangen. Etwa 200 mH, 2 Std.

Übersicht: Die Wand wird von drei steilen Grasbändern durchzogen, über welche der Anstieg führt. Am oberen Rande des untersten Absatzes liegt eine Höhle, links von ihrer Fallinie am Fuße der Wand ein Zacken. E hinter dem Zacken (rechts davon ein höherliegender, der nicht berührt wird).

Zugang: Von der Erfurter Hütte wie bei R 250 in die „Lange Gasse“, einem zwischen Buchberger Jöchl und Hochiß-Südgrat einerseits und dem Dalfazer Kamm andererseits liegenden Hochtal. In der Langen Gasse auf Steigspuren nördl. zur Felsenquelle, ¾ Std., und oberhalb dieser über Geröll zum Fuße der Wand, ¼ Std. von der Quelle.

Führe: Zu dem in der Übersicht erwähnten Zacken empor und über

Dalfazer Kamm oberhalb der Erfurter Hütte. Foto: R. Henneberger

Grasstufen zum ersten Absatz. Etwa 25 m unter der Höhle nach rechts in die Wand, um eine Kante herum, und auf einem Schrofenband nach rechts zu einem Wandl (rechts eine ungangbare Kante). Auf einem Band schräg links zum zweiten Bandabsatz, dann mäßig schwierig rechts durch eine Verschneidung und über begrünte Stufen zum dritten Band. Nun nach rechts zum Kamm und über ihn links (südl.) auf das Dalfazer Joch.

● **365** **Südostkamin**
A. Bonacossa, R. Botsford, 1912.
III (Kamin), im oberen Teil leichter. 1¼ Std.

Zugang: Von der Erfurter Hütte wie in R 364 zur Felsenquelle; oberhalb dieser zum Fuße des Kamins zwischen Dalfazer Joch und Dalfazer Köpfln, ¼ Std. ab Quelle.
Führe: Im Stemmkamin aufwärts, an seinem Ende unter einem Überhang rechts hinaus und in der rinnenartigen Erweiterung des Kamins empor, bis unschwierige Schrofen nach rechts auf das Dalfazer Joch führen.

● **366** frei für Ergänzungen.

● **367** **Dalfazer Köpfln,** 2208 m

Der vom Dalfazer Joch südl. ziehende Kamm wird von den drei blockartigen Zacken der Köpfln, dessen höchstes 2208 m hoch ist, nur wenig überragt. Vom Dalfazer Joch oder Dalfazer Wand s. R 384.

● **368** **Ostwand**
H. Eichhorn, A. Siemens, 1924.
IV, stellenweise auch leichter. Etwa 180 mH, 2 Std.

Zugang: Von der Erfurter Hütte wie in R 364 zur Felsenquelle; oberhalb dieser über Schutt zum Fuße der Wand, 10 Min. von der Quelle. E am Fuße der linken Begrenzungsrippe des auffallenden Kamines.
Führe: Auf der erwähnten Rippe, oder hart links von ihr, 20 m hinan, und über ein kurzes Kriechband nach links zu einer grasigen Steilschlucht, die man sofort wieder nach links verläßt. Über steiles Gras und Geschröf, dann durch einen Kamin zu einem Köpfl. Auf steilem Grasband links empor, unter einem Überhang nach rechts zu einer Höhle und zum Kamm hinauf, der von Südosten auf die Dalfazer Köpfln leitet.

● **369** frei für Ergänzungen.

● **370** **Dalfazer Wand,** 2210 m

Aus der schmalen Scharte südl. der Dalfazer Köpfln steigt der Gipfel der Dalfazer Wand felsig empor; vom Gipfel fällt der Grat nach S zu mäßig und mit breitem Rücken ab. Von der Gelben Wand oder den Dalfazer Köpfln s. R 384.

● **371** **Ostwand**
H. Eichhorn, E. Brehm, 1912.
III. Selten begangene, brüchige Führe. Etwa 190 mH, 2 Std.

Zugang: Von der Erfurter Hütte auf dem Weg R 364 etwa ¾ Std.; vor der Felsenquelle links über Schutt zum Fuße der Wand. E in der Wandmitte, links eines freistehenden Felskopfes.

Führe: Über einen Riß zu einem grasigen Kamm, wo rechts in der Wand ein senkrechter Riß auffällt. Nun etwas absteigend, dann steil gegen die Wand empor und mittels Quergang in den Riß. In ihm etwa 7 m hinan und über Schrofen zu einem kurzen Kamin; durch ihn zur Nordostkante und über sie auf die Dalfazer Wand.

● **372** frei für Ergänzungen.

● **373** **Gelbe Wand,** 2163 m
(Dalfazer Roßkopf, 2143 m)

Aus der Scharte südl. der Dalfazer Wand erhebt sich steil und felsig die Gelbe Wand; südl. des Gipfels fällt der Grat mäßig steil gegen die Felsen vor der Rotspitze ab. Gipfelname und Höhenangabe unterscheiden sich in den Einzeichnungen der AV-Karte und der amtlichen österreichischen Karte; es hat sich jedoch der Name „Gelbe Wand" durchgesetzt. Von der Dalfazer Wand oder der Rotspitze s. R 384.

● **374** **Ostwand**
H. Eichhorn (allein), 1912.
III und II. Brüchig; wenig begangen. Etwa 140 mH, 1 Std.

Zugang: Von der Erfurter Hütte wie in R 250 zum unteren Rande der Langen Gasse, ½ Std. und über Gestrüpp und Schutt zum Fuße der Wand, ¼ Std.

Führe: Von links unten nach rechts oben zieht durch die Wand ein begrüntes, rampenähnliches, breites Steilband, das den Aufstieg vermittelt. Am linken, oberen Ende zu einer Kante, die über Fels und Schrofen auf die Gelbe Wand führt.

● **375** frei für Ergänzungen.

● **376** **Rotspitze,** 2067 m

Kühn geformter Felszahn, der aus der südl. der Gelben Wand eingeschnittenen Scharte imposant herausragt. Mit ihren nach O, S und W steil abfallenden Felswänden beschließt die Rotspitze die Gipfelreihe des Dalfazer Kammes. Dieser rötlich gefärbte Eckpfeiler des Kammes ist einer der beliebtesten und an Anstiegsvarianten reichsten Kletterberge des Rofangebirges. Abb. Seite 207 und 209.

● **377** **Aus der Langen Gasse über die SW-Seite**
II (einige Stellen), meist I und Gehgelände.
Etwa 150 mH. Auf der AV-Karte mit dem Symbol „Steigspuren" eingetragen. 1 Std.

Zugang: Vom Beginn der Langen Gasse (s. R 250, 20 Min. von der Erfurter Hütte) auf Trittspuren zum Fuße der gelblichen Wände hinauf und zum Steig, ¼ Std.

Führe: Vom Steig durch die zweite Rinne südöstl. der Südostkante zum Kamm empor, um den Südabbruch der Rotspitze herum, an der Südwestseite der Rotspitze entlang und zur vom Hauptkamm westl. ziehenden Seitenrippe empor, die bis kurz vor ihrem Ende östl. verfolgt wird; dann rechts zu einem Schartl im Hauptkamm hinab und von dort auf die Rotspitze.

● 378 Aus der Langen Gasse über die Scharte südl. der Gelben Wand

I (stellenweise) und Gehgelände. Leichtester Anstieg auf den Dalfazer Kamm von Osten. Etwa 150 mH, 1 Std.

Zugang: Von der Erfurter Hütte wie bei R 250 zum Beginn der Langen Gasse, 20 Min.

Führe: Vom Beginn der Langen Gasse durch Latschengassen, über Gras und Geröll zum unteren Ende der trichterförmigen Rinne, die von der Scharte südl. der Gelben Wand (die vierte Scharte nördl. der Rotspitze!) herabzieht. In ihr links haltend über steiles Gras in die Scharte und nach links zum Gipfel. (Durch Vermurung wird die Route gefährlicher.) (R. v. Werden)

● 379 Ostwand, Rißweg

H. Hüttaler, R. Ruech, 1964.

VI—, stellenweise auch leichter. Einige H vorhanden.
150 mH, 2½ Std.

Zugang: Wie R 377 und zum Fuß der Ostwand. An der rechten Wandhälfte durchzieht ein auffallender, 80 m hoher Riß die Wand, welcher den Anstieg vermittelt.

Führe: Etwas links des Risses über Schrofen nach rechts ansteigend in den Riß. In diesem aufwärts, den H folgend, bis zum Stand (40 m ü. E). Vom Stand etwas nach rechts in den Riß, der sich hier zum Kamin erweitert, zurück und in ihm empor bis zum überhängenden Abschluß. Nach direkter Überkletterung des Überhanges über leichteren Fels zum geräumigen Standplatz (40 m). Von hier links haltend über bewachsenen Fels 20 m (I) empor bis zum senkrechten, gelben Fels unter auffallenden Überhängen. Der senkrechte Fels wird schräg links ansteigend bis unter die Überhänge erklettert. Nun rechts haltend über einen Überhang auf den Nordostgrat, dann über Schrofen auf die Rotspitze.

● 380 Ostwand, Direkter Weg

W. Böck, W. Brandmayr, 1963.

VI— (überwiegend), **A1**, stellenweise auch leichter. Die meisten H sind vorhanden. 150 mH, 2½ Std., Abb. Seite 207.

Zugang: Wie bei R 377 zum Fuß der Ostwand. Durchstieg knapp links der Fallinie des Gipfels.

Führe: E bei den beiden Parallelrissen an gelbbrüchiger Wand. Im rechten Riß, den H folgend, 15 m empor mit Fiffis, dann 4 m Quergang in den linken Riß und in ihm zum Stand hinauf; weiter den Riß verfolgend — manchmal etwas links haltend — bis auf das große Band. Hier Querung nach links zu SH (Kletterer, die den unteren Teil der Wand auslassen wollen, können vom E der Rebitschkante (R 381), etwa 2 m absteigend, bequem über das Band in die Ostwand zum erwähnten SH gehen!). Vom Stand wieder etwas rechts zurück, dann 3 m in brüchigem Fels gerade empor zu H. Nun etwas nach links in einen Riß und in ihm 10 m zu einem Stand hinan, oder besser: vom H 5 m gerade empor und Quergang in die Rißverschneidung. Vom Stand rechts aufwärts zu H, dann waagrechter Quergang 3 m nach links in einen Riß (H). Im Riß (mehrere H) zu einer glatten Platte (H) und über diese gerade hinauf nach einigen Metern zu schlechtem Stand. Nun kurzer Quergang nach rechts (H), dann über eine kurze Wandstufe hinweg zur Stelle, wo durch einen Quergang nach links der Ausstieg der Rebitschkante bei der kurzen Verschneidung (H) erreicht wird. Weiter wie R 381 zum Gipfel.

● 381 Südostkante (Rebitschweg)

M. und F. Rebitsch, 1931.

V und IV. Die meisten H sind vorhanden. Genußvolle Kletterei. 80 mH, 1¼ Std., Abb. Seite 207.

Zugang: Wie R 377 und zum Fuß der SO-Kante. 1 Std.

Führe: E hart an der Südostkante bei einem Riß. Hier etwa 6 m zum ersten H an der kurzen 3-m-Verschneidung empor und über einen kleinen Überhang, den H folgend, schräg links in die große Verschneidung (V). In ihr, den H folgend, gerade aufwärts zu einem Köpfl, wo rechts guter Standplatz. Nun 2 m empor, Spreizschritt nach rechts, und den anfangs leicht überhängenden Riß (H) hinauf, dann über eine kurze Wandstufe hinweg zum zweiten Stand. Nun schräg rechts haltend aufwärts und über eine senkrechte Wandstufe (H) in luftiger Kletterei die folgende 5 m hohe Verschneidung hinauf. Über die kurze, senkrechte Wandstufe zur Linken zur Latsche und hierauf unschwierig zum Gipfel.

● 382 Südostkante, Direkter Weg

H. Kogler, J. Santer, 1959.

VI—. 80 mH, 2 Std., Abb. Seite 209.

Zugang: Wie bei R 381.

Führe: Die Südostkante bricht in ihrem unteren Teil mit einem großen Überhang ab. E in der Nische unter dem genannten Überhang. Von der Nische direkt zum Überhang empor (H). Über den großen Überhang links hinaus und im Riß weiter, 25 m ü. E. Quergang 2 m nach links und, links haltend, 15 m aufwärts zum überdachten Stand. Nun Quergang nach rechts zur Südostkante zurück, und über diese zum Gipfel.

● 383 Südwand

● 383 a Südwandverschneidung
K. Mauracher, E. Rzehak, 1959.
VI—; 80 mH, ½ Std., Abb. Seite 209.

Zugang: Wie am Normalweg (R 377) und zum Fuß der Wand. Den E vermittelt eine seichte Verschneidung etwa 10 m links vom Einstieg der Direkten Südostkante.

Führe: Über plattigen Fels in der brüchigen Verschneidung empor bis unter einen Überhang (15 m ü. E). Hier Quergang nach rechts zum H, dann gerade aufwärts zum nächsten H. 3 m etwas rechts hinan und zum überdachten Stand hinauf (auch Stand der direkten Südostkante). Nun über das Dach direkt hinweg und gerade weiter, schließlich über Schrofen (I) zum Gipfel.

● 383 b Südwand, Mitteldurchstieg
Erstbegeher unbekannt.
IV. ¾ Std., Abb. Seite 209.

Zugang: Wie R 383 a.

Führe: E 15 m links vom Einstieg der direkten Südostkante (R 382) bei einer kleinen Nische. Rechts der kleinen Nische etwa 15 m gerade aufwärts zu großem H. Nun über einen kleinen Überhang hinweg nach 10 m zu einem Stand. Rechts vom Stand gerade empor in den schon von unten sichtbaren Kamin. Im Kamin geradeauf und hierauf über leichte Schrofen auf den Gipfel.

● 383 c Südwand, Direkter Weg
W. Brandmayr, A. Danzl, 1964.
VI (einige Stellen), V und III+. 1½ Std., Abb. Seite 207, 209.

Zugang: Wie R 383 a.

Führe: E bei der kleinen Nische des Mitteldurchstieges. Nach Überkletterung der Nische an ihrer rechten Seite (VI; H) einige Meter gerade aufwärts, und links haltend über plattigen Fels zu schlechtem Stand. Vom Stand rechts haltend empor (III+) zum Latschenstand. Nun gerade hinauf zum abschließenden Überhang (V) und über ihn zu Schrofen, die unschwierig zum Gipfel führen.

Rotspitze von Südosten

R 380 Direkter Weg
R 381 Südostkante (Rebitschweg)
R 383c Direkter Weg
R 385e Alter Weg
R 383f Südwandkamin
R 383g Pfeilerriß
R 383h Pfeilerkante

Foto: W. Brandmayr

● **383 d Südwand, Dachlweg**

W. Brandmayr, A. Danzl, 1964 (Winterbegehung).
VI— / A2, selten leichter. 2 Std., Abb. Seite 209.

Zugang: Wie R 383 a.

Führe: E wie beim Alten Weg, R 383 e, 7 m rechts des Südkamins. Im Riß 6 m hinan, dann auf brüchiger, schmaler Leiste 3 m Quergang nach rechts. Nun über eine kurze Wandstelle zum Riß, welcher zum gelben Doppeldach führt. Unter dem Dach kurzer Quergang nach rechts zu den Haken (2 BH) und mit deren Hilfe über das Dach hinweg. 2 m über dem Dach zu schlechtem Stand auf schmaler Leiste. Nun zuerst, etwas rechts haltend, auf brüchigem Fels einige Meter empor, dann etwas links durch eine kurze, seichte Rißverschneidung zu gutem Stand hinan. Vom Stand nun rechts hinauf zu einem Dachl (auch Ausstieg des direkten Südwandweges, R 383 c). Nach Überkletterung des Dachls über Schrofen (I) zum Gipfel.

● **383 e Südwand, Alter Weg**

J. und K. Hagspül, 1917.
IV, im oberen Teil leichter. Die beschriebene Führe ist nur teilweise mit der Führe Hagspüls identisch.
¾ Std., Abb. Seite 207, 209.

Zugang: Wie R 383 a.

Führe: Etwa 7 m rechts des Südwestkamins zieht ein gestufter, weiter oben von nassem Überhang überdachter Riß hinauf. 1 m links, sowie teilweise im Riß 25 m zu einem Stand empor, 2 m Quergang nach links und äußerst luftig leicht schräg rechts aufwärts und, auf unschwierigem Gelände wieder links haltend, auf steilem Grashang zum Gipfel.

● **383 f Südwandkamin**

H. Eichhorn (allein), 1913.
IV +, selten leichter. ¾ Std., Abb. Seite 207.

Zugang: Wie R 383 a.

Führe: Ausgeprägter Kamin im Winkel, den die Südwand mit dem Südpfeiler bildet. Im Kamin 20 m stemmend aufwärts, dann eng und glatt 10 m zu gutem Stand in einer Nische. Nun schräg rechts aufwärts, dann über einen Überhang und eine Wandstufe hinauf; schließlich über Schrofen auf die Rotspitze.

● **383 g Pfeilerriß**

W. Brandmayr, W. Sanin, 1964.
V + und III. 1 Std., Abb. Seite 207.

Zugang: Wie R 383 a.

Führe: Den Anstieg an der Südwand vermittelt der rechte Parallelriß

Rotspitze-Südwand

R 382	Südostkante, Direkter Weg	R 383d	Dachlweg
R 383a	Südwandverschneidung	R 383e	Alter Weg
R 383b	Mitteldurchstieg	R 383i	Pfeilerverschneidung
R 383c	Direkter Weg		

Foto: W. Brandmayr

der Pfeilerkante. An der Südostkante des Pfeilers 6 m über Schrofen empor, dann Quergang 2 m nach rechts. Nun über den Überhang (V+, H, Holzkeil) hinauf und im Riß (III) weiter zum Stand an der Pfeiler-Südostkante. Weiter auf ihr wie R 381.

● **383 h Pfeilerkante**
B. Fimml, H. Guggelbichler, 1958.
V+, im oberen Teil leichter. 1 Std., Abb. Seite 207.

Zugang: Wie R 383 a.

Führe: Hart östl. an der Kante 6 m über Schrofen empor und über den Überhang (H) in einen gutgriffigen Riß. Im Riß geradeauf zu einem Stand und hierauf etwas links haltend über steiles Schrofengelände zum Kopf des Pfeilers; unschwierig weiter zum Gipfel.

● **383 i Pfeilerverschneidung** (Pfeiler-Südwestkante)
B. Fimml, J. Palaver, 1957.
V, und leichter. ½ Std., Abb. Seite 209.

Zugang: Wie R 383 a.

Führe: Südwestl. des Pfeilers im Riß etwa 8 m empor in eine Nische. Über deren wulstartigen Überhang (H) in eine kleingriffige Verschneidung und, diese nach wenigen Metern rechts verlassend, zu luftigem Stand. Nun auf äußerst brüchigem Fels gerade aufwärts und über Schrofen nach rechts auf den Pfeilerkopf.

● 383 k Mauracher Variante zu R 383 i
Bergrettungsmannschaft, 1964.
V. Besserer Fels als bei R 383 i.

Variante: Die vorher erwähnte kleingriffige Verschneidung gerade weiter und über einen kleinen Überhang in mäßig schwieriges Gelände.

● 383 l Variante zu R 383 i
Keine näheren Einzelheiten bekannt.

Variante: Nach dem Überhang (H), 2 m Quergang nach rechts und rechts empor zu Stand in Nische; im Kamin weiter wie R 383 f zum Gipfel. Guter Fels.

● 384 Überschreitung des Dalfazer Kammes von der Rotspitze zum Streichkopf
II (wenige Stellen), meist I und Gehgelände; deutliche Spuren. Beliebte, lohnende Bergfahrt, auch in umgekehrter Richtung oft begangen. 2—2½ Std.

Übergang: Von der Rotspitze, R 377 / 378, nördl. zu einem Schartl hinab, dann, dem Steige folgend, zur westl. ziehenden Seitenrippe hinan, und auf und neben dem Kamm auf die Gelbe Wand (R 373) hinauf, 20 Min. Nun nordöstl. über eine kleine Felsstufe zur Scharte hinab und über den breiten Kamm auf die Dalfazer Wand (R 370). Nun am Kamm südl. 2 bis 3 Min. hinab, dann scharf rechts am Steig, um die Westseite herum, zur Scharte nördl. der Dalfazer Wand; oder: auf einen Vorsprung hinunter und (III) nordöstl. direkt zur Scharte hinab. Von dieser Scharte, dem Kamme folgend, zu den Dalfazer Köpfln (R 367) hinauf; hierbei über das westliche zum mittleren (höchsten). Nun durch die nördl. hinabziehende Rinne zum Kamm hinunter und zum westl. der Köpfln entlang führenden Steig; auf ihm an der Westseite des Dalfazer Jochs entlang in der Fallinie seines höchsten Punktes durch eine Rinne zum Dalfazer Joch (R 362) empor; oder: gerade über den plattigen Südwestabbruch (II) auf den Gipfel. Am Steig über plattige Stufen auf und neben dem Kamm zum Streichkopfgatterl hinab und wie R 244 in 20 Min. über das Rote Klamml auf die Hochiß (R 243).

● 385 Nordostwand „Nürnbergerweg“
Nürnberger Seilschaft, 1977
V+ (überwiegend). Anstrengende Rißkletterei; fester Fels. 16 H und 2 HK vorhanden. 100 mH. 2 Std., Skizze S. 211.

Rotspitze Nordostwand
385 „Nürnbergerweg"
386 „Hosentöter"

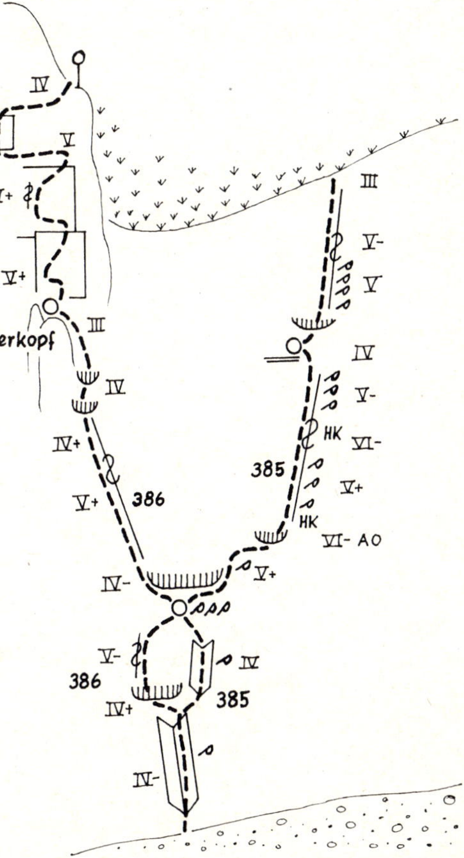

Zugang: Siehe R 377. Weiter auf Trittspuren unter der Ostwand hindurch und über Geröll um die NO-Kante herum zum E bei einer Verschneidung. ¾ Std.

Führe: Knapp rechts des Nordostwandweges „Hosentöter" (R 386) verläuft ein Riß, der den gleichen Einstieg und im unteren Wanddrittel ein gemeinsames gelbes Dach hat. Der Riß zieht ostseitig und verläuft schräg rechts über 2 Überhänge hinweg nach oben zum begrünten Gipfelaufbau.

● 386 Nordostwand „Hosentöter"
L. Rieser, Maria Lhotta, H. Schmalzl, 1981
V+ (wenige Stellen), V und IV. Anstrengende Rißkletterei an meist äußerst rauhem Fels, was der Führe auch den Namen gegeben hat. 4 H vorhanden. 5 KK sollten mitgeführt werden. 130 mH. 1½ Std., Skizze Seite 211.

Übersicht: Knapp links des Nürnbergerweges (R 385) verläuft ein Riß, welcher denselben Einstieg und im unteren Wanddrittel ein gemeinsames gelbes Dach hat. Der Riß endet bei einem Felszapfen, ab welchem die Führe im rechten Teil der Ostwand verläuft.

Zugang: Wie bei R 385 zum Wandfuß.

Führe: E gemeinsam mit dem Nürnbergerweg (R 385) durch die brüchige Verschneidung (IV, 1 H) zum ersten Rißüberhang. Hier folgt der Nürnbergerweg dem rechten Riß, der „Hosentöter" hingegen direkt über das Dachl (IV+) dem linken Riß (V—). 30 m über dem Einstieg führen die Risse wieder zusammen und bilden einen gemeinsamen Stand (3 H). Nun trennen sich die beiden Führen endgültig; der Nürnbergerweg zweigt nach rechts ab und der „Hosentöter" folgt dem linken Ast des Riß-Y. Über den Rißüberhang (IV—) in den Körperriß (IV, V und V+); rauher, hosenzerreißender Fels! Im Riß bis an sein Ende und über 2 Überhänge (IV) nach 50 m zu Stand am großen Pfeilerkopf. Nun über die gelbe, kleingriffige Wand und links der Kante weiter (meist V+), zwischen den gelben Überhängen hindurch, etwa 50 m hinauf, bis man direkt an die Kante und zum Ausstieg gelangt.

● 387—389 frei für Ergänzungen.

● 390 Gschöllkopf, 2039 m

Einzelner, vorspringender Gipfel am südl. Rand der Plateauhochfläche, bricht scharf nach Süden zur Erfurter Hütte ab. Guter Überblick über die ganze Gruppe. Abb. Seite 213.

Gschöllkopf vom Weg zum Hochiß. Foto: W. Bahnmüller

● 391 Von der Erfurter Hütte

Bergwanderung, leichtester Anstieg. Etwa 200 mH. 50 Min.

Anstieg: Von der Erfurter Hütte folgt man R 245 bis in den Sattel zwischen Spieljoch und Gschöllkopf, biegt hier links ab und erreicht auf Steigspuren über den latschenbestandenen Hang die weitgedehnte Gipfelfläche und über sie hinweg den Gipfel.

● 392 Ostwand

H. Eichhorn, A. Bonacossa, 1912.

IV + (zwei Stellen), sonst IV und III. Ca. 100 mH, 1 Std.

Zugang: Von der Erfurter Hütte auf dem Weg zur Hochiß, R 245, etwa 10 Min. aufwärts, dann über Schutt zum Fuß der Wand.

Führe: Zwischen dem Überhang links oben und der Höhle zur Rechten über steile Schrofen zu einem Band. Über ein Wandl zum gelben Überhang hinauf. Nun entweder über den Überhang hinweg und nach rechts zu einer Verschneidung und durch den von unten sichtbaren, 6 m hohen Riß zur Gipfelkuppe; oder (H. Fiechtl, 1912): unter dem Überhang nach links etwas leichter, dann wesentlich luftiger, ohne Benützung des Risses zur Gipfelfläche und südl. auf den Gschöllkopf.

● **393** **Südwestwand**
H. Eichhorn, E. Loymon, 1911.
III+. Brüchig. Etwa 140 mH, 1¾ Std.

Zugang: Am Fuße des breiten Südkammes führt im Westen ein Steig durch Schrofen und Schutt an einer Quelle vorbei aufwärts zum E, 20 Min. von der Erfurter Hütte.

Führe: Über die zwischen dem südl. Vorkopf und der Südwestwand gelegenen Verschneidung empor, bis sie sich schließt, und dort nach links. Nun im Zickzack langsam höher, schließlich über Rasen zum Gipfel.

● **394** **Erfurter Kamin**
H. Eichhorn (allein), 1911.
III. Ohne Bedeutung. Ca. 100 mH, 40 Min.

Zugang: Wie bei R 392.

Führe: Im linken Ast des Kamins empor zum Vorkopf und über Grasstufen zum Gipfel.

● **395** **Westwand**
H. Eichhorn, Th. Riemann, 1911.
IV— (eine Stelle), überwiegend III und leichter. Einige H vorhanden. Brüchig, selten begangen. 1¼ Std.

Zugang: Auf dem in R 393 genannten Steig am Fuße der breiten Südflanke des Gschöllkopfes zur Südwestwand, an dieser vorbei zum Einstieg, ½ Std. von der Erfurter Hütte.

Führe: Durch die Wand zieht schräg rechts ein begrüntes Band, welches im unteren Teil in einer Verschneidung abbricht. In ihr hinauf zu einem Überhang und unter ihm durch auf das erwähnte Band zur Rechten. Auf diesem etwa 70 m nach rechts und 10 m gerade aufwärts zu einer Nische unter einem Köpfl. Über dieses hinweg, dann auf ein schmales Band hinunter und wieder ansteigend zum oberen Ende des Bandes. Nun über eine Wand 25 m hinan, auf einem Grasband nach rechts, und an seinem Ende scharf links empor auf den Gschöllkopf.

● **396—397** frei für Ergänzungen.

● **398** **Grubalackenspitze,** 2169 m

Südl. der Einsattelung der Grubascharte baut sich mit einem begrünten, etwas schrofigen Hang die Grubalackenspitze auf. Nach SW und

W bricht sie felsig in den Kessel der Grubalacke und zum Krahnsattel, nach O mit steilen Hängen zum Grubasee hin ab. Als Gipfel ohne wesentliche Bedeutung.

● **399** **Von der Erfurter Hütte**
I (am Grat), sonst Gehgelände. 1¾ Std.

Anstieg: Von der Erfurter Hütte wie bei R 146 in die Mulde der Grubalacke. Hier biegt man vom AV-Weg 412 nach rechts ab, passiert die Grubalacke nördl., überquert den Weg von der Grubascharte zum Krahnsattel und steigt auf Pfadspuren, teilweise recht steil, über die begrünten schrofigen SW-Hänge, zum Grat hinauf und weiter zum Gipfel.

● **400** **Nordwestgrat**
Erstbegeher unbekannt.
II. Höhenunterschied 65 m. ½ Std.

Zugang: Wie bei R 146 zur Grubascharte.

Führe: Von der Grubascharte, R 146, über den Grat teils direkt, teils südöstl. ausweichend auf den Vorkopf empor und über den schmalen Kamm auf den höchsten Punkt der Grubalackenspitze.

● **401** **Nordostwand**
Erstbegeher unbekannt.
IV und III. Brüchig, kaum begangen. 1¼ Std.

Zugang: Von der Grubascharte, R 146, der Wand entlang gegen den Grubasee hinunter (10 Min.) und oberhalb vom südwestlichen Rande des Sees auf einem Steiglein bis zur Fallinie des höchsten Punktes rechts der weiten, zwischen beiden Gipfeln liegenden Scharte, wo ein Kamin herabzieht.

Führe: Vom Steig über steile Schrofen zum Kamin; in ihm empor, oben im linken Aste weiter zur Scharte und über den Kamm auf die Grubalackenspitze.

● **402—403** frei für Ergänzungen.

● **404** **Haidachstellwand**, 2192 m

Höchster Gipfel des von der Grubalackenspitze aus nach S vorstoßenden mächtigen Sporns mit plateauartigem Gipfelbereich. Die Haidachstellwand bricht nach allen Seiten mit mehr oder minder hohen Wänden ab; nach SW entsendet sie zum Schichthals einen markanten Felsgrat. Hervorragender Aussichtsberg, der leicht zu erreichen ist. Gipfelkreuz.

● 405 Von der Erfurter Hütte über den Krahnsattel
Bergwanderung, leichtester Anstieg. Rot Bez. 1½ Std.

Anstieg: Wie bei R 80 in umgekehrter Richtung beschrieben, von der Erfurter Hütte über die Grubastiege zum Krahnsattel. Dort verläßt man den Weg (neue Markierung) nach Süden und steigt auf einem schmalen bezeichneten Pfad aufwärts, der auf einem breiten Band über Matten und Schrofen, unterhalb des Nordgrates, auf das langgezogene Gipfelplateau hinaufführt. Von dort in leichter Steigung auf den Gipfel.

● 406 Von der Erfurter Hütte über die Südwestabdachung
Erstbegeher unbekannt.
I (stellenweise), überwiegend Gehgelände. Kurze Drahtseilsicherungen. Deutliche Wegspuren. Rot bez. ¾ Std. vom Hohen Stand.

Zugang: a) Von der Erfurter Hütte auf dem Weg nach Maurach wenige Min. abwärts, dann in östl. Richtung zur Gassenalm. An der Alm links vorbei und auf deutlichem Weg in weitausholenden Serpentinen empor zur weiten Einsattelung des Hohen Stand. 1 Std.
b) Von der Erfurter Hütte wie bei R 146 die Grubastiege hinauf und knapp unter dem höchsten Punkt auf einem Steig rechts abbiegend in südl. Richtung steile Grashänge querend zur Einmündung in a) oberhalb dreier freistehender Zirben, 1 Std.

Anstieg: Vom Hohen Stand dem Weg in nördl. Richtung folgend bis zu den Felsen. Einige Eisenklammern und ein Drahtseil helfen über einen glatten Felsbauch hinauf zu einem geräumigen Absatz. Über den hier begrünten Rücken links haltend weiter zu einem zweiten Felsriegel, der nahe seiner rechten Kante (I) erstiegen wird. Nun über das flache Gipfelplateau zum höchsten Punkt. (W. Zeis)

● 407 Ostwand
J. Klammer, F. Nieberl, 1912.
III (überwiegend), stellenweise leichter; bei direktem Ausstieg: IV. 270 mH, 2 Std.

Zugang: Von der Erfurter Hütte auf R 80 über den Krahnsattel in 1½ Std., von der Bayreuther Hütte auf R 80 über die Alpigl-Alm in 2¼ Std. unter die Ostwand. Der erste Wandabsatz der von drei waaggrechten Schichtbändern durchzogenen Wand wird oberhalb der Alpigl-Alm über ein schräg nach links emporziehendes, teils latschenbewachsenes Band erreicht, welches auf den breiten, zweiten Absatz führt (hierher unschwieriger Zugang vom Krahnsattel).

Führe: Links der Fallinie der Gipfelschlucht steht ein freier Felsklotz.

Links vom Klotz an fast senkrechter Wand 30 m hinan; dann schräg rechts aufwärts über begrünte Schrofen und festen Fels in die Gipfelschlucht. Durch die Schlucht sowie über den dritten Absatz zur Schlußwand. Nun entweder nach rechts zum Nordkamm und südwärts auf den Gipfel; oder (IV) direkt durch die Schlußwand: in der Gipfelfalllinie über einen Überhang 10 m schräg rechts aufwärts, dann im Riß zur Linken 10 m hinauf und über Schrofen zu einem kleinen Absatz. Nun über ihn nach links zu Platten und bald darauf auf den Gipfel.

● 408 Südostwand

H. Eichhorn (allein), 1913.

V (stellenweise), im oberen Teil leichter. 270 mH, 3 Std.

Zugang: Wie bei R 407 zum breiten zweiten Absatz, bzw. von rechts her durch die Krahn dorthin. Auf dem Schichtband nach links, bis etwa 150 m südwestl. des in R 407 erwähnten Felsklotzes zum großen Block knapp links der Fallinie des scheinbar höchsten Gipfelpunktes. Zur Linken liegt in der Wand ein breites Schrofenband und hinter einer Rippe verborgen ein mächtiger Kamin.

Führe: Hier durch den Kamin und oben nach rechts zu einem luftigen Vorsprung; weiter über die kurze Verschneidung zur Linken zu einem Schuttfleck, 1½ Std. Um die Kante nach rechts, einige Meter gerade empor, dann auf einem Band nach rechts und in anregender Kletterei zu Grashängen. Über begrünte Schrofen aufwärts und rechts von mächtigen Überhängen mit gelbweißem Fels über steile Schrofen zu einer kleinen Nische. Nun auf einem Band nach rechts, durch einen Riß zu Schrofen und geradeauf zum dritten Wandabsatz; weiter von links her auf die Haidachstellwand.

● 409 Südwand

M. Stöger, S. Moser, 1947.

III+ und II. 1 Std.

Zugang: Von der Erfurter Hütte am Wege zur Haidachstellwand (R 406), vor dem letzten Grataufschwung des Südwestgrates (100 m unterhalb des Gipfels) vom Grat rechts ab, über Schutt knapp unter der Südwand zum Einstieg ungefähr in Fallinie des Gipfels. 1 Std.

Führe: Über Schrofen in die große Verschneidung der Wand, die ganz durchklettert wird (III+); hierauf auf meist festem, bald an Steilheit verlierenden Fels in schöner Kletterei (II) zur Kuppe der Haidachstellwand.

● 410 Südwand, Koch / Wimmer-Führe

Koch, Wimmer, 28. 7. 1978.

IV— (eine Stelle), sonst III und leichter. Schöne Kletterei in festem Fels. 150 mH, 1½ Std., Skizze Seite 219.

Zugang: Wie bei R 408 zum E etwa 10 m links der SO-Kante, 1¾ Std.
Führe: Den breiten Riß empor, oben etwas nach links und auf ein Band unter einer Nische. Um die SO-Kante herum und über Schrofen auf einen mäßig steilen, großen Grasfleck; über diesen schräg links empor zu einem kleinen Band. Durch den hier ansetzenden Riß hinauf zu Stand. Auf einem Kriechband weiter, dann kurzer Quergang (sehr ausgesetzt) zu schlechtem Stand. Von hier aus beliebig über Schrofen zur Gipfelfläche. Der letztgenannte schlechte Stand kann bei Verwendung eines 45-m-Seiles vermieden werden. Eine Variante könnte darin bestehen, daß man das Band unter der Nische nach links verfolgt und dann an einem Riß (sicherlich wesentlich schwieriger) den Grasfleck zu erreichen versucht. (E. Reichardt)

● 411 Westwand
H. Eichhorn, S. Dafner, A. Zelger, 1913.
IV—, keine weiteren Einzelheiten bekannt. 1 Std.

Zugang: Von der Erfurter Hütte wie bei R 406 b) über Grashänge zum E. Durch die kurze Wand zieht fast waagrecht im unteren Drittel ein begrünter Absatz. E an der Stelle, wo sich der untere Wandgürtel im südl. Teil am stärksten zusammenzieht. ¾ Std.
Führe: Durch die Einschnürung des unteren Wandgürtels zum begrünten Absatz. Durch den im oberen Wandgürtel gerade emporziehenden Riß, welcher sich zum Kamin erweitert, zum Ausstieg auf einer Platte, womit man die Gipfelfläche erreicht; über sie östl. auf den Gipfel.

● 412 Südwestgrat
H. Eichhorn, D. Schwerin, 1922.
III und II. Selten begangen. 490 mH, 3 Std.

Zugang: Von der Erfurter Hütte wie R 433 / 432 am Weg zum Ebner Joch bis zum Graben unterhalb des Schichthalses, 20 Min.
Führe: Nun grabenaufwärts, schließlich links über den grasigen Steilhang nahe am Rande der roten Abbrüche, zum breiten, teils latschenbestandenen Südwestgrat hinan. Nun stets über den anfangs steilen Gratrücken empor; schließlich über zwei Abbrüche hinweg zum Hohen Stand und dort am bez. Steig zur Haidachstellwand.

● 413 Nordgrat
H. Eichhorn, H. Schmal, W. Glöl, 1912.
III und II. Etwa 200 mH, ¾ Std.

Zugang: Von der Erfurter Hütte auf R 146 zur Grubalacke.
Führe: Von der Grubalacke südl. über unbedeutende Gratfelsen, leichter mit Umgehungen, und schließlich über die weite Gipfelfläche auf die Haidachstellwand hinan.

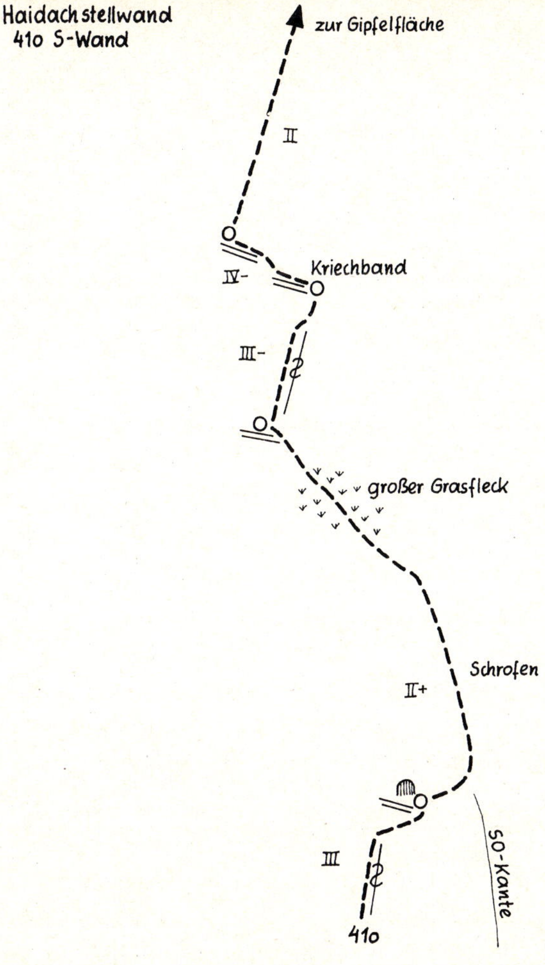
Haidachstellwand
410 S-Wand
zur Gipfelfläche
II
IV-
Kriechband
III-
großer Grasfleck
Schrofen
II+
III
SO-Kante
410

★ 414 Skitouren und -abfahrten

Die Besteigung der Haidachstellwand ist eine beliebte Skitour; Aufstieg vom Mauritzalm-Hochleger über den östl. ziehenden Rücken, an seinem Ende mehr nach rechts zu breiten, steilen Buckeln, schließlich über diese wie R 406 a zum Hohen Stand hinauf; von dort nur zu Fuß auf den Gipfel. Die Abfahrt folgt vom Hohen Stand zuerst dem Aufstiegsweg; am Ende der großen Steilhänge hält man sich mehr links und gelangt so an der Gassenalm vorbei in den Mauritzkessel.

● 415—417 frei für Ergänzungen.

● 418 **Hochstellwand,** ca. 2070 m

Markante, im südl. Teil des Haidachstell-Südwandmassives gelegene Steilwand, welche mit einer Spitze unterhalb des Haidachstell-Südwestgrates endet und von zwei großen, schon vom Inntal sichtbaren Schluchten begrenzt wird. Als selbständiger Gipfel von untergeordneter Bedeutung.

● 419 Südostwand

E. Schmid, Gisi Pervoulesko, O. Mader, 1947.
V (im oberen Wandteil), sonst IV und III.
Etwa 270 mH, interessante Kletterei. 3 Std.

Übersicht: Die Südostwand wird von zwei grünen Schichtbändern durchzogen, wobei über dem oberen ein Riß den Durchstieg vermittelt.

Zugang: Von der Erfurter Hütte wie R 80, dann über den Krahnsattel und den zweiten Absatz der Haidachstellwand, 1½ Std., oder von der Bayreuther Hütte wie R 80 über die Schermsteinalm 2¼ Std. Weiter wie R 407 zum zweiten Absatz der Haidachstellwand und links zum Fuß der Wand. E in der Fallinie des Vorgipfels, auf welchem die eigentliche Südostwand endet.

Führe: Unmittelbar über dem E auf latschenüberwuchertem Fels in eine kurze Rinne. An ihrem Ende über die kleine Stufe zur Linken, auf dem unteren Schichtband steil zu einem kurzen Stemmkamin. Über ihn und im Grunde des an der Südostwand abgespaltenen Turmes zum Westrand der Spalte. An der Südwand auf steilstem Fels mit Graspolstern 30 m (IV) zum oberen (zweiten) Schichtband hinauf, welches nach rechts etwa 20 m verfolgt wird. Nun über die eingangs erwähnte, fast senkrechte Rißverschneidung: Zuerst an glatten Rissen und über zwei Überhänge zu einem Hakenstand; dann unmittelbar über den Riß zu einem 3½ m hohen Überhang, der direkt überklettert wird (V). Nun im darüber befindlichen Riß etwa 3 m hinan und am seichten Parallelriß zur Rechten auf ein schmales Band. Hier Quergang nach links zu gutem Stand (H). Im folgenden Riß 10 m geradeauf, dann nach rechts und über einen Überhang in eine kurze, plattige Verschneidung. Durch einen Riß zu gutem Stand; hierauf kurzer Quergang nach links und über eine kleine Verschneidung zum Ausstieg am Vorgipfel (Ende der eigentlichen Wand). Nun über begrünte Schrofen zum Gipfel.

● **420** frei für Ergänzungen.

5. Einzelgipfel außerhalb der Hochfläche

● **421** **Klobenjochspitze,** 2041 m (Klobenjoch, Abb. S. 223)

Am Kotalmsattel (R 137) beginnt unvermittelt ein nach W ziehender, felsiger Ausläufer, dessen Felsen schon 100 m westl. vom Durchlaß des „Steinernen Tores“ durchbrochen werden. Aus dem Sporn erhebt sich eine latschenumrahmte Bergkuppe mit weitem geneigtem Gipfelplateau, das nach N und S in malerischen Wänden abbricht. Diese Wände bieten dem Kletterer reizvolle Felsfahrten bis zu den höchsten Schwierigkeitsgraden. Schöne Aussicht, vor allem auf den Achensee.

● **422** **Vom Dalfazalm-Hochleger**
Leichtester Anstieg. 340 mH, 1 Std.

Anstieg: Der Steig, der oberhalb des Dalfazalm-Hochlegers (R 76 / 78) beginnt, biegt sofort vom Weg zum Kotalmsattel links ab. Er führt zunächst bis zu einer Jagdhütte fast eben auf die Felswände zu; dann leiten Steigspuren zum Sattel zwischen Klobenjochspitze und Hechenbergjoch (Hechenberg) hinauf. Hier nun steil empor und in Höhe des grünen Hechenbergjochs scharf nach links. Schließlich durch Latschen, etwas sanfter, auf das Gipfelplateau. An geeigneter Stelle überquert man ohne Schwierigkeiten den die Hochfläche teilenden Felsspalt und erreicht so den Gipfel.

● **423** **Nordostwand**
E. Schmid, 1922.
III und leichter. Etwa 150 mH, 1 Std.

Zugang: Vom Kotalm-Hochleger, dorthin wie in R 138, den Steig zum Kotalpensattel bald verlassend, über Schutt zum E hinauf, dort, wo das Geröll unter der Wand am höchsten hinaufreicht (20 Min.).

Führe: Von links nach rechts in eine Rinne und nach Überkletterung eines Überhanges in den tiefeingeschnittenen, kaminartigen Spalt. Durch den senkrechten Spalt in schöner Kletterei (Stemmkamin) über einen Klemmblock hinweg zum Ausstieg auf die latschenbedeckte Kuppe des Klobenjoches.

● 424 Nordostwand, „Knoxwand"
H. Mariacher, H. Grindhammer, H. Rieder, L. Blattl, 1976.
V+ und **A3** (eine Stelle). 150 mH, 2 Std.

Zugang: Wie R 423 vom Kotalm-Hochleger (R 138) zum E.

Führe: Durch eine flache Verschneidung auf einen Grasabsatz. Nun über eine steile Wand zuerst 8 m gerade empor (V+), dann immer leicht links haltend zu einer glatten Platte und über diese etwa 6 m mit Hakenhilfe (A3, A2) unter ein breites Dach. Unter diesem 5 m rechts heraus an eine Kante und gerade empor, später schräg links aufwärts zu Stand in einer Nische. Diese verläßt man nach rechts, wo man anfangs über eine glatte Platte zu einem engen Kamin gelangt, der zum Gipfelgrat führt. Man kann jedoch auch in das Innere dieses Kamins vordringen und durch einen Schluff auf der SW-Seite aussteigen.

● 424 a Nordostwand, „Bärenloch"
H. Mariacher, H. Grindhammer, L. Blattl, 1976.
V+ (eine Stelle), sonst V und IV. 150 mH, 1 Std.

Zugang: Wie R 423 vom Kotalm-Hochleger (R 138) zum E.

Führe: Eine flache Verschneidung benützend, erreicht man nach 1 SL einen großen Grasabsatz. Ein feiner Riß führt bis unter einen Überhang, der frei überklettert wird (V+). Weiter zuerst einige Meter gerade hinauf zum Beginn einer nach links ziehenden flachen Rampe. Über diese erreicht man einen tiefen Kamin, den man durch einen Schluff wieder verlassen kann, worauf man bald den Grat gewinnt.

● 424 b Rechter Wandteil, „Katzenriß"
H. Mariacher, H. Hölzl, L. Blattl, 1976.
V+. 150 mH. Empfehlenswert nur für Schlanke! 1½ Std.

Zugang: Wie bei R 423; E von links her zum Beginn des Risses.

Führe: Nach 20 m wird ein enger Schluff erreicht, durch den man zu einem dürftigen Standplatz am Beginn eines glatten, leicht überhängenden tiefen Risses kommt. Dieser erweitert sich etwas nach 8 m, so daß man sich dort tiefer hineinarbeiten kann, um ihn nach einigen Metern durch einen weiteren engen Schluff wieder zu verlassen (der Riß ist auch außenseitig zu überklettern). Durch eine schöne Rißverschneidung gelangt man schließlich nach 20 m auf den Gipfelgrat.

Klobenjoch von Osten. Foto: R. Rother

● 425 Südwand

K. Mauracher, E. Rzehak, W. Kaspurz, 1959.

IV + (mehrere Stellen), meist jedoch leichter. Schöne, genußvolle Kletterei, festes Gestein. 1½ Std.

Zugang: Vom Dalfazalm-Hochleger (R 76) nach links den Jagdsteig benützend und schließlich durch Latschen empor ins Kar der Südwand. Über die Schuttreißen am Fuß der Wand auf Steigspuren bis zu einem großen von der Wand abgesprengten Felsblock. Hier zieht eine schluchtartige Verschneidung durch die Südwand, die mit einem mächtigen Überhang ins Kar abbricht. Sie vermittelt ab ihrem mittleren Teil den Durchstieg. E etwa 30 m links des erwähnten Überhanges. ¾ Std.

Führe: Über den schräg links aufwärts ziehenden Riß 1 SL empor, dann über eine kurze Stufe und gutgriffige, abgesprengte Platten, bis man nach rechts auf ein gut gangbares Band gelangt, das in die erwähnte Schlucht leitet. Kurzer Abstieg unter eine überhängende Verschneidung. Links an plattiger Wand (H) gerade empor auf leichteres Gelände und zu gutem Standplatz. Über eine senkrechte Wandstufe hinweg links auf den Grat und unschwierig zum Gipfel.

● 425 a Südwand, Schmidtführe

J. und Angelika Schmidt, 26. 10. 1975.
V— (eine Stelle), sonst IV + und III. Keine H (lt. Erstbegeher) vorhanden. 1 Std.

Übersicht: Die Führe folgt dem tief eingeschnittenen, diagonal durch die Wand verlaufenden Kamin links von R 425.
Zugang: Wie bei R 425 von der Dalfazalm-Hochleger. E etwa 20 m links von R 425.
Führe: Über eine Wandstelle hinauf zu Latschenfleck. Nach links über leichtes Gelände (Rampe) zu Stand hinter einem abgesprengten gelben Block. Kurz nach links in den hier ansetzenden Kamin. Über den ersten Klemmblock hinweg (V—) und weiter bis unter den zweiten Klemmblock. Dieser wird durch einen Riß in der linken Kaminwand überwunden (IV +). Stand. Nun über den dritten Klemmblock und die folgende plattige Verschneidung (III) zum „Schlußwandl". Über diese Wandstelle zum Ausstieg am Plateaurand.

● 425 b Südwandverschneidung (Gelbe Verschneidung)

W. Brandmayr, W. Böck, 1967. Erste Winterbegehung: P. Rubisoier, B. Jenewein, 13. 3. 1976.
VI / A2. 100 mH, 4 Std., Mitnahme einiger H empfehlenswert.

Zugang: Wie bei R 425 bis zu der gelbgefärbten Verschneidung, unter der Südwand. E bei den großen Felsblöcken in der Fallinie der überhängenden Verschneidung. ¾ Std.
Führe: Im geschlossenen Kamin etwa 8 m aufwärts, dann durch ein kleines Loch heraus zu H. Nun, den H folgend, 3 SL in der Verschneidung empor (in der 3. SL ein Dachl). Nun in einem Riß rechts in die Latschen (3 Schlingenstände, der dritte Stand 5 m oberhalb des Daches kann umgangen werden). Die Schlingenstände sind mit BH versehen.

● 425 c Südwandriß

P. und T. Rubisoier, B. Jenewein, 21. 2. 1976.
V + (zwei Stellen) und V. Alle H (5 ZH, 4 SH) sowie 1 HK wurden von den Erstbegehern belassen. 2 Std.

Zugang: Wie bei R 425 bis zu der schluchtartigen gelben Verschneidung. Etwa 100 m rechts der gelben Verschneidung befindet sich eine glatte Wand, die von einem Riß durchzogen wird. E bei einer grauen Platte.
Führe: Über die graue Platte empor in den Riß und durch ihn zu Stand

(35 m). Weiter durch den abdrängenden Riß zum Fuß eines gelben Turmes (20 m). Durch den überhängenden Riß (V+) empor und Hangelquergang nach rechts zu Stand am Fuß eines U-förmigen Risses (30 m). Durch ihn (V+) empor und in einer Rechts / Links-Schleife zu Stand bei einer Latsche genau oberhalb dieses Risses (35 m). Nun 30 m gerade empor bis zum Gipfelplateau.

● **425 d Südwand, Josef-Singer-Gedächtnisweg**
B. Jenewein, P. Rubisoier, 23. 10. 1976.
VI— / A1 und V+. 7 ZH und 5 SH wurden von den Erstbegehern belassen. 3 Std.

Zugang: Wie R 425 zum Fuß der Südwand. Der E befindet sich etwa 100 m links der gelben Verschneidung bei einem an der Wand angelehnten Turm.

Führe: Unschwer auf den erwähnten Turm hinauf und nach 40 m zu Stand. Weiter gerade hinauf unter einen Überhang. Dieser wird nach rechts überwunden (VI— / A1; 10 m; KK) und gerade hinauf zu Stand (40 m). Weiter über den nun folgenden Überhang und rechts haltend bis zu einer Felsschuppe (V+). Die folgende, sehr geschlossene Platte wird überwunden, indem man zuerst etwas nach links aufwärts klettert und sich dann rechts hält, bis zum Stand unter den mächtigen Überhängen (♂; VI—; etwa 40 m). Wandbuch. Nun in schöner Kletterei den Riß entlang und Quergang 20 m nach rechts zu Stand (40 m). Von hier links aufwärts bis zu den Latschen (III) und zum Gipfelplateau.

● **426—429** frei für Ergänzungen.

● **430 Ebner Joch**, 1957 m (Ebner Spitze, Abb. S. 89 u. 227)
Letzter Gipfel des von der Grubalackenspitze nach Süden und Südwesten vorspringenden Sporns. Lohnende Aussicht auf Achensee, Karwendel, Zillertaler und Rofangruppe.

● **431 Von Eben**
Bergwanderung; 2½ Std.

Anstieg: Von der Notburga-Kirche in Eben (R 33) folgt man ein Stück der Ortsstraße nach NW, biegt dann rechts ab und geht unter der Achenseestraße hindurch. Der Weg führt meist durch Hochwald, mäßig steil bis unter ein vorgelagertes Köpfl empor, biegt dann fast eben nach rechts ab und steigt, schließlich nördl. einbiegend, nochmals recht steil zum Almboden der bew. Astenaualm (R 84) empor. Der Anstiegsweg führt nun nordwestl. über den Almboden hinauf zu den Latschen und mündet in den von links kommenden Hubersteig (R 432) ein. Jetzt nordöstl. haltend, steil auf dem vom Gipfel südwestl. herabziehenden Gratrücken hinauf.

● 432 **Von Maurach auf dem Heinrich-Huber-Steig**
Bergwanderung. 3¼ Std.

Anstieg: Von Maurach (R 35) folgt man zunächst R 79 bis zum Mauritzalm-Niederleger. An der östl. Hütte (Wegweiser) beginnt der „Heinrich-Huber-Steig", der in ungefähr westl. Richtung eine Weile in den Hochwald hineinzieht und dann bis kurz unterhalb der Einsattelung des Schichthalses ansteigt. Dicht unter dem Sattel wendet sich der Steig nach rechts und führt in mäßiger Steigung unter den abschüssigen NW-Hängen des Ebner Jochs, erst durch Wald, später durch Latschen und über Geröllfelder, empor bis zur Einmündung von R 431; nun links und wie dort zum Gipfel.

● 433 **Von der Erfurter Hütte**
Bergwanderung. 2¾ Std.

Anstieg: Von der Erfurter Hütte (R 77) folgt man erst nördl. und dann östl., den Mauritzalm-Hochleger umgehend, dem Weg R 79, der steil zum Niederleger der Alm hinabführt. Hier auf dem Heinrich-Huber-Steig wie bei R 432 weiter zum Gipfel. Mit dem Abstieg auf R 431 ergibt sich eine reizvolle Abstiegsvariante nach Maurach oder Eben. Bei Seilbahnbenützung sind für die gesamte Tour etwa 5—6 Std. anzusetzen.

● 434 **Nordgrat**
H. Eichhorn, A. Bonacossa, 1912.
III und II. 2 Std.

Zugang: Vom Mauritz-Niederleger am Steig zum Ebner Joch bis unter den Schichthals (R 432) und über die Mulde geradeauf zum Schichthals. Nun auf Steigspuren südl. über mehrere Gratköpfe zum großen Gratabbruch. 1½ Std.

Führe: Es ergeben sich zwei Möglichkeiten: a) Von W her durch einen 50 m hohen Kamin zum höchsten Punkt des Abbruches; oder:
b) (J. und K. Hagspül, 1918) über die Gratschneide 20 m aufwärts zu einem Zacken, der 3 m zu einem Schartl abbricht. Nun einige Meter Quergang nach rechts und durch einen seichten Riß zur Gratkante und zum höchsten Punkt des Abbruchs. Von da teils am Grat, teils auf westseitigen Umgehungen, dann durch eine Rinne östl. des Grates, und schließlich über Schrofen auf den Gipfel.

● **435—437** frei für Ergänzungen.

● **438** **Roßköpfl,** 2072 m

Zwischen den Ostabstürzen des Rofanstocks und der Mulde des Zirei-

Ebner Joch (rechts) von der Hochiß. Foto: R. Rother

nersees liegt das nach N hin felsig abbrechende und vielzackig erscheinende Roßköpfl.

● 439 Vom Marchgatterl
Leichtester Anstieg, ¾ Std.

Anstieg: Vom Marchgatterl (R 152) folgt man zunächst dem Weg R 150 zum Schafsteigsattel (AV-Weg 412), bis knapp unter die Rofan-Ostwände, biegt dann weglos nach links ab und erreicht eine Einsenkung zwischen Ostwand und Roßköpfl, das Roßjöchl. Von dort links über steile Grashänge zum breiten Gipfel empor.

● 440 Nordwestkante
E. Gretschmann, H. Hamberger, 1920.
III und II. 130 mH, ½ Std. Fester Fels.

Zugang: Vom Marchgatterl zunächst kurz auf R 150 und dann zwischen riesigen Felsblöcken hindurch zum Fuß der Kante. ¼ Std.

Führe: Hart rechts von einer Schrofenrinne 10 m hinan und über Bänder und Wandstufen zu einem Wandabsatz, der von einem Riß durchzogen wird. Nach dessen Überkletterung durch einen zweiten Riß und über mäßig schwierige Stufen auf das Roßköpfl.

● 441 Nordwand
E. Schmid, Anni Cincelli, 1926.
IV (eine Stelle), überwiegend III. Empfehlenswerte Übungstour in festem Fels. Etwa 150 mH, ¾ Std.

Zugang: Wie R 440 und zu einem kleinen Vorbau am Fuß der Nordwand in der Fallinie des östl. Roßköpfls.

Führe: Vom erwähnten Vorbau Quergang nach links in die schmale Steilrinne. Erst 5 m Quergang auf guten Stand; dann zuerst waagrecht, schließlich ansteigend in die Rinne. Etwas links vom Überhang durch einen kurzen Kamin auf das obere Schichtband nahe am Grat (hier unschwieriger Ausstieg). Nun am Schichtenband nach rechts bis an sein Ende. Hier über die Kante und eine kurze Verschneidung zum Überhang; nun (IV) ein paar Meter nach rechts zum engen Schlußriß empor, nach dessen Überkletterung über Schrofen zum Gipfel.

● 442—443 frei für Ergänzungen.

● 444 Latschberg, 1949 m

Zwischen dem Plateau der Roßwies und der Einsattelung westl. des Roßköpfls erhebt sich, südl. der Mulde des Zireinersees, der runde Rücken des Latschberges. Nach N fällt er etwas felsig und schrofig, mit

Latschen und Gras durchsetzt ab, nach S zu etwas flacher in Richtung Zirein- und Ludoialmen.

● 445 Von der Bayreuther Hütte
Bergwanderung, 1¾ Std.

Anstieg: Man folgt R 155 (AV-Weg 412) bis weit nördl. der Zireinalm auf die ebene Fläche oberhalb des Zireinersees, knapp nördl. der Einsattelung zwischen Roßköpfl und Latschberg, 1 Std.; hierher auch vom Marchgatterl in ¼ Std. Hier, wo verschiedene Wege zusammentreffen, biegt man östl. ein und steigt auf Pfadspuren über die steilen begrünten Hänge zum Gipfel.

★ 446 Skitouren und -abfahrten

Vom Berghaus Sonnwendjoch (R 92) fährt man, im allgemeinen R 156 folgend, die steilen SW-Hänge des Roßkogels querend, zum südl. Rand der Roßwies und hält auf die Einsattelung vor dem Latschberg zu; der Zireinersee bleibt rechts. Der Gipfel ist nun leicht zu erreichen; man gelangt auch vom Zireinersee her durch die erwähnte Einsattelung oder westl. und auf R 445 zum Gipfel. An Abfahrten bieten sich an: Leichtere Abfahrten in Richtung Zireinersee oder Marchgatterl mit Anschluß an Marchspitze (R 230) und „Ampmooser Reißn" (R 157) — und eine rasantere Abfahrt nach S zur Zireinalm oder östlicher haltend in den Kessel der Ludoialm, womit man Anschluß an die nach Kramsach führende, kehrenreiche Forststraße gewinnt.

● 447 Roßkogel, 1940 m (Kramsacher Roßkopf)

Von dem Hochplateau der Roßwies im NW, dem Kessel der Hochalm im O und jenem der Ludoialm im SW begrenzt, hebt sich der breite, nach O zu etwas felsig abfallende, latschenbestandene Gipfel weithin sichtbar empor. Am W-Hang FS-Relaisstationshaus mit Hochantennen. Aussichtsberg. Gipfelkreuz.

● 448 Vom Roßkogelsattel
Bergwanderung. 20—25 Min.

Anstieg: Vom Roßkogelsattel (R 161) folgt man R 164 (in umgekehrter Richtung) südwestl. am latschenbestandenen NW-Absturz der Roßwies bis zur Abzweigung von R 165 nach S. Hier trifft man auf dem vom Gipfel südwestl. ziehenden Rücken auf Latschen, biegt hier (Wegtafel) links ein, und steigt zum Gipfel hinauf.

● 449 Vom Zireinersee
Bergwanderung. 50 Min.

Anstieg: Vom Zireinersee auf R 156 in südl. Richtung und bald steil hinauf zur Roßwies, wo man auf dem Weg rechts fast eben weitergehend die Einmündung von R 448 erreicht. Von hier weiter zum Gipfel.

● 450 Vom Berghaus Sonnwendjoch
Bergwanderung. ½ Std.

Anstieg: Vom Berghaus (R 92) gleich nördl. zum Zaungatterl und auf einem AV-Weg, wie bei R 156 / 165 beschrieben, steil an der Südschulter empor; an einem kleinen Sattel aber auf dem rechts führenden Steig weiter, der über den schrofigen und latschenbestandenen Rücken zum Gipfel hinaufleitet. Man kann auch abkürzen und sich hinter dem Zaungatterl entlang eines Zaunes nach rechts halten; auf Pfadspuren und teilweise drahtseilgesichert, steigt man zur Südschulter und zur Vereinigung mit dem oben beschriebenen Weg hinauf.

★ 451 Skitouren und -abfahrten

Der Roßkogel ist auch im Winter ein vielbesuchter Gipfel, wozu natürlich der Sonnwendjochlift viel beiträgt. Vom Berghaus aus ist der Gipfel nur auf dem steilen Rücken zu erreichen. An Abfahrten bieten sich die bei R 168 erwähnten Routen zum Zireinersee, zur Ludoialm und zur Hochalm (vgl. R 167) an. Auch die Abfahrt nach Aschau ist empfehlenswert. Kleinere Übungsabfahrten zur Roßwies und zum Roßkogelsattel.

● 452 **Pletzachkopf**, 1549 m

Südöstlich des Roßkogels und der Pletzachalm schiebt sich ein letzter, von diesen Seiten aus begrünter Buckel gegen das Inntal bei Kramsach vor; der Buckel fällt nach W felsig und schrofig und nach S sehr steil abbrechend ab, so daß der Kopf vom Tal aus gesehen imposant wirkt. In vorgeschichtlicher Zeit ist die Inntalseite des Pletzachkopfes abgebrochen und hat die heute noch vorhandene Felsblockwildnis des Roten Gschöß hinterlassen.

● 453 Von der Pletzachalm
Bergwanderung. ¾ Std.

Anstieg: Bei den Almhütten der Pletzachalm (R 166) biegt man nordöstl. ab und steigt zuerst durch lichten Wald und dann, Pfadspuren folgend, über Grashänge zum Gipfel empor. Man kann jedoch auch R 166 in Richtung Hochalm folgen, bis der Weg südöstl. der Flanke des Roßkogels eine Art Sattel erreicht; hier biegt man rechts ab und erreicht ohne große Steigung über einen teilweise bewaldeten Rücken den Gipfel.

● 454—459 frei für Ergänzungen.

B. Östliche Brandenberger Alpen

1. Der Hauptkamm

(Angerberg- oder Pendlingkamm)

● 460 **Voldöppberg,** 1510 m

Als südwestl. Eckpfeiler des Hauptkamms und der östlichen Brandenberger Alpen insgesamt erhebt sich der Voldöppberg (auch Voldöpper Spitze genannt) nördl. von Kramsach volle 1000 m über dem Inntal. Der oberste Teil des Berges ist freies Almgelände mit zwei kleinen Erhebungen; auf der etwas höheren, südlichen Erhebung befindet sich ein großes Gipfelkreuz. Leicht erreichbar, am bequemsten von Brandenberg aus, deswegen viel besucht. Seine isolierte Lage ermöglicht eine Fernsicht, die der von den höheren Rofangipfeln kaum nachsteht: Guffert, Unnütz, Rofan, jenseits des Inn Tuxer Alpen mit dem beherrschenden Kellerjoch, Zillertaler Alpen, Kitzbüheler Alpen mit Wiedersberger Horn, Galtenberg und Gratlspitze direkt gegenüber sowie Rettenstein, Hohe Salve und Pölven über dem Inn im O, ebenso der Kaiser.

● 461 **Von Kramsach**
Bergwanderung. Bez. 990 mH. 2½—3 Std.

Anstieg: Vom Verkehrsamt in Kramsach (R 6) über die Duftnerbrücke und links auf der Straße weiter, nach 500 m rechts auf der Seenstraße bis zur Sommereggermühle. Hier (Wegweiser) links ab, auf einem Fahrweg am Frauensee (Naturdenkmal, Badeverbot) vorbei zum Pulvererhof (kaum Parkmöglichkeit!) und rechts (Wegweiser) zu einer Wegkreuzung. Hier links (Weg Nr. 3) in Richtung Brandenberg durch Wald, bis rechts (Wegweiser: „Voldöpper Spitze") der Steig abzweigt, der steil und mühsam auf dem waldigen SW-Kamm emporführt. 100 m unter dem Gipfel erreicht man bei zwei verfallenen Almhütten freies Gelände und in 15 Min. das Gipfelkreuz.

● 462 **Von Breitenbach am Inn**
Bergwanderung. Bez. 1000 mH. 3½ Std.

Anstieg: In Breitenbach (R 10) auf der Kramsacher Straße nach Haus (¾ Std., Bushaltestelle), hier rechts ab (Weg 11, „Berglsteiner See") und auf der Fahrstraße nach O ausholend über Aschbach zum Ghs. Berghof. Nach 300 m scharf rechts (geradeaus in 15 Min. zum See mit Ghs. und Freibad) auf der Fahrstraße nach NO bis zu einer Verzweigung (½ Std.; Sperrschild, beschränkter Parkplatz). Man geht links auf der Forststraße um die im Wald versteckt liegende Ruine Schindelburg östl. herum. Wo sich die Straße scharf nach W wendet (roter Pfeil), mündet von O der sog. Schindlerweg ein, der (nicht immer gut bez.) von der Kämpferskapelle in Breitenbach über Vogelsangerhof und Antnerkapelle heraufführt. Nun auf der Forststraße der Hochspannungsleitung entlang nach W bis zu einem Sattel mit kleiner Lichtung. Beim Leitungsmasten Nr. 46 (geradeaus weiter nach Kramsach!) an der Tafel „Wanderweg 13" rechts ab. Achtung! Nach 50 m, am Waldrand, zweigt von diesem Weg an einer rot markierten kleinen Fichte ein weiterer Steig ab, der über das Jochmarterl, 1223 m (R 464), direkt nördl. nach Brandenberg-Winkel führt. Diesen Weg darf man nicht gehen, sondern auf dem deutlicheren Weg nach W in den Wald und steil durch ihn empor in die Senke der Heumöseralm, 1206 m. Vor der Alm trifft man auf eine Forststraße (Achtung beim Abstieg! An der Abzweigung steht nur „Berglsteiner See"). Auf der Straße oder auf dem Fußweg an der Alm vorbei (guter Brunnen, letzte Wasserstelle) zur großen Wegkreuzung nordwestl. der Alm (1½ Std.) und weiter wie R 463 in ¾ Std. zum Gipfel.

● 463 Von Brandenberg-Eben

Bergwanderung. Bez. 590 mH. 1½—2 Std.

Anstieg: Von der Kirche in Brandenberg-Eben (R 49) 600 m auf der Straße nach Kramsach bis zum Berghof am Ortsausgang (Bushaltestelle). Hier beginnt die bequeme Forststraße (Fahrverbot, Wegweiser), die in 45 Min. zur Wegkreuzung nordwestl. der Heumöseralm, 1206 m, führt. Hierher auch auf rot bez. Forstweg von Brandenberg-Winkel oder vom Ghs. Hubertus. Von der Kreuzung (Wegweiser) auf Karrenweg nach W steil durch Wald empor; bei zwei Heuhütten erreicht man die freie Gipfelfläche und in wenigen Minuten den Gipfel selbst.

● 464 Von Brandenberg über Jocher und Zimmerer Kopf

Lange, zum Teil weglose Überschreitung, Trittsicherheit und Wegfindigkeit nötig. Für sich allein nicht sehr lohnend; von Bedeutung für eine zusammenhängende Überschreitung des Hauptkammes von Kramsach zum Pendling oder umgekehrt. 3½ Std.

Anstieg: Von Brandenberg wie R 177 in 1 Std. zum Jochersattel (auch von Breitenbach am Inn in 2 Std., R 176). Hierher auch mit Pkw. Am Ostende des Sattels vom Fahrweg nach S abwärts (Wegweiser „Breitenbach, Wanderweg 19") zwischen zwei Almzäunen entlang bis zur südwestl. Ecke der Almwiese. Hier vom Breitenbacher Weg rechts ab und auf Weg in eine Mulde. Diese quert man in südl. Richtung und steigt einen Waldrücken hinauf. Von hier waagrecht nach SW, bis ein Abstieg zu dem großen Windbruch möglich ist, bei dem ein schlechter Ziehweg beginnt. Man verfolgt ihn durch die große Mulde nach W (in umgekehrter Richtung bei den Abzweigungen immer links halten!), zuletzt auf grasüberwachsenen Karrenspuren in den Sattel zw. Zimmerer Kopf und einer nordöstl. davon befindlichen Erhebung (großer Felsblock mit eingemeißeltem „Z"). Nach S 100 m auf einem Ziehweg, dann gerade durch Wald sehr steil und anstrengend auf den Grat und kurz nach rechts (W) zum Zimmerer Kopf, 1246 m, (oder nach links Wegspur auf den Ostgrat, den man bei einem roten Pfeil erreicht, Vermessungszeichen im Fels; auf Spuren nach rechts (W) zum Gipfel). Felsabbruch nach N, schöner Blick auf Brandenberg und Guffert. Nun immer am Waldkamm bleibend auf Steigspuren nach WSW über mehrere unbedeutende Erhebungen in die Senke beim Jochmarterl, 1223 m, (nach N Ziehweg und Forststraße nach Brandenberg-Winkel, nach S rot bez. Spuren zur Forststraße und nach Breitenbach oder Kramsach, s. R 462). Vom Marterl 30 m nach W, dann halbrechts auf Karrenweg, wo er sich nach rechts unten wendet, nach links auf einen Ziehweg und ihm entlang zum Weg, der von Brandenberg-Winkel heraufkommt (R 463) und zur Heumöseralm führt. Zum Voldöppberg von der Wegkreuzung wie R 463.

• 465 **Heuberg,** 1746 m

Mit dem Kienberg im NW und dem Plessenberg im NO (R 468 und 472) zusammen bildet der Heuberg ein großes, bewaldetes, oben schrofiges Massiv mit Gipfeln, die fast 1300 m über der Sohle des Inntals bei Breitenbach aufragen. Wegen der ausgezeichneten Fernsicht und der guten Überschreitungsmöglichkeiten wird vor allem der Heuberg relativ häufig besucht. Vermessungszeichen wenige Meter südl. unter dem höchsten Punkt. Der kürzeste und bequemste Aufstieg erfolgt von Brandenberg über Jocher, auch für Kinder geeignet. Alle anderen Wege an den drei Gipfeln erfordern dagegen Ausdauer und z.T. auch alpine Erfahrung.

• 466 **Von Brandenberg über Jocher**

Bergwanderung; bez. 830 bzw. 620 mH. 2½—3 Std. Bis zum Sattel des Jocher auch mit Pkw, dann 1 Std. weniger.

Anstieg: Wie R 177 über Ghs. Kink zum Jochersattel. Etwas östl. des höchsten Punktes des Fahrwegs nördl. ab (beschränkter Parkplatz; Tafel „Plessenberg — Wanderweg 8", von W kommend schwer zu sehen!) und nicht zu den zwei Bänken, sondern gerade aufwärts am Zaun entlang. Nach wenigen Metern erreicht man den von der Sattelhöhe selbst kommenden Fahrweg und nun gut bez. durch Wald nach NO empor, bis man in 1500 m Höhe das freie Gelände der Jocheralm erreicht. An den Almhütten (letzte Wasserstelle) vorbei und über den breiten Rücken mit herrlichem Blick auf Inntal und die Zentralalpen der Bez. folgend nach NO zum Heuberg.

● 467 **Von Breitenbach am Inn über Jocher**
Bergwanderung; bez. 1230 mH. 3½—4 Std.

Anstieg: Wie R 176 auf den Jochersattel. Wo man den Fahrweg erreicht, etwas nach links bis zu der Stelle, wo der Weg zur Jocheralm abzweigt (Wegweiser). Weiter s. R 466.

● 468 **Kienberg,** 1786 m

Höchster Gipfel des Bergstocks, zu dem auch Heuberg und Plessenberg gehören (s. R 465). Zugleich höchster Gipfel des Angerbergkamms, in den östlichen Brandenberger Alpen nur vom Veitsberg um einen Meter übertroffen. Vom Heuberg her auf R 471 bequem zu erreichen, als Abstecher lohnend. Die beiden anderen Anstiege erfordern Wegfindigkeit. Gipfelkreuz.

● 469 **Von Brandenberg über Oberberg**
Bergwanderung; nicht immer leicht zu finden, da zum Teil schlecht bez. Bis Oberberg auch mit Pkw möglich. 870 bzw. 650 mH. 3½ bzw. 2 Std.

Anstieg: Von der Kirche in Brandenberg-Eben (R 49) auf der Straße über Winkel und Kink (Weg Nr. 8) nach Oberberg (Weg Nr. 9) und bis zum Sperrschild am Waldrand hinter den letzten Häusern von Oberberg, 1½ Std., beschränkter Parkplatz. Auf der Straße weiter (Wegweiser „Krumbachalm — Heubrandalm"); nach der 3. Kehre rechts auf Weg 9 b zur Heubrandalm, 1319 m, ½ Std. Von der östl. Almhütte nach O in einen bewaldeten Graben; in ihm aufwärts und auf den Rücken, der zum unbedeutenden Gipfel des Einkehrboden, 1490 m, hinaufzieht (durch prächtige, einzeln stehende Riesenbäume gekennzeichnet). Nach NO hinab zur Einkehralm und nach O in einen Graben. Auf der gegenüberliegenden Seite links haltend bis man (schwache rote Bez.) den Beginn des Steiges findet, der nach rechts auf den SW-Rücken des Kienberg-Vorgipfels hinaufleitet. Hier nach links zum Vorgipfel, ca. 1630 m, und durch Latschen auf Steigspuren nach SO zum Kienberg.

● 470 **Von Pinegg über Oberberg**
Bergwanderung, zum Teil bez. 1110 mH. 3—3½ Std.

Anstieg: Vom Sägewerk in Pinegg (R 107) an der Brandenberger Achenbrücke nach SO und auf einem Steg über den von O kommenden Bittenbach. Auf Weg 10 äußerst steil durch Wald nach SO zu den Pramahöfen hinauf. In gleicher Richtung auf einem Fahrweg nun fast eben weiter zu den Häusern von Wildmess, 1087 m. Hier links in wenigen Minuten auf der Fahrstraße zur Straße Oberberg — Krumbachalm beim Sperrschild, 1¼ Std. (R 469). Weiter wie dort zum Kienberg.

● **471 Vom Heuberg**
20 Min.

Übergang: Vom Heuberg nach NW auf dem latschenbewachsenen Verbindungsrücken, zum Teil links davon, über eine ausgeprägte Erhebung zum 700 m entfernten und 40 m höheren Kienberg.

● **472** **Plessenberg,** 1743

Östlicher Eckpunkt des in R 465 beschriebenen Massivs, vom Heuberg als kurzer Abstecher zu erreichen (R 475); der Ostanstieg erfordert Trittsicherheit. Gipfelkreuz. Blick auf Inntal und die Zentralalpen.

● **473 Von Breitenbach am Inn über Grub**
I (stellenweise im Gipfelbereich) sonst Gehgelände; zum Teil spärlich bez. Trittsicherheit erforderlich; 1230 mH. 4—4½ Std.

Anstieg: Von der Kirche in Breitenbach (R 10) auf der Mariasteiner Straße (Wanderweg 3) nördl. nach Grub, 1 Std. Entweder bei den ersten Häusern (Bez.: „Plessenberg — Wanderweg 20") links ab oder in der Dorfmitte (Parkmöglichkeit) auf Fahrweg nach NW, bald rot bez. Am Waldrand vereinigen sich die Wege. Steil und schattig in vielen Kehren, an einem Marienbild vorbei, zur Lichtung der Ruraalm, 1070 m, empor. An der unteren Hütte rechts vorbei, vor der oberen an einem Felsblock links (roter Pfeil). Im weiteren Verlauf ist der Weg zum Teil abgerutscht; er führt landschaftlich schön unter den gewaltigen Schrofenabstürzen des Plessenbergs in einer Mulde empor. Bei einem verfaulten Brunnentrog in etwa 1350 m teilt sich der Weg (schlecht bez.!): rechts R 485, links noch 50 Höhenmeter in einen Sattel (jenseits 100 m tiefer die Aschaalm). Vom Sattel links, südwestl., über das große Almkreuz am Aschajoch, 1457 m, in eine weitere Einsattelung hinab (von rechts mündet R 474 ein) und den schmäler werdenden Rücken aufwärts zur steilen Ostflanke des Plessenbergs. Die Bez. führt nun nach rechts durch Latschen zu einer steilen Schrofenrinne, die zum NO-Grat emporführt (stellenweise I). Über ihn in wenigen Minuten nach links zum Gipfel.

● 474 Von Brandenberg über Oberberg und die Krumbachalm
I (stellenweise im Gipfelbereich), sonst Gehgelände. Bez. Trittsicherheit erforderlich. 820 mH. 4½—5 Std. Anstrengend, daher besser im Abstieg nach Überschreitung des Heubergs. (Mit Pkw 1½ Std. weniger.)

Anstieg: Wie R 469 zur Abzweigung des Weges zur Heubrandalm, 1¾ Std. Hier auf der Fahrstraße (Wanderweg 9) weiter über den breiten Sattel zw. Kienbergmassiv und Hohem Nock und leicht fallend zur Krumbachalm, 1300 m, 1 Std. Die Fahrstraße führt nach O leicht fallend weiter. 150 m nach der Brücke über den von der Aschaalm kommenden Bach Verzweigung (½ Std.): geradeaus zur Nachbergalm (R 487), rechts 500 m zur Aschaalm, 1328 m, und nach S auf den Grat, den man in der Einsattelung südwestl. des schon von unten sichtbaren Kreuzes auf dem Aschajoch erreicht. Weiter wie R 473 zum Gipfel.

● 475 Vom Heuberg
Rot bez. 10 Min.

Übergang: Vom Heuberg (R 465) nach NO über den etwa 40 m eingescharteten Verbindungsgrat zum etwa 300 m entfernten Plessenberg.

● 476—477 frei für Ergänzungen.

● 478 **Hoher Nock,** 1497 m

Langgestreckter, nach N zum Teil steil abstürzender Waldrücken nördl. der Krumbachalm. Fortsetzung nach W im unbedeutenden Prinzkopf, 1306 m, dessen Vorgipfel, P. 1127, mit fast 200 m hoher, senkrechter, schwarzgelb gestreifter Wand (noch nicht begangen) nach NW zur Brandenberger Ache nördl. von Pinegg abbricht.

● 479 Von der Krumbachalm
Weglos. ½ Std.

Anstieg: Von den Almhütten der Krumbachalm (R 474) nach N durch steilen Wald und über Schrofen zum höchsten Punkt. Die Sicht ist durch Wald eingeschränkt.

● 480 **Nachbergköpfe,** 1540 m und 1548 m

Zwei ausgeprägte Gipfel im Hauptkamm zw. Ascha- und Nachbergalm. Am nordöstl. Nachbergkopf, 1548 m, zweigen Kühberg und Zunterköpfl vom Hauptkamm ab.

● 481 Überschreitung der Nachbergköpfe
Weglos. Lohnende, aussichtsreiche Variante zu R 485. ¾ Std.

Übergang: Vom Sattel bei P. 1444 (R 485) nach O über den zum Teil verkarsteten Kamm auf den südwestl. Nachbergkopf, ca. 1540 m. Nach NO 35 Höhenmeter hinab in einen Sattel und leicht auf den nordöstl. Nachbergkopf, 1548 m. Nun entweder nach N über einen Drahtzaun und einen kurzen steilen Abbruch (I) zur Nachbergalm hinunter oder zurück zum Sattel zw. beiden Köpfen und nach W kurz absteigend auf Weg R 485 und zur Alm.

● 482 **Kühberg,** 1677 m

Bis oben bewaldeter breiter Gipfel nordwestl. der Nachbergalm, der nach N („Larcheck") 800 m auf die Talwasserscheide der Riedenberger Wiesen abbricht. Etwas mühsam zu besteigen; die Sicht nach S ist durch Bäume ein wenig beeinträchtigt, deshalb im Gegensatz zum östl. benachbarten Zunterköpfl (R 484) sehr wenig besucht.

● 483 Von der Nachbergalm

Steigspuren; nicht bez. Etwa 100 mH. ¾ Std.

Anstieg: Von der Alm (R 485—487) wenige Meter nach NO in den Sattel zwischen Kühberg und Zunterköpfl. Von hier auf Steigspuren nach NW, erst etwas rechts haltend, dann immer auf oder nahe dem Kammrücken durch lichten Wald, Latschen und Wacholderbüsche empor. Oben längere Zeit eben dahin. 150 m vor dem Gipfel eine schwarzweiße Stange. Zuletzt kurzer Anstieg zum höchsten Punkt mit rotem Vermessungszeichen.

● 484 **Zunterköpfl,** 1635 m

Hübscher, oben freier Almgipfel mit großem Metallkreuz, Fahnenstange und Bank; bequem von der Nachbergalm zu erreichen. Bei Einheimischen beliebter Aussichtsberg. Besteigung mit Ski und Abfahrt (Gegensteigung!) auf R 487 bei lawinensicheren Verhältnissen möglich.

● 485 Von Breitenbach am Inn über Grub

Zum Teil schlecht bez. 1120 mH. 4 Std.

Anstieg: Wie R 473 zur Wegteilung beim Brunnentrog in 1350 m Höhe. Hier ist rechts ein Holzpfeil „Wanderweg 21". Vom Trog weglos, aber rot bez., gerade empor. Bald mündet von links ein unbez. Querweg vom Plessenberg ein. Nun hinauf in den Sattel östl. von P. 1444. (Von hier weiter über die Nachbergköpfe, lohnende Variante, s. R 481). Nach NO (schlecht bez., bei Nebel Vorsicht) waagrecht unter den Nachbergköpfen entlang zu den verstreuten Hütten der Nachbergalm. Nordöstl. weiter ohne Bez. in den Sattel zw. Kühberg und Zunterköpfl und auf immer deutlicher werdender Wegspur durch lichten

Wald nordöstl. empor, kurz unterhalb des Gipfels an einer hellen Felsbank entlang, zum Kreuz. ½ Std. von der Alm.

● 486 Von Breitenbach am Inn über Schönau
Bergwanderung. Bez. Etwa 1120 mH. 4½ Std.

Anstieg: Wie R 113 bis hinter den letzten Hof von Schönau. Hier links (Wegweiser) auf Fußweg am Bach entlang (also nicht wie in den Karten eingezeichnet nach rechts ausholend), an einer Wasserfassung vorbei und auf schönem Waldweg hinauf zu einer eigenartigen kleinen Holzkapelle, ca. 850 m. Ab hier steiler, auf schlechtem, bei Nässe unangenehmem Weg, hinauf zu verstreuten Almhütten und der roten Bez. folgend halblinks weiter, einen Fahrweg querend, aufwärts zu der Almstraße, die Nachberg- und Buchackeralm verbindet (Wegweiser an Baum). Auf der Straße nach NO bequem zur Nachbergalm und weiter wie bei R 485 in ½ Std. auf das Zunterköpfl.

● 487 Von Brandenberg über Oberberg und Krumbachalm
Bergwanderung. 710 mH. 4½ Std.
(Mit Pkw 1½ Std. weniger).

Anstieg: Wie R 174 zur Wegverzweigung am Aschabach, 3¼ Std. Hier gerade weiter, über den Nachbergbach und an seiner Nordseite in Kehren hinauf auf der Fahrstraße bequem zur Nachbergalm, 40 Min. Wie R 485 zum Zunterköpfl, ½ Std.

● 488 Von Riedenberg
Bergwanderung; schlecht bez. 680 mH. 2½—3 Std.

Anstieg: Von Riedenberg (R 54) wie bei R 108 zur Holzerhütte am Glemmbach, 898 m, ½ Std. Nun durch das Hasatal wie R 114 hinauf. In 1100 m Höhe rechts (Wegweiser) über den Bach und auf Fahrweg nach S; im sog. Schusterloch über den Reispalbach und westl. hinauf zur Nachbergalm. Wie R 485 zum Gipfel, ½ Std.

● 489 Turenberg, 1534 m

Bewaldeter Berg, der zusammen mit den bei R 491 erwähnten Gipfeln einen niedrigeren Parallelkamm zum Hauptkamm auf der Höhe des Hundalmer Jochs bildet. In der langgestreckten welligen Mulde zwischen beiden Kämmen liegen Buchacker- und Hundalm. Die Sicht vom Turenberg ist durch Bäume etwas eingeschränkt.

● 490 Von der Buchackeralm
Weglos. 35 Min.

Anstieg: Von der Buchackeralm (R 111) auf dem Weg zum Höhlensteinhaus; von der ersten Kehre aus auf Steigspuren nach links über schönes Almgelände in den Sattel östl. des Turenbergs. Durch lichten Wald weglos und ziemlich steil zum Gipfel.

● 491 **Schlundkopf,** 1530 m, **Eishöhlenkopf,** ca. 1525 m **Hundalmkopf,** 1513 m

Unbedeutende, in den Karten nicht benannte Gipfel, die sich mit Hundalmer Joch, Turenberg sowie der Eishöhle zu einer hübschen Rundtour verbinden lassen. Zur Lage s. R 489. Die beiden ersten Erhebungen sind bewaldet; die dritte bietet einen guten Blick auf den Hundalmer Joch / Köglhörndl-Kamm.

● 492 **Von der Buchackeralm**
Bergwanderung. 1½ Std.

Übergang: Wie R 490 in den Sattel östl. des Turenbergs und über einen mit schütterem Wald bestandenen Rücken nach rechts auf den Schlundkopf. Nach NO absteigend und durch Wald weiter erreicht man bald den Steig zur Eishöhle (R 111). auf ihm links zum Höhleneingang und in wenigen Minuten nach S zum unbedeutenden Eishöhlenkopf, von dem man schnell nach O auf das freie Gelände der Hundalm gelangt. An der Alm vorbei und nach O auf den Sattel nördl. des Hundalmer Jochs, über den der Weg Buchackeralm — Höhlenstein führt. Vom Sattel in 10 Min. nach N auf den Hundalmkopf.

● 493 **Hundalmer Joch,** 1637 m

Eindrucksvoller, steiler, mehr als 1000 m über dem Angerberg bei Mariastein aufragender Berg, der sich in einem 2 km langen Verbindungsgrat zum etwas höheren Köglhörndl im NO fortsetzt, was eine ausgezeichnete Überschreitungsmöglichkeit ergibt. Nach S gewaltiger Wandabbruch. Durch die beiden günstig gelegenen Stützpzunkte Buchackeralm im W und Höhlensteinhaus im O sind die beiden Gipfel gut zu erreichen. Hervorragende Sicht von den Berchtesgadener bis zu den Ötztaler Alpen, besonders beeindruckend Kaiser und Hohe Tauern. Trigonometrisches Zeichen auf dem höchsten Punkt, Gipfelkreuz 15 Höhenmeter südwestl. darunter.

● 494 **Von der Buchackeralm über die SW-Flanke**
Bergwanderung. 340 mH. 50 Min.

Anstieg: Auf dem Weg zum Höhlensteinhaus 15 Min. empor bis zur obersten Almhütte. Hier — kurz vor der Abzw. zur Eishöhle, R 111 — rechts waagrecht in einen Graben und jenseits nach O quer durch den SW-Hang ansteigend bis an den Abbruch der Südwand (Vorsicht!). Nun durch Latschen und über Schrofen nach NO auf den Gipfel.

● 495 **Von der Buchackeralm über die Hundalm von Norden**
Bergwanderung; nur zum Teil bez. Etwa 300 mH. 1¼ Std.

Anstieg: Auf dem Weg zum Höhlensteinhaus über die Hundalm bis in den Sattel nördl. des Hundalmer Jochs, 40 Min. (s. R 492; hierher auch von Hinterthiersee auf R 115 in 2 Std.). Vom Sattel nach S (Wegweiser „Hundalmer Joch") zunächst ohne Weg empor, dann auf Spuren links aufwärts zum Grat etwas südwestl. oberhalb einer Scharte. Auf dem Grat rechts an einer Steinmauer mit Drahtzaun entlang rot bez. zum Gipfel.

● 496 **Vom Köglhörndl**
I (eine Stelle), sonst Gehgelände. Rot bez. Trittsicherheit erforderlich. Beliebte Überschreitung mit herrlichen Ausblicken. 1 Std.

Übergang: Vom Kreuz am SW-Gipfel des Köglhörndl nach W durch Latschen abwärts, dann durch Wald etwas auf und ab, zuletzt nach links, den senkrechten Abbruch umgehend, zu einer Scharte mit Kreuz. Bald folgt ein kleinerer felsiger Abbruch, der mit Hilfe eines alten Drahtseils abgeklettert wird (I). Über eine weitere Scharte, danach aufwärts (von N mündet R 495 ein) an einer Steinmauer mit Drahtzaun entlang zum Hundalmer Joch.

● 497 frei für Ergänzungen.

● 498 **Köglhörndl,** 1645 m

Der Gipfel ist im N bewaldet, bricht im S und O in steilen Schrofen ab und schiebt nach SW eine 300 m hohe, zum Teil senkrechte, aus drei massigen Pfeilern bestehende Wand vor. Wie das benachbarte Hundalmer Joch leicht zu erreichen, ausgezeichnete Sicht (s. R 493). Der höhere NO-Gipfel trägt ein trigonometrisches Zeichen, der 10 m niedrigere und 250 m entfernte SW-Gipfel ein großes, 1976 errichtetes Kreuz aus Leichtmetall.

● 499 **Vom Höhlensteinhaus**
Bergwanderung, auch für Kinder geeignet. Rot bez.
310 mH. 1 Std.

Anstieg: Vom Ghs. zum NW-Rand der Almfläche und in den Wald. Nach 100 m links ab (geradeaus zur Köglalm; Möglichkeit zur Kombination mit R 500) und steil durch Wald aufwärts; beim Erreichen des Gratrückens scharf nach links (SW) und nicht mehr so steil zum NO-Gipfel; in weiteren 6 Min. südl. um den NO-Gipfel herum zum Kreuz am SW-Gipfel.

● **500** **Von Hinterthiersee**
Bergwanderung. Bez. 780 mH. 2½ Std.

Anstieg: Von Hinterthiersee (R 58) wie bei R 122 zur Köglalm, 80 Min. Hier nach S auf Steig an einem Kreuz vorbei, später durch lichten Wald, zuletzt von NW her zum Köglhörndl, das man etwas nordöstl. des kreuzgeschmückten SW-Gipfels erreicht. Zum höheren NO-Gipfel in 6 Min.

● **501—502** frei für Ergänzungen.

● **503** **Jochkopf,** 1409 m

Untergeordneter, zwischen Höhlensteinhaus und Jochalm einzeln im Hauptkamm stehender bewaldeter Gipfel. Der höchste Punkt ist etwas nach N vorgeschoben und trägt ein kleines Vermessungszeichen. Freie Sicht nach N. Steigspuren vom Höhlensteinhaus. Überschreitung von O nach W (Pendling — Höhlensteinhaus) s. R 506.

● **504** **Heimbergköpfe**
Westlicher, 1456 m, **Mittlerer,** ca. 1470 m, **Östlicher,** ca. 1475 m

Drei ausgeprägte Erhebungen im Hauptkamm zwischen Jochkopf und Mittagkopf, die mit sehr steilen Schrofenwänden und einem bewaldeten Sockel über 1000 m nach Unterlangkampfen abbrechen. Ihre Überschreitung (s. R 506) ist sehr abwechslungsreich und stellt, gute Sicht vorausgesetzt, eine lohnende Variante zum normalen Weg Höhlensteinhaus — Pendling (R 511) dar.

● **505** **Mittagkopf,** 1543 m

Westlicher Nachbar des Pendling, im Gegensatz zu ihm selten bestiegen. Trotz Waldbestand bis oben hin bietet er gute Ausblicke, namentlich auf die Hohen Tauern. Zum Namen: Von Vorderthiersee aus gesehen der Berg, über dem mittags die Sonne steht. R 511 (Höhlensteinhaus — Pendling) führt dicht südl. unter dem Gipfel durch; Überschreitung s. R 506.

● **506** **Überschreitung Pendling — Mittagkopf — Heimbergköpfe — Jochkopf — Höhlensteinhaus**
Meist ohne Bez., zum Teil Spuren. Einsam. 2 Std.

Übergang: Vom Kreuz bzw. Vermessungszeichen am Westrand der Gipfelfläche des Pendling (R 507) auf dem Normalweg nach W hinab. Dort, wo der Abstieg nach Thiersee rechts abzweigt, geradeaus weiter (Wegweiser „Almghs. Höhlenstein“) auf schönem Waldgratweg. Wo der Weg sich vor dem Mittagkopf nach links in die Südseite wendet, gerade zu ihm hinauf. Man verfolgt nun entweder den waldigen Grat über einen westl. Vorgipfel hinunter zum Sattel P. 1426 oder steigt vom Gipfel nach SW ab und erreicht in Kürze den Weg R 511, der über einen Wiesenhang absteigend zuletzt waagrecht in den Sattel führt. Hier direkt über den Grat, zum Teil Spuren, auf den Östl. Heimbergkopf. Vor der nächsten Scharte (bei direkter Überschreitung über eine eigenartige Kluft: II) weicht man südl. aus, steigt steil auf eine Zwischenerhebung und erreicht über eine weitere Scharte (ca. 1425 m) durch Kiefern und Latschen den Mittleren Heimbergkopf mit freiem Blick. Auf dem Grat oder an seiner Südseite abwärts in die nächste Scharte (ca. 1405 m) und steil auf den mit Buchen bewachsenen Westl. Heimbergkopf, von dem man scheinbar senkrecht auf Unterlangkampfen hinabblickt. Nun immer hart am Südabsturz entlang, dann durch Wald abwärts auf einem Jagdsteig an einem Hochsitz vorbei in den Sattel bei der Jochalm, ca. 1280 m. (Für die Gegenrichtung: der Jagdsteig beginnt auf der Südseite des Sattels nahe beim Brunnen, hinter dem Drahtzaun). Vom Sattel gerade durch Wald ziemlich steil auf den Jochkopf. Von ihm führen deutliche Spuren erst durch eine steile moorige Rinne, später durch flacheren Wald hinab auf die Almböden von Höhlenstein und zum Ghs. (Für die Gegenrichtung: etwas rechts haltend am Brunnen vorbei bis fast zum höchsten Punkt der Almfläche im O; dort beginnen links die Steigspuren).

● 507 Pendling, 1563 m

Der östl. Eckpfeiler des Hauptkamms beherrscht von Kufstein aus als Horn mit zwei riesigen steilen Kalkplatten den westl. Horizont und überragt um fast 1100 m die Sohle des Inntals, während er zum Thiersee mit steilen Waldschrofen abfällt. Kreuz und Vermessungszeichen am westl. Gipfelrand, ein weiteres Kreuz am östl.; 2 Min. darunter nord-östl. das Kufsteiner Haus (R 123).

Die Fernsicht reicht ungehindert über die Schlierseer und Chiemgauer Berge ins Alpenvorland, im O erhebt sich zum Greifen nahe der Wilde Kaiser und im S bilden über den grünen Kitzbüheler Bergen die Zentralalpen von den östlichen Hohen Tauern bis zu den Ötztalern eine eindrucksvolle Kulisse; lohnend und lehrreich ist auch der Tiefblick auf das Inntal mit Kufstein. So erklärt sich die in den letzten Jahren stark gestiegene Beliebtheit des Berges — Aussicht, Unterkunftshaus, gute Wege, die Nähe von Kufstein; namentlich an schönen Herbstwochenenden erlebt er Invasionen von Besteigern, während Walter Pause noch 1965 in seinem Buch „Münchner Hausberge“ den Gipfel „ein stilles, einsames Gefilde“ nannte. Warnung: Die Gipfelfläche des Pendling ist nur von SW her gefahrlos zu erreichen. Man hüte sich davor, einen Abstieg von ihr in anderen Richtungen zu versuchen; das Gelände stürzt überall steil ab.

● 508 Von Kufstein

Bergwanderung. Bez. 1080 mH. 3½—4 Std.

Anstieg: Vom Unteren Stadtplatz über die Innbrücke zum Bahnhof und über den Bahnhofssteg, links in die Herzog-Stefan-Straße und wieder rechts durch Zellerburgstraße und Lindenallee zum Kloster Kleinholz. Dort rechts abbiegen, auf dem Maistaller Weg die Langkampfener Straße überqueren, unter der Autobahn durch und links zum Maistaller Moor (Naturdenkmal). Weiter am Fuß des Maistaller Bergs entlang zu den Maistaller Höfen. Von hier entweder rechts ab und auf gut bez. Weg den Maistaller Berg nach SW aufwärts, dann rechts umbiegend nach NW in das Dreibrunnenjoch, 732 m, 1½ Std., oder (Wegweiser „Stimmersee") immer am Bergfuß entlang zum Stimmersee, knapp 1 Std. (Ghs., Freibad, Parkplatz; mit Pkw hierher über Langkampfener Straße) und von dort hinauf (Wegweiser) zu obigem Weg und ins Dreibrunnenjoch, 40 Min. Vom Jochkreuz (geradeaus nach Vorderthiersee, R 179) links durch die ganze waldige N-Flanke des Pendling ansteigend nach W, bei Abzweigungen immer links haltend, bis man auf den Anstieg von Vorderthiersee (R 509) trifft. Weiter wie dort zum Pendling.

● 509 Von Vorderthiersee

Bergwanderung, auch für Kinder geeignet. Bez. 880 mH. 2½—3 Std. (Vom Ghs. Schneeberg 1 Std. weniger).

Anstieg: Vom Ghs. Pfarrwirt (1 km von der Kirche, an der Straße nach Hinterthiersee) auf geteerter Straße nach S hinauf zum Ghs. Schneeberg, 950 m, großer Parkplatz, (zu Fuß 1 Std. von der Kirche in Vorderthiersee). Von hier gut bez. zunächst auf Fahrweg, dann auf Karrenweg durch Wald nach S. Wenige Meter vor der auf einer kleinen Lichtung gelegenen Oskarquelle (Überlauf = letzte Wasserstelle) mündet von links in 1160 m Höhe R 508 ein, auf der Lichtung selber von rechts R 510. Nun nach O aufwärts; unter einer blaugrauen Wand wendet sich der Weg wieder scharf rechts und führt an etlichen kleinen Höhlen (Unterstand) vorbei in Kehren auf den Grat. Kurz unter ihm links Wegweiser „Pendling"; dieser Weg führt eben unter dem Gipfel durch, zum Teil etwas ausgesetzt, an der Quellfassung und dem Materiallift des Kufsteiner Hauses vorbei nach O zum Haus und von ihm zum Gipfel. Gefahrloser (besonders mit Kindern), deshalb vom Wegweiser gerade weiter in wenigen Schritten zur Grathöhe und auf bequemem Waldweg nach O ansteigend zum Gipfel. (Für den Abstieg: an der Stelle, wo man vom Grat nach N abbiegen muß, kein Wegweiser!)

● **510** **Von Hinterthiersee**
Bergwanderung; auch für Kinder geeignet; bez. 700 mH. 2½ Std.

Anstieg: Von Hinterthiersee (R 58) zweigt 400 m östlich der Kirche von der Vorderthierseer Straße ein geteerter Weg nach rechts ab, s. auch R 115. Fahrverbot, Wegweiser „Schneeberg — Pendling". Nach 1 km verläßt man ihn links (Wegweiser) und gelangt auf gut bez. Weg, R 121 kreuzend, durch Wald zur Lichtung bei der Oskarquelle; weiter wie R 509.

● **511** **Vom Höhlensteinhaus**
Bergwanderung. 230 mH. 2 Std.
(Für die Überschreitung der am Weg liegenden Gipfel s. R 506.)

Anstieg: Vom Haus auf breitem Weg nach O um den Jochkopf herum zur Jochalm (Brunnen). Nach N etwas abwärts, dann rechts umbiegen unter den Heimbergköpfen durch nach O zur Kaleralm, ca. 1370 m. (Von hier bez. Abstieg nach N über Ghs. Schneeberg nach Vorderthiersee). In wenigen Minuten nach O hinauf in den Sattel P. 1426 zwischen Heimbergköpfen und Mittagkopf. Jenseits nach NO über einen Wiesenhang hinauf und unter dem Mittagskopf südl. vorbei durch Wald auf den Verbindungsrücken zwischen Mittagkopf und Pendling. In wenigen Minuten erreicht man die Stelle, wo von N herauf R 509 einmündet, und bald darauf den Gipfel.

● **512—515** frei für Ergänzungen.

2. Veitsberggruppe

● 516 Schmalegger Joch, 1633 m

Westlichste Erhebung des genau in West-Ost-Richtung verlaufenden Veitsbergkammes. Langgestreckter, oben waldfreier und gute Sicht bietender Rücken, selten besucht. Kleines Holzkreuz und Reste eines Vermessungszeichens. Übergang zum Veitsberg s. R 520.

● 517 Von der Erzherzog-Johann-Klause

Bergwanderung; nicht bez. 820 mH. 2½ Std.

Anstieg: Von der Klause (R 98) über die Brücke und links auf der zur Ackernalm führenden Forststraße erst in einer Kehre nach S, dann nach NO etwa 600 m bis zu einer Verzweigung. Nun nicht links (R 127 bzw. 103), sondern auf der rechten Forststraße (die über die Marchbachalm zur Ackernalm führt, Variante zu R 127 / 103) etwa 300 m weit, dann scharf rechts ab auf einem Fahrweg zur Fatschenbachalm, 969 m. Hier rechts über die Brücke und nach SW hinauf zu einem kleinen Sattel und drüben etwas abwärts zur Rumpfalm, 984 m. Beim Almkreuz links durch Wald (nicht geradeaus eben weiter) nach SO in den flachen Sattel östl. der Niederen Böden, 1161 m (Einmündung von R 518). Nun auf Karrenweg nach O in den obersten Talgrund des Fatschenbachs und hinauf zur Lichtung auf dem Sattel zwischen P. 1328 und dem Schmalegger Joch. Nach N zur Unteren Schmaleggeralm; von der Kapelle am obersten Stadel gerade nach N hinauf zum Westrücken des Schmalegger Jochs. Über Gras und durch lichten Wald nach rechts zum Gipfel.

● 518 Vom Kaiserhaus

Bergwanderung; nicht bez. 925 mH. 3 Std.

Anstieg: Vom Kaiserhaus (R 104) wie bei R 102 auf der Forststraße oder durch die Kaiserklamm zum sog. Trauersteg. 60 m hinter ihm zweigt von der Straße zur Erzherzog-Johann-Klause ein schmalerer Fahrweg rechts ab. Er führt zunächst in einen bewaldeten Sattel hinauf; hier bei einem Bildbaum links und in einer nach W ausholenden Schleife durch Wald zur Niederalm, 1022 m, von der man links haltend an einem Kreuz vorbei (nicht auf die andere Seite des Grabens wechseln!) nach N emporsteigt zu dem bei R 517 erwähnten Sattel östl. der Niederen Böden. Weiter wie R 517.

● 519 Fuchslochkopf, 1753 m, **Thaler Joch,** 1777 m

Zwei Erhebungen im Gratverlauf zwischen Schmalegger Joch und Veitsberg; die Überschreitung ist eine durchaus lohnende Höhenwanderung.

● 520 Übergang Schmalegger Joch — Veitsberg

Bergwanderung; zum Teil Wegspuren; von der Thalerscharte ab rot bez. (= R 522). Achtung! Vom Grat zwischen Schmalegger Joch und Fuchslochkopf nicht nach S absteigen (steile Abbrüche in den weglosen Weisgrießgraben)! 1¾ Std.

Übergang: Vom Schmalegger Joch auf Spuren nach O in einen fichtenbestandenen Sattel, 1586 m, hinab und zum Teil etwas südl. des Grates hinauf zum Fuchslochkopf. Nach SO hinab in die nächste Scharte (von ihr Abstieg nach N zur Fuchslochalm möglich; Geröll und Latschengassen). Durch einzelne Latschen hinauf zum langgestreckten Vorgipfel und zum Thaler Joch (Kreuz und Gipfelbuch). Nach O steil durch Latschen hinunter zur tief eingeschnittenen Thalerscharte, 1688 m (oft auch als Thaler Joch bezeichnet). Hier kommt von N R 522, von S R 524 herauf. Weiter wie R 522 über das Frechjoch zum Veitsberg.

● 521 Frechjoch, 1786 m, **Veitsberg,** 1787 m

Die östlichsten Gipfel des Veitsbergkammes, der sich südl. der Ackernalm und parallel zum Kamm des Hinteren Sonnwendjochs erstreckt. Der Veitsberg ist nicht nur der höchste Gipfel der nach ihm benannten Gruppe, sondern auch der Kulminationspunkt der östlichen Brandenberger Alpen insgesamt. Großes Gipfelkreuz. Häufig bestiegen, von der Ackernalm (R 124) bequem zu erreichen; die anderen Anstiege werden sehr selten begangen. Das fast gleich hohe, in den meisten Karten nicht benannte Frechjoch ist eine ausgeprägte Erhebung im Gratverlauf zwischen Thalerscharte und Veitsberg, die auf dem bez. Weg R 522 überschritten wird. Von beiden Gipfeln hervorragende Fernsicht, die nur im N durch das 200 m höhere Hintere Sonnwendjoch eingeschränkt ist. Besteigung beider Gipfel mit Ski im Frühjahr bei sicheren Verhältnissen möglich; am besten auf R 524, von der Unteren Thaleralm allerdings am lohnendsten nach O über den Rücken in die Mulde südl. unter Frechjoch und Veitsberg und durch sie zu beiden Gipfeln.

● 522 Von der Ackernalm

Bergwanderung. Bez. 450 mH. 1½—2 Std.

Anstieg: Von der Ackernalm (R 124) auf Fahrweg nach S, dann nach O umbiegend zur Grabenbergalm. Der bez. Weg beginnt bei der Kapelle. Nach S über die Almwiese, dann durch Wald schräg aufwärts nach O und schließlich durch Latschen und Schrofen nach SW zur Thalerscharte, die man über eine kurze Felsstufe erreicht. Nun nach O über den zum Teil latschenbewachsenen Grat auf das Frechjoch oder etwas südl. unterhalb vorbei und in die flache Scharte dahinter. Von dort über Gras auf den Veitsberg.

● 523 Von Landl

Bergwanderung; nicht durchgehend bez. 1100 mH. 3½ Std.

Anstieg: Von Landl (R 56) wie bei R 125 bis zur Brücke über den Stallenbach. Hier biegt die Forststraße nach Riedenberg scharf links ab; man folgt ihr etwa 350 m, dann rechts ab auf Fahrweg, später schmaler, nach W den waldigen Sockel des Veitsbergs ansteigend an zwei Jagdhütten vorbei zur Grabenbergalm und weiter wie R 522.

● 524 Von Riedenberg über die Thörleralm

Bergwanderung; nicht bez. 830 mH. 3 Std.

Anstieg: Vom nördl. Ortsrand in Riedenberg (R 54) zur Wegverzweigung im Karner Graben entweder auf Karrenweg südl. und westl. um den Nöck, 1218 m, herum oder 1 km auf der Landler Straße nach N, bis hinter dem Steinbruch auf dem nassen Wiesenplan eine Forststraße nach links abzweigt. Beschränkter Parkplatz. Nach 100 m bei P. 992 Schranke. Dahinter auf der linken Straße (Schild „Kienbrandstraße") durchs Längtal etwas ansteigend in den Karner Graben. Nun gemeinsam weiter auf einer dammartigen Brücke über den Bach, der kurz unterhalb eine kleine Klamm bildet. Nach 100 m eine Kreuzung; hier halbrechts auf einem Fahrweg (der linke führt zur Holzerhütte am Glemmbach!) und nach SW ansteigend durch Wald, höher oben an gutem Brunnen vorbei, zur Thörleralm, 1302 m. Hier biegt der breite Fahrweg nach N um, erst leicht fallend zu einem Eck mit Blick auf den ganzen Veitsbergkamm, dann tiefe Gräben ausgehend zur Unteren Thaleralm, 1434 m. Der neu angelegte Fahrweg geht noch weiter bis zur rechten der beiden großen Hütten der Oberen Thaleralm, 1582 m; von hier Steig nach N in 15 Min. zur Thalerscharte hinauf und weiter wie R 522.

● 525 Von Riedenberg über die Veitsbergalm

Bergwanderung; nicht bez. 830 mH. 3½ Std.

Anstieg: Wie R 524 in den Karner Graben. An der Stelle, wo der Karrenweg von Riedenberg her über einen schmalen Steg in die Kienbrandstraße einmündet, zweigt nach N in den Wald ein Fußweg ab, der ziemlich steil zur Veitsbergalm, 1364 m, hinaufführt. Von ihr weglos erst im Graben nach W empor, dann nach N über den mit einzelnen Bäumen bestandenen Hang steil hinauf zum O-Grat des Veitsbergs, den man in etwa 1600 m Höhe erreicht. Hier auf Spuren durch Latschen nach links in ½ Std. zum Gipfel.

● 526 Vom Kaiserhaus

Bergwanderung; nicht bez. 1080 mH. 3½—4 Std.

Anstieg: Vom Kaiserhaus (R 104) muß man zunächst die Breitenbachalm erreichen: a) bequemer und etwas länger: Auf der Straße nach Riedenberg (R 108), bis man den Ellbach zum zweiten Mal überquert hat und sich wieder auf seinem Nordufer befindet. 400 m hinter der Brücke in spitzem Winkel auf einer Forststraße links ab und mäßig ansteigend nach W zurück, bis sie hoch über der Kaiserklamm (dieses Straßenstück ist vom Kaiserhaus zu sehen!) nach N umbiegt. Nach knapp 1 km Verzweigung: scharf rechts und in Kehren auf der N-Seite des unbedeutenden Schattenkopfs, 1233 m, in den Sattel nordöstl. von ihm. Weiter auf dem Fahrweg oder schneller gerade nordöstl. durch lichten Wald und über Gras in wenigen Minuten zur Breitenbachalm, 1240 m; b) etwas kürzer, interessanter (Wegfindigkeit nötig): Wie R 102 durch die Kaiserklamm, an ihrem Ende rechts über eine dürftige Brücke aufs östl. Ufer. Auf zum Teil abgerutschtem Ziehweg 200 m nach N, dann rechts ab auf besserem Fahrweg in Kehren nach O zur Brandalm, 871 m. Von ihr auf schlechtem, ziemlich verfallenem Weg nach O hinauf; man quert eine Forststraße, indem man auf ihr 20 m nach rechts geht, dann wieder links ab auf den alten Steig. Er verliert sich bald; man überquert den Bach nach S und steigt kurz hinauf zu dem unter a) genannten Fahrweg, den man an einem kleinen Stadel erreicht. Auf dem Weg in zwei großen Kehren zum Sattel und zur Breitenbachalm. Von der Alm erst am Rücken ein paar Schritte empor, oberhalb eines Baumes mit Marienbild links auf Wegspuren in einen Graben, der steil nach N zu einem flachen Sattel im W-Rücken des Jöchl, 1554 m, führt. Waagrecht unter dem Jöchl durch und nach NO hinab zur Stamperstallalm, 1451 m. Nach N über Gras zwischen einzelnen Bäumen hinauf, westl. am Stamperstallkopf, 1523 m, vorbei, dann auf dem Kamm, der nach N bis zum westl. Vorgipfel des Thaler Jochs führt, bis zur Oberen Thaleralm, 1582 m, oder (etwas länger) vorher auf Weg rechts abwärts zur Unteren Thaleralm, 1434 m. Von beiden Almen wie R 524 zum Frechjoch und Veitsberg.

● 527 **Jöchl,** 1554 m, **Stamperstallkopf,** 1523 m

Die beiden Gipfel können bei der Besteigung des Veitsbergs vom Kaiserhaus auf R 526 bequem mitgenommen werden. Das Jöchl erfordert etwa 10 Min. Mehraufwand; instruktiver Blick auf den ganzen Veitsbergkamm. Der Stamperstallkopf ist mit wenigen Schritten vom Weg aus nach O zu erreichen.

Stichwortregister

Die Ziffern geben die mit ● bezeichneten Randzahlen und nicht die Seiten an. Bei mehreren Randzahlen eines Stichworts verweist die **fettgedruckte** Zahl auf ausführlichere Beschreibungen; Randzahlen mit einem ★ dahinter bezeichnen Winterrouten.